호모데이탄Homo Datans

인공지능 시대를 이끄는 자

김강희 저

들어가기에 앞서...

"아무것도 아닌 '그 하찮은 것'에 의해 흔들리는 인류.
그리고 무너지는 사회..

코로나 바이러스라 불리는
작은 미생물이 지구를 뒤집고 있다.

보이지 않는 어떤 것인가가 나타나서는 자신의 법칙을 고집한다.

그것은 모든 것에 새로운 의문을 던지고
이미 안착된 규칙들을 다시 재배치한다.
다르게. 새롭게.

강대국들이 시리아, 리비아, 예멘에서 얻어내지 못한 휴전을
이 조그만 바이러스가 해냈다.
알제리 군대가 못 막아내던 리프 지역의 시위에 종지부를 찍게
만들었다.
기업들이 못해내던 일도 해냈다.
세금 낮추기 혹은 면제, 저렴한 이자, 투자기금 끌어오기, 전략적

원료가격 낮추기, 유류가격 낮추기 등.
우리는 미세먼지가 줄었음을 깨닫게 되었고
시간이 갑자기 생겨 뭘 할지 모르는 정도가 되었다.

부모들은 자신의 아이들에 대해 알아가기 시작했고,
아이들은 집에서 가족과 함께 하는 시간에 대해 배우기 시작했으며
일은 이제 더 이상 삶에서 우선이 아니고,
여행, 여가도 성공한 삶의 척도가 아님을 깨닫기 시작했다.

우리는 곧 침묵 속에서 스스로를 돌아보기 시작했으며
'약함'과 '연대성'이란 단어의 가치에 대해 이해하기 시작했다.
우리는 가난하거나 부자거나 모두 한 배에 타고 있음을.

시장의 모든 물건들을 맘껏 살 수도 없으며
병원은 만원으로 들어차 있고
더 이상 돈으로 해결되는 문제들이 아님을 깨닫게 되었다.
코로나 바이러스 앞에서는 우린 모두 똑같이 연약한 존재일 뿐이라는 것.

외출할 수 없는 주인들 때문에
차고 안에서 고급 차들이 잠자고 있으며
세상에는 사회적 평등이 이루어졌다.

공포가 모든 사람을 사로잡았다.
우리에게 인류임을 자각시키고 우리의 휴머니즘을 일깨우며

화성에 가서 살고,
복제인간을 만들고 영원히 살기를 바라던 우리 인류에게
그 한계를 깨닫게 해주었다.

하늘의 힘에 맞서려했던 인간의 지식 또한
덧없음을 깨닫게 해주었다.
단 며칠이면 충분했다.

확신이 불확실로,
힘이 연약함으로,
권력이 연대감과 협조로 변하는 데에는
단 며칠이면 충분했다.

우리는 누구인가?
우리의 가치는 무엇인가?
이 코로나 바이러스 앞에
우리는 무엇을 할 수 있나?

섭리가 우리에게 드리울 때.
기다리면서 스스로를 직시하자.

전 세계가 직면한 코로나 바이러스 상황에서
우리의 휴머니티가 무엇인지 질문해보자."

- 무스타파 달렙의 글을 읽고

포스트 코로나 이후 우리는 다시 이전으로 갈등과 반목의 시대로 들어설 것인가, 아니면 전 인류가 더불어 잘 사는 지구촌을 건설해 갈 것인가.

독자들이 이 책을 읽고 나서 이 책이 포스트 코로나 시대, 인공지능 시대, 디지털 트랜스포메이션 시대를 고민해보게 만드는 작은 가이드가 되었다고 하면 기쁘겠다.

마지막으로 이 책의 출판을 흔쾌히 허락해주시고 응원해주신 복두성의 송광헌 대표님과 최명규 부장님, 한승희 편집국장님께 감사하다는 뜻을 전한다.

그리고 이 책의 편집에 많은 애를 써주신 이재욱 편집자님께도 감사의 말씀을 드린다.

머리말

호모데이탄(Homo Datan)은 누구인가?

2017년 2월, 유럽연합EU; European Union의회에서는 **AI로봇 결의안**을 발의하였다. 이 결의안에는 인공지능을 소프트웨어 로봇을 하드웨어라 보고 인공지능로봇을 **전자인간**electronic personhood으로 인정하여 법적 지위를 부여한다는 내용이 포함되어있다. 또한 비상 상황 시에 로봇을 멈추는 '킬 스위치'를 마련해야 한다는 조항과 함께, AI가 인간에게 저항하는 것을 막기 위한 다음의 규정, 즉 로봇 3원칙 또한 언급하였다.

① 로봇은 인간을 위협하면 안 된다.
② 로봇은 늘 인간의 명령에 복종해야 한다.
③ 로봇은 자기 스스로도 지켜야 한다.

이와 함께 EU는 추가적으로 EU 내에 인공지능기술과 관련하여 윤리기구를 신설함으로써 고용 모델 및 조세시스템 개편에 대한 논의도 시작하였다.

유럽에서 아직 존재하지 않은 기술과 인공지능로봇의 개념에 법적 지위까지 부여하여 전자인간으로 인정하고, 공상과학 영화에서 본 듯한 로봇을 막기 위한 대안으로 로봇 작동을 멈추는 버튼을 장착해야 한다는 등의 내용을 진지하게 논의하는 모습이 다소 흥미롭다. 그나마 기술개발에만 주력하고 있는 미국이나 중국보다는 나아보이는 면도 있다. 그러나 한편으로는 인공지능기술의 발전과 인공지능 로봇 자체에 대해서만 제한적으로 논의가 이루어지는 것 같아 안타까운 마음도 든다.

결국 기술의 발전과 인공지능로봇도 인간의 삶을 나아지게 하는 방향으로 가야 한다. 따라서 인공지능기술의 발전과 인공지능로봇 이후의 시대를 살아갈 인간과 인간의 삶에 대해 조금은 더 진지하게 그리고 인류 모두가 함께 고민을 시작해야 한다.

호모데이탄은 인공지능과 인공지능로봇보다는 인공지능을 만들고 인공지능이 있는 세상을 살아갈 사람과, 그 사람들이 사는 세상이 더 나은 방향으로 나아가도록 고민하고 행동하는 범지구적인 신인류를 말한다.

호모데이탄은 인공지능을 이용한 각종 기술들을 선도하고, 데이터의 중요성과 필요성을 잘 알고 있으며, 간단한 인공지능 알고리즘은 직접 설계할 수 있다. 또한 어떤 분야에서 어떤 전공을 하였는가에 상관없이 기초적인 통계 분석 능력이 있고, 데이터를 근거로 의사결정을 한다. 그리고 호모데이탄은 4차 산업혁명의 주요 기술들인 인공지능, 빅데이터, 블록체인 기술을 쉽게 설명할 수 있으며, 이 기술들이 어떤 원리에 의해서 작동하는지 알고 있다.

우리는 이미 4차 산업혁명 시대에 진입해있다. 무엇보다도 빠르게 변화하는 시대 속에서 우리는 호모데이탄이 되어야 이 시대를 선도할 경쟁력을 가질 수 있다. 이 책은 4차 산업혁명이나 인공지능에 대해서 깊이 있게 설명하는 것을 목적으로 하지 않는다. 다만 호모데이탄으로서 알아야 할 기본적인 개념을 알려주고, 또 이 시대가 어떤 방향으로 발전하며, 그에 맞춰 우리가 대비해야 할 것들이 무엇인지 스스로 탐구해보도록 돕는 입문서의 역할은 할 수 있을 것이다.

이 책의 1부에서는 인공지능과 머신러닝, 딥러닝의 개념과 이해를 매우 쉽게 쓰려고 노력하였다. 2부에서는 빅데이터의 개념과 기술들을, 3부에서는 이 기술들로 이룰 디지털 혁명과 디지털 트랜스 포메이션에 대한 내용을 다루었다. 끝으로 4부에서는 이 모든 것을 주도하고 완성해나갈 사람, 즉 '호모데이탄'에 대한 정의와 필요성 그리고 역할과 사명에 관한 이야기를 담았다.

점점 빠르게 변해가는 시대에서, 이 책을 읽으실 독자 여러분에게 묻고자 한다.

호모데이탄이 선도하는 시대를 그냥 살 것인가? 아니면 인공지능 시대를 선도할 호모데이탄이 될 것인가?

2020년 5월
저자 김강희 씀

목차

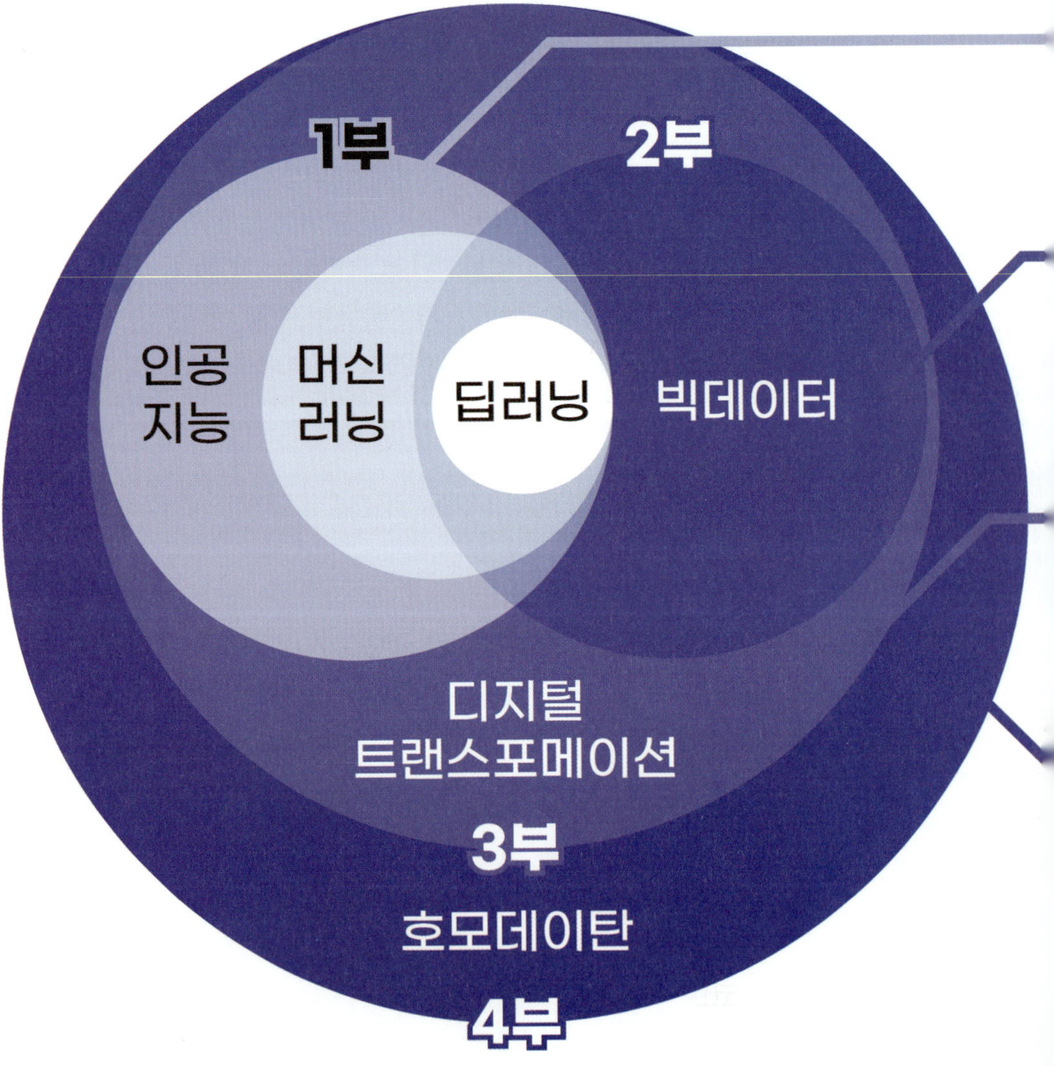

1부

인공지능

하나님께서는 사람을 바르게 만드셨지만
사람들은 온갖 짓을 다했다는 것이다 (전7:29)

인간들이 인공지능을 바르게 만들었다 해도
인공지능이 온갖 짓을 다할지 모른다.

1장 인간과 인공지능

2장 인공지능 기술

부록 : 토마스 베이즈와 로널드 에일머 피셔

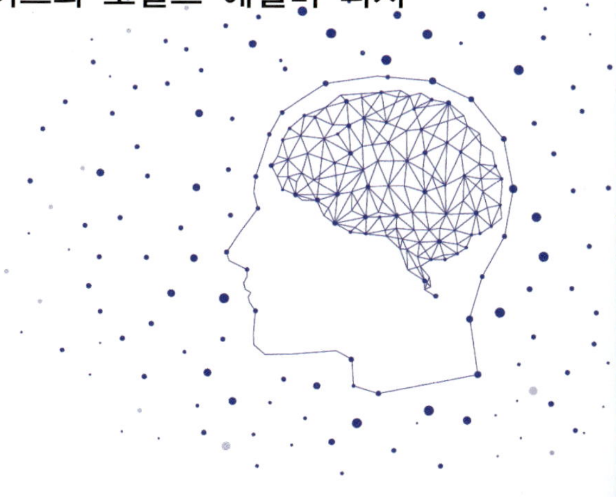

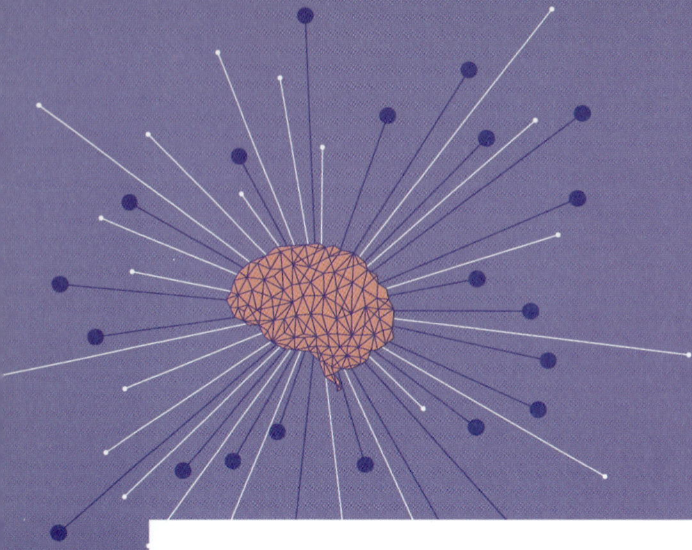

1장

인간과 인공지능

인간과 인공지능의 대결

2016년, 세기의 바둑 대국이 벌어졌다. 바로 우리나라를 대표하는 자랑스러운 바둑기사 이세돌과, 사람이 아닌 인공지능 알파고 간의 대국이었다. 사람들은 과연 누가 승리할지 숨을 죽이고 시청했는데, 이세돌이 승리할 것이라는 많은 이의 예상을 뒤엎고 대국에서 승리한 것은 알파고였다.

대국 이후 전 세계인의 관심이 인공지능에 쏠린 것은 당연했다. 그 후 지금까지 인공지능에 관한 연구가 진행 중이고, 연구 개발자들은 사람을 뛰어넘는 인공지능을 만들기 위해 노력하고 있다. 이세돌을 이긴 알파고 리AlphaGo Lee 이후 커제 9단을 이긴 알파고 마스터AlphaGo Master, 알파고와의 대국에서 100전 100승을 기록한 알파고 제로AlphaGo Zero까지 인공지능은 놀라운 속도로 개발되어왔다.

인공지능을 가진 알파고가 이세돌을 이길 수 있었던 이유는 빅데이터 분석 후 주요 의사결정이라고 볼 수 있다. 그렇다면 사람도 똑같이 할 수 있을까?

사람 역시 빅데이터를 통해 인공지능과 같은 의사결정을 할 수 있다. 빅데이터의 다양한 분석 기술을 통해 가지고 있던 데이터의 불확실성을 낮추고 좀 더 명확한 의사결정을 내리는 것이다. 알파고가 여러 번의 바둑 대국을 통해 데이터를 축적하여 의사결정을 내린 결과로 이세돌을 이긴 것처럼, 사람 역시 빅데이터의 시각화를 통해 좀 더 정확한 의사결정을 내릴 수 있다.

인공지능이라는 개념은 언제 처음 사용되었을까?

1956년 미국의 전산과학자이자 인지과학자 존 매카시John McCarthy 교수는 다트머스 회의Dartmouth Conference를 개최하였는데, 바로 이 회의에서 **인공지능**이라는 용어가 처음 등장하고 분야가 확립되었다고 한다. 용어가 등장한 이후 인공지능 분야는 점차 발전되어왔으며, 그 속도는 점점 가속화되었다.

인공지능이 우리 삶에 크게 영향을 끼친 것으로 크게 3가지 정도를 꼽을 수 있다. 첫 번째는 **GPU의 도입**이다. 2015년 이후 개발된 GPU는 데이터를 강력하고 신속하고 병렬로 처리하는 기능을 제공한다. 또 데이터를 저장하는 공간의 용량이 갈수록 폭발적으로 증가한 것도 그 원인이다. GPU의 개발과 데이터 저장용량의 증가는 이미지와 텍스트, 매핑 데이터 등 모든 영역의 데이터를 범람하게 만들었다. 이와 같은 빅데이터 시대의 도래로 인공지능의 발전에 영향을 미치고 있다.

(출처 : www.google.com)

1956년 당시 다트머스 회의에 참석했던 과학자들은 인공지능에 대해 인간의 지능과 유사한 특성을 가진 복잡한 컴퓨터를 제작하는 것을 꿈꾸었다. 이와 같이 인간의 감각과 사고력을 지닌 채 인간처럼 생각하고 행동하는 인공지능을 **인공 일반 지능**Artificial General Intelligence, 제너럴 인공지능이라고 한다. 그런데 이와 같은 인공 일반 지능은 현재의 기술 수준으로 구현하기에는 아직 어려움이 있다.

그래서 현재의 기술 발전 수준에서 만들 수 있는 인공지능을 따로 **좁은 인공지능**ANI; Artificial Narrow Intelligence의 개념에 포함시켰다. 좁은 인공지능의 특징은 인공 일반 지능처럼 고기능을 할 수는 없지만, 소셜미디어의 이미지 분류 서비스나 얼굴 인식 기능 등과 같이 특정 작업을 인간 이상의 능력으로 해낼 수 있다는 것이다.

머신러닝(기계 학습)은 기본적으로 알고리즘을 이용해 데이터를 분석하고, 분석을 통해 학습하여 학습한 내용을 기반으로 판단이나 예측을 한다. 따라서 궁극적으로는 의사 결정 기준에 대한 구체적인 지침을 소프트웨어에 직접 코딩해 넣는 것이 아닌, 빅데이터와 알고리즘을 통해 컴퓨터 그 자체를 **학습**시켜 작업 수행 방법을 익히는 것을 목표로 하고 있다. 이 머신러닝을 아서 사무엘Arthur Samuel은 '프로그래밍하지 않아도 컴퓨터가 학습할 수 있는 능력에 대한 연구 분야'라고 정의하였다.

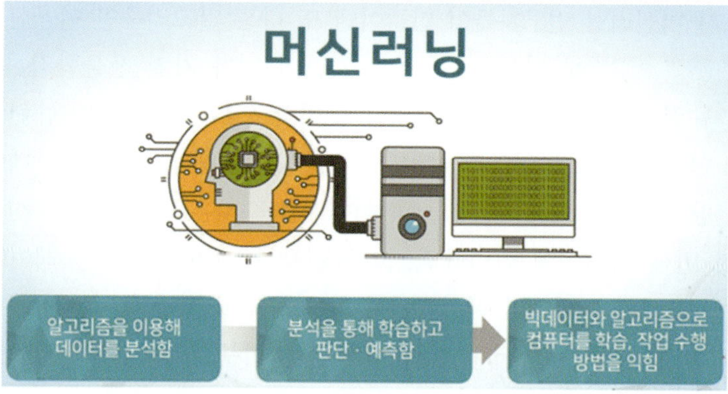

머신러닝은 초기 인공지능 연구자들이 직접 제창한 개념에서 나온 것이며, 알고리즘 방식에는 의사 결정 나무 학습, 귀납 논리 프로그래밍, 클러스터링 강화 학습, 베이지안Bayesian 네트워크 등이 포함된다.

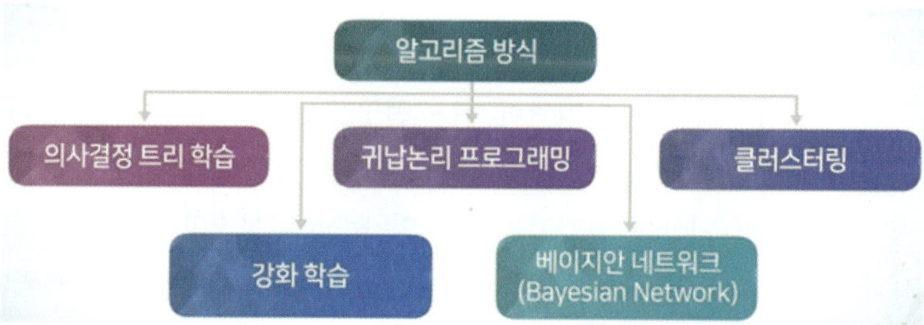

그러나 이 중 어느 것도 최종 목표라 할 수 있는 인공 일반 지능을 달성하지는 못했으며, 초기의 머신러닝 접근 방식으로는 좁은 인공지능조차 완성하기 어려운 경우도 많았다.

현재 머신러닝은 컴퓨터 비전 등의 분야에서 큰 성과를 이뤄내고 있음에도 한계가 분명히 있는데, 바로 구체적인 지침이 아니더라도 인공지능을 구현하는 과정 전반에 일정량의 코딩 작업이 수반된다는 점이다.

초기 머신러닝 연구자들이 만들어낸 또 다른 알고리즘인 인공신경망Artificial Neural Network에 영감을 준 것은 인간의 뇌가 가진 생물학적 특성, 특히 뉴런의 연결 구조였다. 그러나 물리적으로 근접한 어떤 뉴런이든 상호 연결이 가능한 뇌와는 달리, 인공신경망은 레이어 연결 및 데이터 전파 방향이 일정하다. 예를 들어, 이미지를 수많은 타일로 잘라 신경망의 첫 번째 레이어에 입력하면, 그 뉴런들은 데이터를 다음 레이어로 전달하는 과정을 마지막 레이어에서 최종 출력이 생성될 때까지 반복한다. 그리고 각 뉴런에서 수행하는 작업을 기준으로 입력의 정확도를 나타내는 가중치가 할당되며, 그 후 가중치를 모두 합산해 최종 출력이 결정된다. 충분한 데이터를 바탕으로 가중치에 따라 결과를 예측하는 **확률 벡터**Probability Vector가 활용된다.

딥러닝은 인공신경망에서 발전한 형태의 인공지능으로, 뇌의 뉴런과 유사한 정보 입출력 계층을 활용해 데이터를 학습한다. 그러나 기본적인 신경망조차 굉장한 양의 연산을 필요로 하는 탓에 딥러닝의 상용화는 초기부터 난관에 부딪혔다. 그럼에도 토론토대의 제프리 힌튼Geoffrey Hinton 교수 연구팀과 같은 일부 기관에서는 연구를 지속했고, 슈퍼컴퓨터를 기반으로 딥러닝 개념을 증명하는 알고리즘을 병렬화하는 데 성공하였다. 그리고 병렬 연산에 최적화된 GPU의 등장은 신경망의 연산 속도를 획기적으로 가속하며 진정한 딥러닝 기반 인공지능의 등장을 불러왔다.

2012년 스탠퍼드대 앤드류 응Andrew Ng 교수와 구글은 1만 6000개의 컴퓨터로 약 10억 개 이상의 신경망으로 이뤄진 **심층신경망**Deep Neural Network을 구현했다. 그리고 이를 통해 유튜브에서 이미지 1000만 개를 뽑아 분석한 뒤, 컴퓨터가 사람과 고양이 사진을 분류하도록 하는 데 성공했다. 컴퓨터가 영상에 나온 고양이의 형태와 생김새를 인식하고 판단하는 과정을 스스로 학습하게 한 것이다. 이렇듯 딥러닝으로 훈련된 시스템의 이미지 인식 능력은 이미 인간을 앞서고 있다.

이 밖에도 딥러닝의 영역에는 혈액의 암세포, MRI 스캔에서의 종양 식별 능력 등이 포함된다. 마찬가지로 구글의 알파고 역시 바둑의 기초를 배우고 자신과 같은 인공지능을 상대로 반복적으로 대국을 벌이는 과정에서 그 신경망을 더욱 강화해나갔다.

빅데이터를 기반으로 한 인공지능과 머신러닝, 딥러닝은 모두 밀접한 관련이 있다. 인공지능은 머신러닝과 딥러닝을 모두 포함하는 상위 개념이다. 인공지능은 인간의 학습 능력과 추론, 지각, 자연언어 이해 능력 등을 컴퓨터 프로그램을 실현한 기술로 컴퓨터가 인간의 지능적 행동을 모방할 수 있도록 한 것이다.

정리하자면, 인공지능 안에 머신러닝의 개념이 포함된다. 머신러닝은 인공지능을 가능하게 하는 방법 가운데 하나로, 컴퓨터가 데이터를 분석하고 스스로 학습하는 과정을 거치면서 입력하지 않은 정보에 대해서도 판단하고 결정할 수 있게 된다. 그리고 딥러닝은 머신러닝의 하위 개념이다.

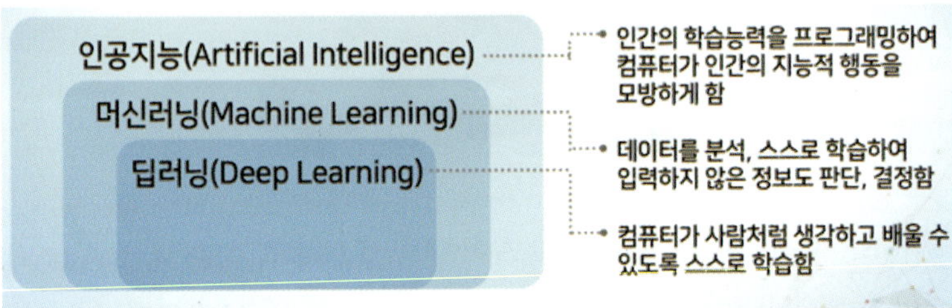

처음 공부하는 분들이 헷갈리는 것이 딥러닝과 머신러닝의 차이이다. 그 차이는 무엇일까? 딥러닝의 근간이 되는 인공신경망 알고리즘, 즉 머신러닝이 더 큰 개념이다. 머신러닝이 더 큰 개념이고, 딥러닝은 머신러닝의 종류 중 하나이다.

인공지능을 이해하기 위한 머신러닝

이제 인공지능을 위한 머신러닝에 대한 기본적인 내용들을 설명해보도록 하겠다.

인공지능의 개발을 위한 노력은 계속 진행되어왔다. 우리나라에서도 한국인공지능협회가 태동하여 각 분야 산업전문가를 위한 교육과 전문가 등록 등을 담당하고 있다.

지금은 아이디어의 기획과 기술 그리고 기술을 가진 산업전문가들의 협력이 필요한 시기이다. 모든 것을 준비하고 실행하기에 세상은 너무 빨리 변하고 발전하며, 경쟁자는 먼저 아이디어를 구현하고 실패하면서 진보해나간다. 소프트웨어 분야의 최고 기술이 게임에서 발현된다면, 하드웨어 분야의 최고 기술은 바로 **로봇**에서 발현된다. 기술 융합의 최고 기술은 로봇으로 게임을 하는 것이다. 그리고 우리가 살고 있는 이 세상을 보다 아름답고 살기 좋게 하는 것이 목적이 되어야 한다.

데이터 기술이 발전하면서 센서도 함께 발전하였다. 센서 분야에서는 아날로그 센서 및 디지털 모듈화가 이루어졌으며, 광센서, 입력센서, 환경센서, 자외선센서, 가속센서가 대표적인 예시이다. 이러한 센서들은 빅데이터를 수집하는 데 필수적이다.

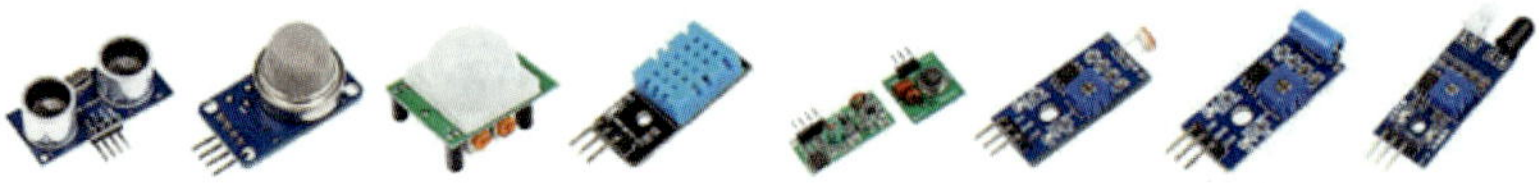

(출처 : www.google.com)

서버의 가상화를 통하여 논리적 재구성을 하게 되면 물리적 서버 수 증가 효과를 낼 수 있고, 더불어 데이터 처리를 위한 저장 공간 향상 효과가 커지게 된다. 인공지능의 발전은 서버의 기술 발전과 함께 이루어지고 있다. 클라우드 컴퓨팅 기술도 서버 기술 발전의 하나의 흐름으로 볼 수 있다.

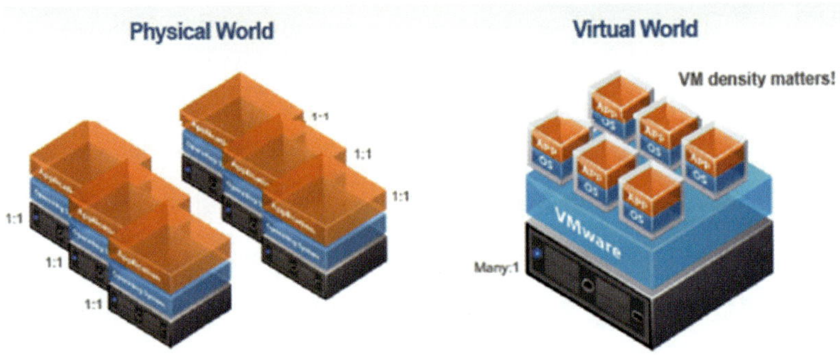

(출처 : www.google.com)

또한 서버의 기술 발전은 빅데이터 분산처리를 가능하게 만들었다. 슈퍼컴퓨터를 통하여 병렬분산처리 기술이 등장하게 되었는데, 이를 쉽게 말하면 슈퍼컴퓨터가 하던 일을 수십 대의 PC급 컴퓨터가 병렬로 처리할 수 있게 만드는 기술이다. 스파크[Spark]와 하둡[Hadoop]의 등장은 2008년 클러스터 기술을 응용한 오픈 소스로서, 본격적으로 대중에게 보급되면서 빅데이터 분석이 획기적으로 시간이 단축되었다.

가상화나 서버가상화, 클라우드 컴퓨팅은 큰 데이터센터를 기반으로 데이터를 분산하여 대규모 데이터를 분석하는 시스템의 모든 것을 총칭한다. 기술과 적용사례가 이슈화되고 있지만, 실제 테스트를 적용해 보면 '존재하는 최대 데이터에서 관련 항목이 얼마나 선호되는가?'라는 간단한 상상과 생각으로부터 시작된다. 실제 응용 예제를 통해 알 수 있는 빅데이터 프로세싱 방법은 다음과 같이 설명된다.

대부분의 데이터베이스는 행 단위로 처리한다. 그래서 빅데이터의 분석 역할을 하려면 엄청난 계산과 데이터 관리로 인해서 많은 시간과 새로운 장비 및 논리적 도구가 필요하다. 하지만 빅데이터의 1인자인 하둡에서는 '항목키:데이터' 형태로 모든 데이터를 열 형식으로 추가, 수정, 삭제, 선택을 진행한다. 그 다음 데이터를 직렬화하고 관련 항목끼리 그룹화한다. 이때 하나의 서버가 아닌 여러 서버에 분산 실행하는데, 이를 관리해주는 프로그램이 바로 앞서 말한 **하둡**이다. 다만 분석된 결과는 행 형식의 기존 데이터베이스로 변환해야 분석결과를 쉽게 다룰 수 있다는 아이러니한 단점을 갖고 있어, 계속적으로 행과 열 방식의 데이터가 결합된 하이브리드한 빅데이터 관리 시스템이 개발되고 있다.

서버와 웹 애플리케이션의 최신 기술 고도화로 IT 트렌드의 기술 발전도 이루어지고 있다. 데스크톱의 웹브라우저로 실행하면 인터넷으로 서버에 연결 요청이 이루어지고, 서버의 인터넷 장치는 운영체계로 웹서비스를 실행하여 웹이나 폰에 디자인 뷰의 화면이 보이게 된다. 웹 애플리케이션 서버는 가장 하단에 있는 하드웨어로서 CPU, RAM, HDD, SSD가 있고, 운영체계로 윈도우 서버나 리눅스 서버가 있고, 프로그램으로 오피스나 시스템 게임 등이 포함되는데 이것이 사용자가 이용하는 웹브라우저이다.

웹서비스는 IIS(Internet Information Services, 인터넷 정보 서비스), Apache(아파치), Tomcat

Nginx아파치 톰캣 엔진x, Node.js 등이 백엔드에 서버 사이드로 존재하고, 서버에 응답하게 되는 디자인뷰는 HTML5나 Javascript jQuery, Recat, Vue.js 등이 프론트엔드로 콘텐츠를 담고 데이터베이스 MS SQL, MySQL, Oracle, MongoDB 등으로 이루어진다.

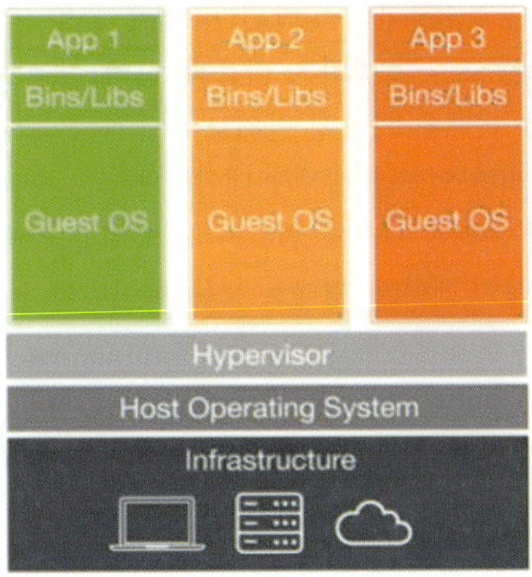

여기에 인공지능을 위한 머신러닝 요소를 추가하여 소프트웨어 프로그램에 ML 오픈소스 프레임워크&API 텐서플로, 케라스Keras, 토치, NN, DNN, CNN, RNN_LSTM 등이 사용된다. 서버사이드의 Code로는 최근 프로그래밍 언어 앱, 서버, 모바일앱에 제공되어 ML 오픈소스와 소통이 가능하다.

톰 미첼Tom Mitchell은 만약 컴퓨터 프로그램이 어떤 작업 A를 수행하고 이에 대한 성능 측정 B와 이 결과들을 통한 경험 C로부터 성능이 개선되었다면, 컴퓨터 프로그램은 작업 A에 대한 성능 측정 B와 경험 C로부터 학습했다고 할 수 있다고 머신러닝을 정의하였다.

앨런 튜링Alan Turing은 1950년에 튜링테스트Turing Test를 통해 기계(컴퓨터)가 인공지능을 갖추었는지 판별하는 시험을 실시하였고, 1956년에는 인공지능이라는 용어가 최초로 등장하였다. 이후 60년대 말부터 80년 초반까지 인공지능에 대한 연구가 거의 진행되지 않았다가 80년대 중반에 인공지능 Boom[붐]이라는 전문가 시스템이 개발되었다. 이는 전문가와 동일한 또는 그 이상의 문제 해결 능력을 가질 수 있도록 만들어진 시스템이었지만, 다시 80년대 후반에서 90년대 초까지 인공지능이나 인공지능에 대한 연구는 뚜렷한 성과를 나타내지 못했다. 그러다 2000년 중반에 와서야 딥러닝[Deep Learning]이 구체적으로 연구되기 시작했다.

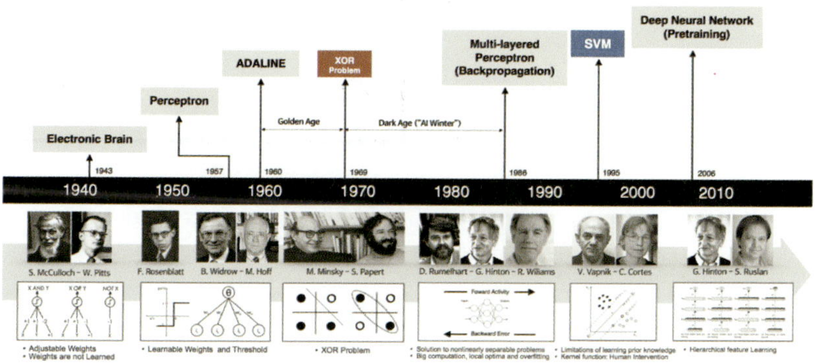

(출처 : http://qingkaikong.blogspot.kr/2016/11/machine-learning-3-artificial-neural.html)
* 본 서의 맨 뒷부분에 확대된 크기로 보실 수 있습니다.

딥러닝의 원천기술은 오래 전부터 존재하였지만, 딥러닝이 마케팅 용어로 인식되어 연구 쪽에서는 딥러닝이라고 잘 안 한다. 보통은 인공신경망이 공식적인 표현이며 ANN이라고도 한다. 이 딥러닝의 시초가 되는 알고리즘은 **퍼셉트론**[Perceptron]이다.

퍼셉트론은 1957년 코넬 항공 연구소[Cornell Aeronautical Lab]의 프랑크 로젠블라트[Frank Rosenblatt]에 의해 고안되었다. 한국전쟁이 끝난 지 얼마 안

된 시기에 등장했음에도 본격적으로 연구가 시작되었다. 그러나 퍼셉트론이 딥러닝으로 발전하기까지는 많은 고난이 있었다. XOR 문제가 대표적인데, 간단히 XOR 문제가 무엇인지 설명해보겠다.

AND OR 문제

AND

0 + 0 = 0

0 + 1 = 0

1 + 0 = 0

1 + 1 = 1

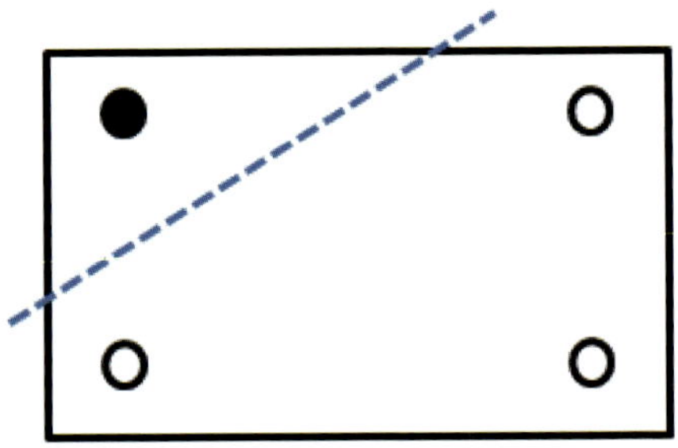

OR

0 + 0 = 0

0 + 1 = 1

1 + 0 = 1

1 + 1 = 1

AND OR 문제는 선형적으로 구분이 가능하다.

XOR

0 + 0 = 0

1 + 1 = 0

1 + 0 = 1

0 + 1 = 1

반면 XOR 문제는 매우 단순하지만, 선형적으로 구분할 수 없다.

퍼셉트론의 등장과 함께 인간과 유사한 지능을 가진 인공지능이 곧 나올 것이라는 기대가 팽배해졌다. 그러나 위에서 언급했던 것처럼 고난이 찾아오게 된다.

연결주의 학파와 대립되는 학파를 보통 기호주의 학파라고 한다. 앞서 1957년 연결주의 학파인 프랭크 로젠블라트가 고안한 퍼셉트론의 알고리즘에 대하여 1969년에 기호주의 학파인 마빈 민스키Marvin Minsky와 시모어 페퍼트Seymour Papert가 퍼셉트론의 단점으로 선형 분리 불가능한 패턴을 식별할 수 없는 것을 지적하였고, 또 퍼셉트론이 대단한 알고리즘이 아니라고 주장하여 신경망 붐에 찬물을 끼얹었다. 거기에 더해 XOR 문제로 연결주의 학파가 비판받고 인공지능 전체 발전에 타격을 받으면서 인공지능 윈터AI Winter, 즉 침체기가 도래되어 15년 동안 발전이 사실상 중단되었다.

그럼에도 가능성을 믿는 연구자들에 의해서 연구가 꾸준히 진행되어 왔다. 1986년 데이비드 루멜하트David Rumelhart와 제임스 맥클렐런드James McClelland 등에 의해 정리된 병렬 분산 처리 모델은 역전파를 도입함으로써 한때 민스키에게 지적받았던 단층 퍼셉트론이 선형 분리 불가능한 패턴을 인식하지 못한다는 단점을 극복하는 방법을 제시하였고, 딥러닝의 대부 제프리 힌튼이 역전파 알고리즘으로 XOR 문제를 해결하는 다층 퍼셉트론을 제시하면서 인공지능 붐에 큰 역할을 하게 된다. 다층 퍼셉트론에 대해서는 2장에서 좀 더 자세히 다루겠다.

이 당시에는 가장 강력한 머신러닝 알고리즘 서포트벡터머신Support Vector Machine;SVM이 대세였다. 90년대 후반과 2000년대 초반에 여러 알고리즘이 나왔지만, 서포트벡터머신이 가장 막강한 알고리즘이었기에 인공신경망이 크게 발전하지는 못하였다.

인공지능은 서비스를 말하고, 머신러닝은 알고리즘, 딥러닝은 고도화된 새로운 형태를 의미한다고 볼 수 있다. 머신러닝 알고리즘은 논리와 조건 및 분기, 규칙기반, 의사결정나무를 포함하여 선형 및 비선형 회귀분석, 유사도, 상관함수, 그래프 탐색과 최적화, 확률분포, 주성분 분석, K-means, 차원 압축, SVM 베이즈 필터, 랜덤 포레스트, 앙상블, 배깅(분산인공지능)이 있다. 딥러닝에는 퍼셉트론[Perceptron], 다중 퍼셉트론[MLP], 신경망[NN], 심층신경망[DNN], 합성곱신경망[CNN], 순환신경망[RNN] 등이 있다.

2000년 후반부터 딥러닝 알고리즘이 성과가 나오기 시작하면서 딥러닝 알고리즘이 부흥한다.

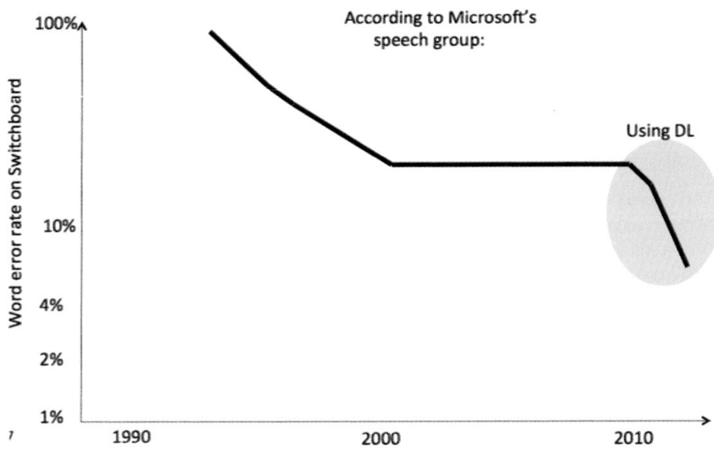

(출처 : http://humphreysheil.blogspot.com/2014/10/named-entity-recognition-short-tutorial.html)

딥러닝이 첫 스포트라이트를 받은 쪽은 이미지나 자연어 처리가 아니라 음성인식이었다. 딥러닝 알고리즘을 학습시키기 위해서는 대량의 데이터셋이 필요했는데, 당시에 연구자가 확보할 수 있는 가장 큰 데이터셋이 스위치 보드라는 데이터셋이었는데, 이는 음성인식데이터이기도 했다. 2명이 통화하면서 나누는 대화 중에 특정 주제를 줌으로써 그 주제를 바탕으로 대화를 하다가 끊기를 계속 반복하여 쌓인 음성내용을 전부 텍스트로 변환해서 문서화한 데이터셋을 구축한 것이다. 즉, 스피치 투 텍스트로 데이터셋을 구축한 것이다. 지금 기준으로 보면 큰 사이즈는 아니었지만, 당시 연구자들이 사용하기에는 가장 큰 데이터셋의 하나였다. 이 데이터셋을 사용한 딥러닝은 다른 알고리즘보다 획기적으로 발전하였고, 그러면서 산업현장에서도 많은 관심을 가지게 되었다. 이 당시 딥러닝을 연구하던 곳 중에서 가장 유명한 곳은 제프리 힌튼 교수의 토론토대 연구실이었다.

딥러닝이 본격적인 대세가 된 것은 음성인식을 넘어서서 이미지와 영상처리 알고리즘을 활용하기 시작할 때이다.

스탠포드대의 이미지넷 데이터셋에서는 대량의 데이터셋을 제공하였는데, 수백 기가의 데이터셋을 연구 목적으로 정리한 후 제공하였다. 이는 방금 언급한 스위치 보드와는 규모가 다른 데이터셋이었으며, 개인 컴퓨터로는 담을 수 없는 양이었다. 학습시킬 수 있는 알고리즘은 다양했으며, 당시 메인이 되는 알고리즘은 이미지 인식 알고리즘이었는데, 개나 고양이 그리고 자동차가 있는지를 인식하는 알고리즘이다.

2010년부터 이미지 인식 알고리즘의 성능을 평가하는 경진대회인 이미지넷 챌린지가 열렸는데, 2012년 토론토대 연구소에서 연구하던 알렉스 크리즈브스키Alex Krizhevsky가 알렉스 넷AlexNet으로 1등을 차지한 이후에는 딥러닝이 이미지넷 챌린지를 지배하는 알고리즘이 되었다. 알렉스 넷이 나타나기 전에는 이미지의 오류율을 20% 이하로 내리는 게 목표였는데, 이후 16.4%까지 내리는 획기적인 성과를 낸다. 알렉스 넷이 음성인식과 이미지의 기록을 깼다면 모든 분야를 깰 수 있을 것이라 기대하고 연구자들이 연구를 시작하였고, 자연스럽게 이미지넷 챌린지는 실리콘 밸리나 유럽 및 중국의 IT회사들이 자사의 기술력을 자랑할 수 있는 경진대회가 되었다. 2014년에는 구글이 우승하였고, 2015년에는 MS가 모기업인 MSRA마이크로소프트 리서치 아시아가 우승하였다. 이 시점부터 딥러닝 알고리즘을 연구자들이 폭발적으로 관심을 갖고 연구하게 된다.

딥러닝 알고리즘이 대중에게 알려진 계기는 알파고다. 알파고 개발 이전에도 딥마인드는 연구자들에게는 유명한 회사였다. 딥마인드가 4000억 원에 구글에게 인수된 후 딥마인드에서는 알고리즘을 공개하였는데, 벽돌깨기 게임의 전략을 인공지능 알고리즘으로 깨는 것을 유튜브에 공개한 것이다.

알파고 알고리즘은 기존의 음성 인식이나 이미지 인식에서 쓰는 알고리즘과는 다르다. 강화학습에 딥러닝을 적용한 알고리즘인데, 딥마인드가 알파고를 만들어 이세돌 9단을 이김으로써, 딥러닝으로 학습한 알고리즘이 사람을 이길 수도 있다는 사실을 전 세계인에게 각인시킨 계기가 된다.

튜링테스트는 '인공지능이 얼마나 인간을 잘 속이느냐'를 보는 것이라고 한다. 2014년 6월 러시아의 프로그래머 블라디미르 베셀로프Vladimir Veselov와 우크라이나 출신의 유진 뎀첸코Eugene Demchenko 등이 공동 개발한 채팅로봇 **유진 구스트만**Eugene Goostman이 영국 왕립학회에서 열린 튜링테스트를 통과하였다. 유진 구스트만은 5분간 온라인 채팅을 한 뒤 심사위원의 30%가 심사대상을 인간인지 인공지능인지를 구분하지 못해야 통과하는 기준을 33%로 통과하였다. 그러나 이때의 인공지능 알고리즘은 인간의 대화를 저장해둔 DB에서 적당한 문장을 찾아 답하도록 하는 것이었으므로 유진 구스트만이 인지능력을 갖추었는지 여부에 대한 추후 논란이 있었다고 한다.

영화 〈이미테이션 게임Imitation Game〉의 실제 주인공이기도 한 튜링은 2차 세계대전을 연합국의 승리로 이끈 숨은 주인공으로서 인류 역사에 큰 영향을 미친 인물이다. 그가 독일 암호체계인 에니그마Enigma 해독 프로젝트에 참여할 수 있게 된 것은 1936년 그가 런던 수리학회에 제출한

〈On Computable Numbers, with an Application to the Entscheidungs problem(계산 가능한 수에 대해, 수리명제 자동생성 문제에 응용하면서)〉 논문 때문이다. 한글로 번역했음에도 제목의 뜻이 정확히 무엇인지 쉽게 이해가 안 되는 이 논문에는 지금의 스마트혁명을 태동시킨 컴퓨터의 기본 설계도가 담겨있다고 전해진다.

딥러닝이 대세가 된 이유 3가지

딥러닝이 대세가 된 이유는 무엇일까? 딥러닝이 갑자기 2016년부터 대중의 스포트라이트를 받은 이유는 무엇일까?

첫 번째는 데이터셋이다. 2000년대 초반의 세상에는 지금만큼 데이터가 없었다. 위키피디아 등으로 원하는 데이터를 찾곤 했지만, 많지도 않았고 정리도 잘 되어있지 않았다. 그러다 2000년대 중반부터 구글, 유튜브, 페이스북 등에서 수많은 사람들이 하나의 서비스로부터 정보를 생성하면서 대량의 데이터가 쌓이기 시작되었고, 아이폰 등 모바일 디바이스도 대중화되면서 사람들이 언제 어디서나 인터넷에 접속해서 구글에서 원하는 정보도 찾고, 택시도 부르고, 음식도 배달시키는 등 많은 데이터가 축적되기 시작하였다. 더불어 사람이 가만히 있어도 디바이스가 혈압이나 운동량을 트래킹하고 데이터화해서 정리하기도 한다. 2000년대 후반까지는 연구용으로 활용할 수 있는 대량의 데이터를 확보하기가 불가능했다. 있다고 해도 기가바이트 정도였고, 이미지넷처럼 수십, 수백 기가를 확인하는 건 불가능하였다.

1990년부터 2017년까지 우리나라의 뉴스데이터 정보 수천만 건의 데이터는 약 60기가 정도의 데이터에 이른다. 그런데 요즘에는 채팅 데이터만 해도 하루에 테라바이트 급이다. 이것만 해도 엄청난 양인데 텍스트 정보가 이렇다면 이미지나 음성이면 사이즈는 더 클 것이다. 이제 더 이상 데이터가 부족한 상황이 아니다.

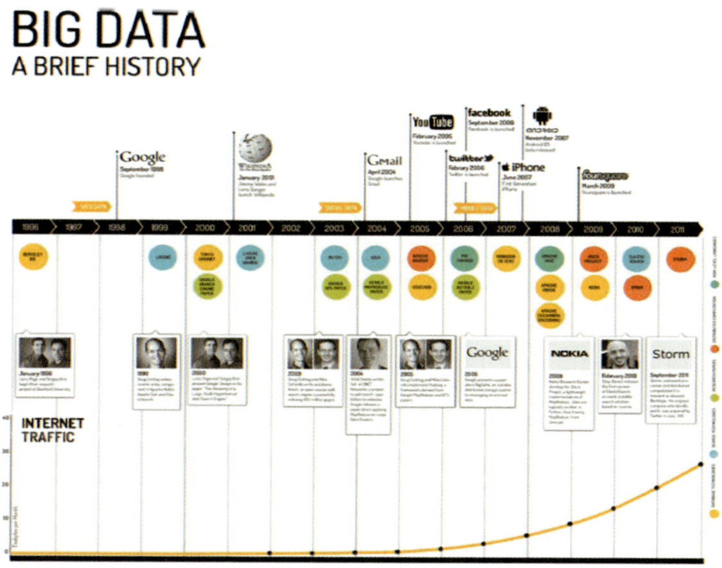

(출처 : http://bit.ly/2Mh5B5R)

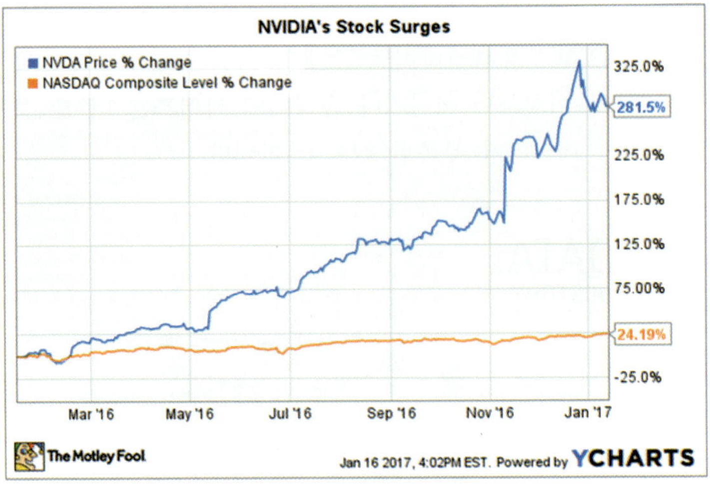

(출처 : http://bit.ly/2yOUbgF GPU)

두 번째는 하드웨어의 발전, 더 정확히는 GPU의 발전이다. 예전에는 데이터가 커지고 일정 사이즈 이상이 되면 알고리즘이 잘 동작하지 않았다. 인공지능이 학습을 잘 못하는 현상이 발생한 것이다. 이로 인해 시간도 오래 걸리고 성능도 나오지 않았다.

이에 볼츠만 머신 등으로 데이터 정보를 압축해서 하는 방법을 많이 연구했는데, 2010년부터는 강력한 병렬처리가 가능한 GPU를 활용하는 방법이 제시되었다. GPU 2개, 4개, 8개를 넘어 이제는 TPU라는 인공신경망 전용 하드웨어도 나왔다.

GPU는 비트코인이나 게임 산업의 발전과도 연관이 있지만, 무엇보다도 인공지능이 대중화되는 데 큰 역할을 했다.

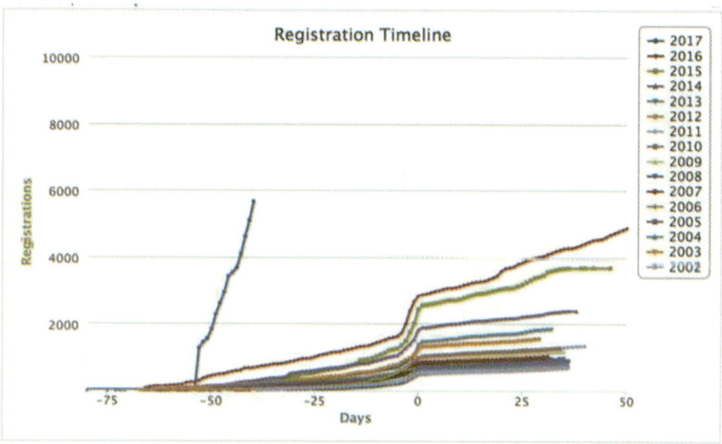

(출처 : http://bit.ly/2OJgNd9)

마지막으로는 **사람**이다. 인공지능의 발전은 스스로 이루어진 것이 아니며, 인공신경망을 연구한 연구자들의 공헌이 있었기에 가능했다. 연구자들은 인공지능을 알아주지 않았던 시대를 거치면서도 많은 연구를 해왔으며, 제프리 힌튼 교수도 연구를 할 수 있는 미국으로 이주해서 연구를 지속했다. 많은 난항이 있었음에도 인공지능의 가능성을 믿고 계속 연구했던 페이스북의 얀 르쿤 교수 등과 같은 사람들의 노고로 인공지능이 성장할 수 있었다. 이는 머신러닝 학회의 논문이 2017년도에 폭발적으로 증가한 것을 보면 알 수 있다. 세계적으로 많은 연구자들이 연구해오고, 이들이 만들어놓은 많은 걸작들로 인해 딥러닝 알고리즘이 지금과 같이 성장했다고 볼 수 있다.

만약 인공지능이 진단하고 로봇이 시술하는 시대가 오면 어떨까? 어느 정도 사람의 조작이나 참여가 필요하겠지만, 머지않은 미래에 스케일링 정도는 인공지능과 로봇이 시술하는 시대가 오지 않을까? 실수도 없고, 정확하게 환자의 통증을 없애는 시술이 인공지능과 로봇은 가능하지 않을까? 그런데 '인공지능이나 로봇이 치의학을 알까? 치의학을 모르는데 시술을 할 수 있을까?'라는 의문이 들 것이다. 그렇지 않다. 치의학을 모른다고 해도 데이터만 있으면 치료가 가능하다.

많은 학습데이터를 입력하고 입력값과 정답값의 차이를 오차라고 했을 때 분석에 필요한 알고리즘의 가중치를 변경하여 오차를 줄이는 시도도 계속되고 있다.

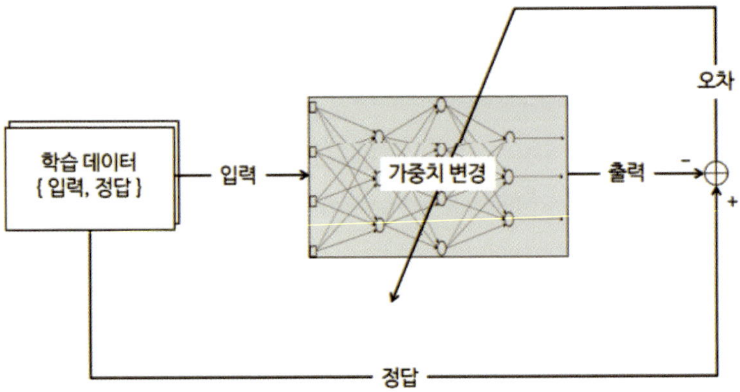

이제까지 쌓인 수많은 데이터로 인공지능을 학습시킨다면, 사람이 할 수 있는 많은 일들을 대체할 수 있게 될 것이다. 몇 십 년 전 컴퓨터가 첫 등장했을 때 많은 사람들이 두려워했었다. 그러나 인류는 컴퓨터를 활용해 더 많은 성과를 냈고, 삶을 윤택하게 만들었다. 인공지능 역시 인류가 컴퓨터처럼 잘 사용할 것이라고 본다.

인공지능은 사람이 수행하는 지능적인 작업을 컴퓨터가 모방할 수 있도록 하는 모든 기술을 말한다. 즉, 인간의 지능을 기계(컴퓨터)가 구현하는 것이 바로 인공지능이다. 스팸 메일을 자동으로 분류하거나 자율주행차 등이 인공지능의 예라고 할 수 있다. 과거에는 규칙들을 사람이 수동으로 만들어 컴퓨터에 주입하면 인간 수준의 인공지능을 만들 수 있다고 믿었는데, 이러한 방법을 심볼릭 인공지능Symbolic Artificail Intelligence 또는 규칙기반 인공지능이라고 한다. 또한 다양한 일들을 처리할 수 있는 인간 수준의 지능을 인공 일반 지능 혹은 강인공지능이라고 하며, 인간의 수준을 훨씬 뛰어넘는 고차원적인 사고를 가진 지능을 초지능이라고 부른다.

머신러닝은 기계Machine가 지능을 가지도록 스스로 학습하는Learning 것이다. 예를 들어 컴퓨터에게 개와 고양이 사진을 보여주었을 때 고양이의 특징을 알려주지 않아도 컴퓨터가 스스로 고양이의 특징인 '귀가 뾰족하고 콧수염이 있다.' 등을 알게 되는 과정이 바로 머신러닝이다. 이를 기계학습이라고도 한다.

데이터를 통해 자동으로 규칙을 학습하는 머신러닝의 방법에는 다양한 알고리즘이 있는데, 이 중 인간의 뇌를 구성하는 뉴런에 영감을 받은 것이 신경망 또는 인공신경망Artificial Neural Network이다. 이러한 신경망을 구성하는 기본 단위를 퍼셉트론이라고 한다. 신경망의 구조는 입력층-은닉층-출력층으로 이루어지며, 입력층으로부터 주입된 데이터를 은닉층에서 활성화 함수Activation Function[1])를 거쳐 규칙을 찾아낸다. 그리고 마지막으로 출력층에서 결과를 출력하게 된다.

데이터를 통해 규칙을 찾아내기 위해서는 신경망을 학습해야 하는데 이때 경사하강법Gradient Descent[2])과 역전파 알고리즘Backpropagation Algorithm[3])이 사용된다.

딥러닝은 은닉층을 깊게Deep 쌓은 신경망 구조를 활용해 학습하는 방법이다. 이처럼 깊게 쌓은 신경망을 활용한 딥러닝은 최근 몇 년간

---

1) 입력데이터를 적절하게 변환해주는 함수.
2) 신경망 데이터를 최적화하기 위해 손실함수의 경사를 구하고 기울기가 낮은 쪽으로 계속 이동시킨다. 예를 들어 산을 내려가는 것이 목적일 때 산을 내려가기 위해 경사를 따라 아래쪽으로 계속 내려갈 수 있게 하는 방법을 의미한다.
3) 딥러닝 네트워크 구조에서 입력을 통하여 나온 경사(미분값)를 역방향으로 다시 보내 신경망을 업데이트하는 방법이다.

놀라운 성과를 보였고, 얼굴 인식, 음성 인식, 기계 번역 등 다양한 분야에서 사용되고 있다. 신경망(딥러닝)에는 합성곱신경망Convolutional Neural Network[4], 순환신경망Recurrent Neural Network[5], 적대적 생성 신경망Generative Adversarial Network, GAN[6]이 있다.

좀 더 자세히 설명하자면, 인공신경망은 머신러닝 알고리즘의 한 부류이다. 앞서 말한 대로 기본적으로 생물의 신경망NN; Neural Network을 모티브로 했다. 뉴런이라고 하는 생물의 신경 세포 하나하나가 연결되어 있으며, 자극이 활성화되면 뉴런의 신호를 다음 뉴런으로 옮긴다. 이 뉴런을 이어붙인 형태를 신경망이라고 한다. 다시 말해 인공신경망은 '실제 신경망 개념처럼 알고리즘을 만들면 결국 인간과 같은 알고리즘이 되지 않을까?' 라는 생각에서 온 것이다.

---

4) 얀 르쿤이 제안한 방법으로, 이미지를 처리하는 컴퓨터 비전을 비롯한 여러 분야에서 활용한다.
5) 시계열 데이터(주가, 날씨 데이터 등)와 언어를 처리하는 분야에서 주로 활용된다.
6) 실제데이터와 구분하기 어려운 데이터를 만드는 데 사용되는 신경망이다. 예를 들어 가짜 미술 작품을 만드는 위조범의 작품을 판매상에 보여준다. 판매상은 진짜 미술 작품과 같은지 평가하고, 비슷하지 않다는 피드백을 받은 위조범은 다시 작품을 제작한다. 이와 같은 방법을 반복하여 결국에는 훌륭한 미술 작품을 만들어내는 방법이다.

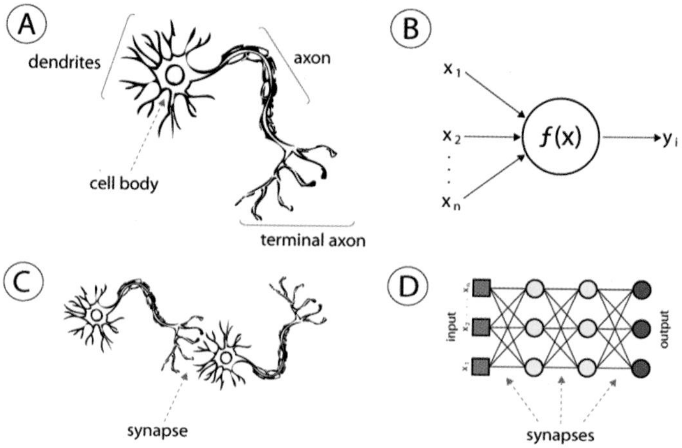

(출처 : http://bit.ly/2GXJb5a)

하지만 요즘 연구자들의 견해는 인공신경망이 실제 신경망과 다르다는 것이다. 구체적으로 설명하면 다소 어렵게 느껴지겠지만, 일단 간단히 말해 알고리즘이 생물의 신경망을 모티브로 했음에도 학습원리는 많이 다른 편이라고 알고 있으면 된다. 대신 인공신경망 알고리즘은 회귀 알고리즘과 선형Linear 및 로지스틱과 유사하다. 어떤 연구자는 회귀 알고리즘과 서포트벡터머신SVM이 인공신경망 알고리즘의 초기 버전이라고도 한다.

요약하면 인공신경망은 생물의 신경망을 모티브로 한 머신러닝 알고리즘이며, 이것을 딥러닝이라고 한다. 그리고 분류 문제와 회귀 문제를 풀어가는 범용적인 알고리즘이다.

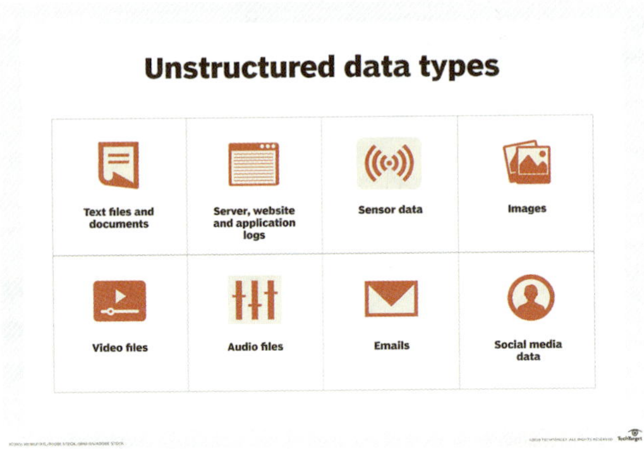

(출처 : http://bit.ly/2KBwnIT)

인공신경망 알고리즘의 장점에는 여러 가지가 있는데, 여기서는 크게 3가지만 소개해보고자 한다.

첫 번째 장점은 **비정형 데이터의 좋은 성능을 보인다는** 것이다. 정형 데이터는 데이터가 엑셀처럼 행렬이 명확하게 나뉘어서 구조화된 데이터이다. 그러나 정형 데이터에서는 생각보다 인공신경망의 성능이 잘 나오지 않는다. 행렬이 명확해서 구조화된 데이터는 상황에 따라 다르지만 딥러닝보다는 랜덤 포레스트, 그레디언트 부스팅 머신, 서포트벡터머신 등을 사용하면 좋다. 그러나 인공신경망에 학습시켰을 경우에는 아주 좋지도 않고 나쁘지 않은, 적당한 성능을 보인다. 간혹 인공신경망에도 쓰이기도 하지만 일반적으로는 사용되지 않는다. 그렇다면 어떤 경우에 성능이 잘 나오는가, 바로 깔끔하게 정리가 안 된 비정형데이터에서 잘 나온다. 이미지 데이터나 텍스트 데이터, 음성 데이터 등의 비정형 데이터에 인공신경망 알고리즘을 적용하면 좋은 성능이 나온다.

그렇다면 왜 그럴까? 간략하게 설명하자면, 인공신경망의 내부에는 히든 레이어라고도 하는 은닉층이 있다. 인공신경망의 정가운데의 뉴런들의 묶음을 히든레이어라고 하는데, 비정형 데이터에서 데이터의 특징을 뽑아주는 특징이 있다. 앞서 얘기한 알고리즘에 사용하려면 비정형 데이터를 정형 데이터로 변환해주어야 사용할 수 있는데, 딥러닝 알고리즘은 사람이 피처를 뽑아줄 필요 없이 은닉층이 이 피처를 뽑아준다. 그래서 딥러닝은 비정형 데이터에 더 강력한 알고리즘이라고 이해하면 된다.

(출처 : http://bit.ly/2OMlYsY)

두 번째 장점은 **속도**이다. 2000년 후반까지는 인공신경망은 다른 알고리즘에 비해 속도가 빠르지는 않았다. 그래서 볼츠만 머신 등으로 인공신경망을 미리 학습해두는 프리 트레이닝 전략 방법으로 개선을 시도하기도 했지만, 잘 되지는 않았다. 그래서 GPU를 사용하여 개선하는 방향으로 개선을 시도하였다.

GPU는 그래픽 처리 장치, 즉 그래픽 프로세스 유닛Graphics Processing Unit의 약자로, 실제로는 인공신경망보다는 3D게임의 고속영상을 처리하기 위해서 개발되었다. CPU는 복잡한 연산을 처리하는 소수의 연산장치 'CORE'를 담고 있다. 컴퓨터를 구매할 때 흔히 얘기하는 듀얼

CORE, 쿼드CORE, 옥타CORE가 바로 이 CORE를 몇 개 가지고 있느냐는 것을 말한다. GPU는 최소 수백 개에서 수천 개의 CORE를 집어넣어 간단한 연산을 하는 저성능 CORE를 100~1000개 넣은 것이다. 하나의 문제를 동시에 여러 방향으로 푸는 병렬처리를 할 때는 GPU가 CPU에 비해 월등히 성능이 좋다.

2010년대쯤 인공신경망 알고리즘에 병렬처리 지원이 잘 되자 GPU와 찰떡궁합임을 알게 되었다. GPU를 한 번 써봤더니 수백만 개 이상의 데이터를 처리하는 고성능의 머신러닝 알고리즘으로 탈바꿈한 것이다. 하지만 인공신경망을 제외한 대부분의 머신러닝 알고리즘이 병렬처리가 지원되는 것은 아니다. 90년대쯤에 가장 강력한 알고리즘이었던 서포트벡터머신이 대세에서 밀려난 이유가 병렬처리가 지원되지 않아 그렇다.

90년대 후반부터 2000년대 초반 스몰데이터 시대에는 실행속도가 중요하지 않아 대세였던 서포트벡터머신은 2000년대 중후반 들어서 위키피디아 등 빅데이터 시대가 옴에 따라 병렬처리가 안 되는 알고리즘으로 사양되었다. 이후 막강한 인공신경망 시대가 도래했다.

인공신경망 알고리즘의 장점 중 하나는 비정형 데이터이다. 앞서 정형 데이터는 생각보다 큰 성능을 발휘하지 못한다고 했는데, 예외적으로 정형 데이터가 있더라도 100만 개~1억 개라면 차라리 인공신경망보다 다른 알고리즘을 사용하는 것이 더 좋은 성능을 나타낼 수 있다. 서포트벡터머신은 10만 개 이상이 되면 사용이 불가능하며, 100만 개가 넘으면 랜덤 포레스트나 그레디언트도 어렵다. 이때는 GPU가 내장된 컴퓨터로 인공신경망을 쓰는 게 효과적이다. 이러한 점들을 알아두는 게 나중에 공부하는 데도 유익할 것이라 본다.

인공신경망의 마지막 장점은 바로 **발전이 빠르다**는 것이다. 다른 분야와 마찬가지로 컴퓨터공학과 데이터 사이언스 분야 역시 연구분야에서 트렌드를 빠트릴 수 없다. 지금 우리들 중 누군가가 미래에 뛰어난 연구자가 될 수도 있겠지만, 현시점에서는 기존에 다른 연구자가 개발한 인공신경망 알고리즘을 잘 배워서 빠르게 적용하는 것이 우리의 목표이다. 그리고 최정상급의 연구자들이 가장 많은 연구를 하고 있는 분야가 바로 인공신경망 분야이다. 인공신경망이 아닌 머신러닝 알고리즘 SVM, 랜덤 포레스트 등은 조금 정체된 듯하지만 인공신경망 분야는 지금도 빠르게 발전하고 있다. 매일 새로운 논문이 나오고 있으며 누군가는 텐서플로나 파이토치를 사용해본 다음 논문을 쓰고 있다.

그럼 딥러닝은 어느 분야에 쓰일까? 머신러닝 알고리즘의 가장 큰 장점은 바로 범용성이다. 데이터가 주어진 조건 중 지도학습 피처 레이블 머신러닝 알고리즘에 맡기면 알아서 문제를 풀어준다. 또한 비정형은 훨씬 응용분야가 많다.

먼저 카카오 미니와 같은 음성인식 스피커는 사람이 말하는 음성을 인식하고 그 음성으로 답변한다. 이 모든 과정에 딥러닝이 적용된다고 보면 된다. 그 다음으로 많이 쓰이는 건 이미지 검색엔진으로, 이미지 검색에서 많이 활용되고 있다. 특정 키워드를 입력하면 이미지를 보여주고, 이미지를 업로딩하면 유사한 이미지를 추천해주기도 한다.

딥러닝의 후광을 가장 많은 받은 것은 번역 분야이다. 굉장히 큰 성능향상이 일어났으며, 네이버 파파고나 구글 번역기가 흔히 아는 예시이다. 또 앞으로는 딥러닝을 통해 가장 많은 발전을 나타날 것으로 기대되는 영역은 자율주행이다. 시장가치가 높은 분야이면서 가장 큰 혁신을 보여줄 영역으로 볼 수 있다.

의료 분야는 스포트라이트를 받아 꾸준히 연구 중이며 또 성과를 보이고 있다. 딥러닝 알고리즘으로 CT영상이나 MRI영상 데이터를 보고 암을 예측하고, 심지어 치매를 예측하는 알고리즘도 있다. 딥러닝 알고리즘이 현장에서 일하는 전문의보다 높은 예측력을 보여 큰 이슈가

된 적도 있다.

인공지능과 머신러닝의 전통적인 강자는 추천엔진이다. 추천엔진은 협업 필터링Collaborative Filtering에 많이 활용되고 있다. 이 밖에도 이미지 복원, 로보틱스, 유명 화가의 화폭 따라하기 등에도 딥러닝 알고리즘을 사용하고 있으며, 화학 생물학 공장자동화 분야 등 더 광범위한 영역에서 딥러닝 알고리즘을 사용하게 될 것이다.

베이지안 네트워크Bayesian Network는 확률기반 그래프 모델이다. 이 네트워크는 변수 간의 단순 상관성뿐만 아니라 인과성까지 고려한다. 또한 사전지식(사전 확률) 등을 반영하여 사용할 수 있다.

볼츠만 머신Boltzman Machine은 제프리 힌튼이 발명한 신경망 구조로, 단계별 층과 같은 층의 노드들이 서로 모두 연결되어 있다.

인공지능의 학습방법

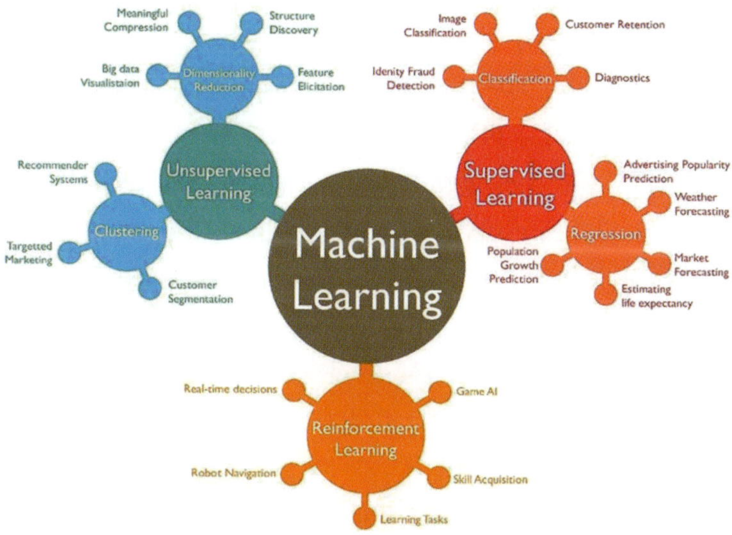

(출처 : http://bit.ly/2ONAKQg)

딥러닝 알고리즘의 분류기준은 머신러닝이 학습하는 방법으로 분류한다. 이때 가장 많이 사용되는 기준은 다음 3가지이다. 첫 번째, **지도학습**Supervised Learning, 두 번째 **비지도학습**Unsupervised Learning, 세 번째 **강화학습**이다. 강화학습은 린포스먼트 러닝Reinforcement Learning이라고도 하는데,

이 셋 중에서 현장에서 잘 쓰이지 않는다. 쉽게 말해서 알파고 알고리즘을 생각하면 된다. 즉, 한정된 환경에서 인공지능이 에이전트가 되어서 알고리즘이 보상을 주는 쪽으로 행동하는 것이다. 예를 들어 치즈를 찾아 미로를 헤매는 생쥐가 보상을 받으면서 점점 최적의 길을 스스로 찾아가게 되는 과정과 같다고 이해하면 된다. 이것이 강화학습 알고리즘이다. 다만 알고리즘을 사용할 수 있는 조건이 한정되어 있는 데다 환경을 찾는 것은 굉장히 어렵고, 또 역설적으로 실제 기술을 활용한 사례나 방안을 찾는 것 역시 어렵다. 그러다 보니 배워서 현장에서 활용하는 것은 최소 3년 후에나 활용할 수 있을 것이다.

지도학습은 피처와 레이블이 있고, 비지도학습은 피처만 있으면 학습이 된다. 예를 들어 금융권 대출기록 정보에서도 피처와 레이블을 찾아 확인하는 것이 가능한데, 전자상거래에서 가장 중요한 것은 상품 구매여부이다. 따라서 어떤 상품이 화면에 노출되면 소비자들이 구매할 수 있는지 상품 추천 엔진을 개발할 때 상품구매기록이나 노출시간 등이 피처가 되고, 구매여부는 레이블이 된다. 다시 말해 피처는 구매하는 데 기인한 중요한 요소, 즉 원인이 되는 인자이다. 거기에 지역정보, 상품정보, 구매이력 등을 가지면 지도학습을 사용할 수 있다.

현장에서는 신용등급, 보험사기, 전자상거래 추천, 배송예측, 발주, 암 환자 예측, 공장 상품거래, 검색엔진, 사람 얼굴 태깅 등 다양한 분야에서 사용하고 있다.

비지도학습은 피처만 있고 레이블은 없다. 카드 구매력을 평가할 때 예금 잔고가 비슷하다면 구매력도 비슷하다는 것을 발견할 수 있다. 그룹핑해서 같은 카드 혜택을 제공하고 대출정보를 제공하는 등 클러스터링 알고리즘이 바로 비지도학습의 일종이다.

앞서 말한 대로, 피처와 레이블이 필요한 학습은 지도학습이고, 피처만 필요한 학습이 비지도학습이다. 예시를 들자면, 지도학습은 지도하는 역할을 하는 슈퍼바이저가 가이드해주는 것이다. 컵이 떨어져 깨지면 주의를 주듯이, 잘했어, 못했어를 반복하여 칭찬받는 쪽으로 학습이 되게 하고 슈퍼바이저가 레이블로 잘잘못을 알려주는 것이 지도학습이다.

비지도학습은 슈퍼바이저가 없다. 컵을 건드려서 깨졌다면, '컵을 건드리니까 바닥으로 내려가네'라는 식으로 스스로 판단할 수 있는 것이다. 나중에 중력 때문에 컵을 건드리면 깨진다고 알려주지 않더라도 '물건은 기본적으로 떨어지게 되어있구나'라는 것을 스스로 판단하여 학습하는 것이 바로 비지도학습이다. 즉, 주변 환경을 바탕으로 환경을 분석해서 예측하는 것이다.

그렇다면 현장에서는 어떤 학습방법을 많이 사용하게 될까? 현장에서는 비지도학습을 많이 사용한다. 왜냐하면 현장에서는 지도학습을 할 수 있는 데이터를 확보하는 게 쉽지 않기 때문이다.

IT회사가 머신러닝을 활용하여 검색엔진을 만든다고 할 때, 이미지 검색엔진을 통해 고양이를 검색하여 고양이가 나오면 잘 만들어졌다고 평가할 수 있다. 이것을 머신러닝으로 지도학습 방법으로 만든다고 하면, 피처도 고양이 이미지, 레이블도 고양이 이미지가 된다.

물론 대량으로 이미지 데이터를 가지고 있다면 구현은 가능하다. 그러나 1:1로 태깅되어 있는 대량의 데이터를 확보하는 것은 현실적으로 굉장히 어렵다. 대부분의 IT회사는 데이터를 보유하고 있지만 이미지 하나하나의 레이블이 태깅되어 있지는 않다.

반면 비지도학습은 피처만 있으면 되고, 태깅되어 있을 필요도 없다. 쉽게 말해 대량의 이미지만 있으면 비슷한 이미지끼리 모으는 클러스터 알고리즘을 돌리면 된다. 때문에 현장 활용 가치가 높다.

현재의 기업에서는 지도학습을 많이 사용할 가능성이 높으며, 역설적이게도 활발하게 연구 중이다. 우리가 배워야 할 알고리즘의 대부분은 지도학습이 될 가능성이 높다. 다만 장기적 관점에서는 딥러닝 알고리즘의 대중화를 위해서 비지도학습이 발전해야 한다는 게 연구자의 관점이기도 하다. 실제로 3~5년 후에는 비지도학습이 발전할 것으로 보인다. 그러므로 딥러닝을 처음 공부하는 입장에서는 지도학습에 집중해서 공부하는 것이 도움이 된다.

다시 정리하자면, **지도학습**은 정답Label이 주어진 데이터를 사용하여 컴퓨터를 학습하는 방법이다. 예를 들면 강아지와 고양이를 분류할 수 있는 시스템을 만들기 위해 강아지 사진과 고양이 사진과 함께 이 사진이 강아지인지 고양이인지 알 수 있는 답을 활용하는 것이다. 이때 강아지 사진을 넣었을 때 이 분류기는 강아지라고 예측해야 하며, 고양이라고 예측하면 틀렸다는 피드백을 준다. 피드백을 받게 된 시스템은 다시 수정하고, 이 과정을 반복하면서 학습을 하고 수정을 거쳐 강아지와 고양이를 구분할 수 있게 된다. 지도학습은 머신러닝의 방법론 중에 가장 흔히 쓰이고 있으며, 문자 인식, 음성 인식, 이미지 분류, 언어 번역 등 거의 모든 애플리케이션에서 활용하는 방법이다.

비지도학습은 지도학습과는 달리 데이터에 대한 정답이 주어지지 않은 데이터를 활용해 학습하는 방법이다. 정답이 없기 때문에 맞는 예측을 했는지에 대한 피드백을 받을 수 없고, 교정을 할 수도 없다. 예를 들어 강아지와 고양이 사진이 있다고 해도 컴퓨터는 이 사진이 고양이인지 강아지인지 알지 못한다. 대신 비슷한 사진들끼리 묶어 2개의 집단으로 분류하는데, 이것이 비지도학습의 대표적인 방법인 군집화Clustering이다. 이는 페이스북에서 특정 집단의 사람들을 그룹화하는 알고리즘 등에서 쓰인다. 지도 학습에 비해 활용되는 정도가 낮지만 일일이 수십만, 수천만 개의 데이터에 대한 정답을 만들 수 없으므로 머신러닝의 발전에 필요한 방법론 중 하나로 평가되고 있다.

강화학습은 에이전트Agent[7]가 주어진 환경에서 어떤 행동을 취하고

7) 일반적으로 다른 사람을 대신해 업무 또는 교섭을 대행하는 사람이나 컴퓨터과

이로부터 어떤 보상을 받으면서 학습을 진행한다. 즉 강화학습은 시행착오를 통해 학습하는 방법 중 하나이다. 현재 강화학습은 대부분 게임 및 로봇 분야의 문제를 푸는 데 활용되고 있지만, 실제로 유용한 애플리케이션을 만든 사례는 아직 없다. 하지만 구글의 자회사이자 알파고를 만든 딥마인드와 같은 기업들이 강화학습에 관한 연구를 활발히 진행하고 있으며, 자율주행차, 자원관리, 교육 시스템 등에 널리 활용될 것이라 보인다.

이외에도 자기지도학습과 전이학습이 있다.

자기지도학습Self-supervised Learning은 특별한 경우지만 별도 범주라고 생각할 수 있다. 보통 정답을 사람이 주지만 사람의 개입 없이 입력 데이터로부터 정답을 얻는다. 예를 들어 고양이 사진이 있으면 그 사진이 고양이라는 정답은 없지만 동물과 관련된 지식, 눈, 코, 귀 등의 특성들을 스스로 찾아내고 그 정보들을 활용해 학습한다.

전이학습Transfer Learning은 이미 잘 훈련된 모델이 있고, 해당 모델과 유사한 문제를 해결하기 위해 특성 추출, 레이어 조정, 학습된 모델 등을 활용해 학습하는 방법을 말한다. 예를 들어 컵을 감지하는 시스템을 만들었다고 하면, 그 시스템 모델을 주전자를 감지하는 모델을 만드는 데 활용하기 위해 컵을 감지할 수 있는 모델을 가져와 세부 조정을 거쳐 주전자를 감지하는 모델을 학습하는 것이다.

최근 들어 인공지능에서도 특히 머신러닝을 기반으로 하여 다양한 응용 분야가 생겨나고 있다. 아주 많은 분야가 있지만, 그 중에 대표적인 것들을 소개하겠다. 서로 일정 영역을 공유하는 부분도 있기 때문에 완벽히 구분할 수는 없지만 보편적으로 아래와 같이 나누고 있다.

학 등에서는 특정 목적에 대해 사용자를 대신하여 작업을 수행하는 자율적 프로세스를 의미한다. 프로그램이나 시스템을 실행하는 주체(주로 컴퓨터)를 말한다.

컴퓨터 비전Computer Vision 분야는 딥러닝이 나온 뒤 이미지와 관련해 가장 많은 분야가 생겨났다고 봐도 무방한데, 대다수가 기계의 시각에 해당하는 부분을 연구하는 컴퓨터 비전이라는 카테고리에 속한다. 객체 인식Object Recognition과 객체 감지Object Detection[8] 그리고 이미지 캡션Image Caption[9]이 대표적이다.

자연어 처리NLP; Natural Language Processing 분야도 유망하다. 자연어Natural Language 혹은 자연 언어란 우리가 흔하게 사용하는 일상 언어를 뜻하는 말로, 목적을 가지고 인공적으로 만들어진 인공어와 대비되는 개념이다. 자연어 처리는 인간의 언어를 기계가 따라할 수 있도록 연구하고 구현하는 분야이다. 자연어 처리는 머신러닝 이전부터 규칙 기반의 알고리즘을 사용해 시작한 분야인데, 머신러닝이 나온 이후 크게 발전했다. 기계 번역Machine Translation[10]과 음성인식Speech Recognition[11]에 대해서는 다음 장에 소개하도록 하겠다.

자율주행차 또는 자율주행 자동차는 운전자 또는 승객의 조작 없이 자동차 스스로 운행이 가능한 자동차를 말한다. 자율주행의 개념은 1960년대에 제안되었고, 1970년대 중후반부터 초보적인 연구가 시작되었다가 큰 성과를 거두지 못하던 중, 최근 딥러닝의 발달과 여러 IT기업의 참여로 다시 활발하게 연구가 진행되고 있다.

---

8) 두 가지 모두 이미지와 비디오에 존재하는 특정 사물을 인식 또는 감지하는 기술이다. 서로 유사하지만 객체 인식은 이미지 내에 존재하는 사물을 인식하고, 객체 감지는 더 나아가 어떤 객체가 어디에 있는지까지 감지한다. 주로 얼굴 인식, 이미지 내의 다양한 사물 인식에 관한 연구가 활발하게 이루어지고 있고, 이를 바탕으로 이미지 검색뿐만 아니라 의료 산업 등에서도 활용되고 있다.

9) 이미지가 주어지면 이를 바탕으로 이미지를 설명하는 텍스트를 만드는 기술이다. 여기에는 컴퓨터 비전뿐만 아니라 자연어 처리 기술도 상당 부분 들어간다.

10) 인간이 사용하는 자연어를 컴퓨터를 사용해 다른 언어로 바꾸는 것을 의미한다. 인터넷에서 많이 접해볼 수 있는 번역기가 이 기술을 사용한다.

11) 말 그대로 인간이 말하는 음성을 문장으로 바꾸고 더 나아가 그 의미를 파악하는 기술이다. 자연어 처리는 특히 문장의 의미를 파악하는 데 사용한다.

음성인식 비서는 애플의 시리Siri[12], 아마존의 알렉사Alexa[13], 구글 어시스턴트[14] 등이 있으며, 이와 유사하지만 성격이 다른 Jibo[15] 라는 소셜 로봇으로 분류되는 음성인식 로봇도 있다.

IBM 왓슨Watson은 자연어 형식으로 된 질문들에 대답할 수 있는 인공지능 컴퓨터 시스템으로서 데이비드 페루치가 주도한 IBM의 DeepQA 프로젝트를 통해 개발되었고, 미국의 퀴즈 프로그램인 〈제퍼디!〉 에서 2010년 인간을 이기고 우승했다. 최근에는 의료 영역으로 확장하여 의료 이미지 분석 등에 사용되기도 했다.

텐서플로TensorFlow는 제프리 힌튼이 이끌고 있는 구글 브레인에서 개발하여 오픈소스로 공개한 머신러닝 라이브러리이다.

AutoML은 구글의 클라우드 인공지능 서비스로, 머신러닝 전문가가 없는 기업도 머신러닝을 개발할 수 있도록 도와주어 기업 간 머신러닝 격차를 줄여주기 위한 서비스이다.

CPUCentral Processing Unit는 컴퓨터에 들어가는 중앙처리장치로, 컴퓨터가 동작하는 데 필요한 모든 계산을 처리한다. 앞서 설명했던 GPU는 컴퓨터 그래픽을 처리하는 장치로, 부동소수점 계산에 뛰어난 성능을 자랑하며 인공지능 머신러닝에 필요한 계산을 수행하기에 적합하다. TPUTensor Processing Unit는 구글에서 만든 데이터 분석 및 딥러닝용 전용 하드웨어이다.

다음으로 인공지능 분야를 선도하고 있는 기업을 간략하게 소개하겠다.

---

12) 애플의 아이폰, 아이패드의 운영체제인 ios 제품과 컴퓨터 macOS 제품에 탑재된 인공지능 비서이다.

13) 아마존에서 만든 인공지능 비서로, 스피커 또는 태블릿 형태의 제품으로 하드웨어에 탑재되어 판매된다.

14) 구글에서 만든 인공지능 비서로, 구글 안드로이드 OS에 탑재되어 있다.

15) 신시아 브리질이 창업한 Jibo inc에서 만든 소셜로봇이다. 스크린 상단에 탑재된 2개의 카메라로 사용자의 얼굴을 인식하고 음성 명령으로 셀카 촬영을 지원하며, 방향 전환을 통해 사용자를 따라 다니면서 행동을 관찰할 수 있는 로봇으로 스피커 형태의 인공지능 비서와는 차별점이 있다.

구글 브레인 Google Brain은 구글의 인공지능 연구소로, 제프리 힌튼이 이끌고 있다. **바이두**Baidu는 중국 최대 검색엔진 기업으로, 앤드류 응이 바이두를 인공지능 기반 조직으로 변화시키는 데 기여했다. **텐센트**Tencent는 중국의 종합 인터넷 회사로서 아시아 게임계를 주무르고 있으며, 리그 오브 레전드를 제작한 라이엇 게임즈와, 클래시 오브 클랜, 로얄 등으로 유명한 슈퍼셀을 인수했다.

딥마인드Deep Mind는 데미스 허사비스Demis Hassabis가 설립한 기업으로 2014년에 구글에 인수되었다. 인공 일반 지능을 목표로 하며, 대표적인 프로그램으로는 알파고, 알파제로, 알파스타가 있다. **오픈인공지능**Open AI은 일론 머스크Elon Musk가 투자한 비영리 인공지능 연구 단체로, 인공 일반 지능 및 여러 윤리 문제들을 연구하고 있다. **앨런 연구소**는 마이크로소프트의 공동 창업자이기도 한 폴 앨런Paul Allen이 자신의 이름을 따서 만든 비영리 연구 단체로, **앨런 뇌과학 연구소**Allen Institute for Brain Science와 **앨런 인공지능 연구소**Allen Institute for Artificial Intelligence가 있다. 앨런 뇌과학 연구소는 신경 과학 분야에서 가장 시급한 문제들을 해결하기 위해 만들어진 단체이며, 뇌지도를 작성하는 프로젝트로 많이 알려져 있다. 앨런 뇌과학 연구소에 이어 두 번째로 설립되었고 인공지능을 연구하여 AI2라고도 불리는 앨런 인공지능 연구소는 공중선(公衆善)을 위한 인공지능을 만드는 목표를 가지고 있다. 대표적으로 인공지능에 상식을 추구하는 프로젝트인 **모자이크**Mosaic를 이끌고 있다.

인류미래연구소Future of Humanity Institute는 인공지능이 인류에 가져올 큰 영향력에 대해 여러 분야에 걸쳐 연구하는 곳으로, 닉 보스트롬Niklas Boström이 창립하였다. **테슬라**Tesla는 일론 머스크가 투자한 미국의 전기자동차 회사로, 최근 완전 자율주행차를 개발하기 위해 엄청난 투자를 하고 있다.

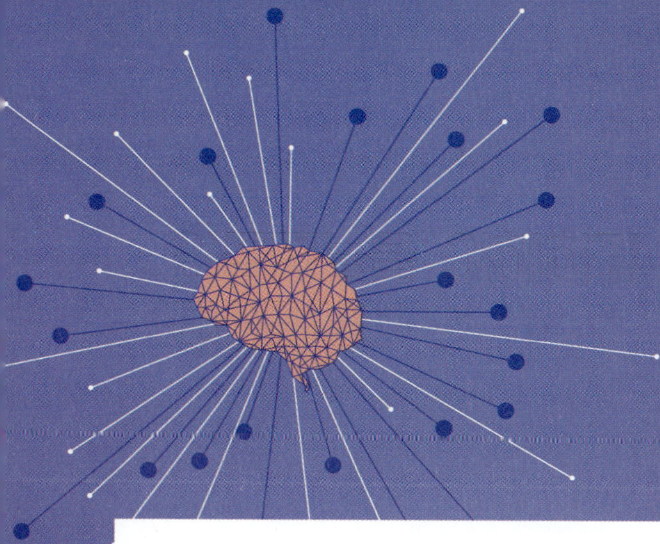

2장

인공지능 기술

바둑 인공지능

바둑 인공지능이 어떻게 구현되는지 아주 간단히 설명해보고자 한다.

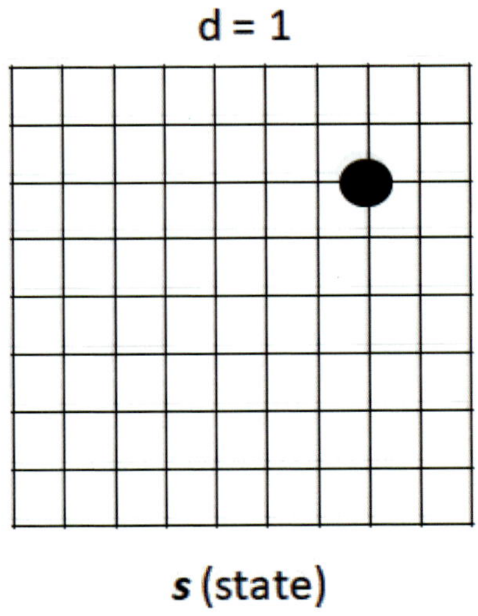

예를 들면 아래와 같이 행렬로 표현된다.

$$\begin{pmatrix} 0&0&0&0&0&0&0&0&0 \\ 0&0&0&0&0&0&0&0&0 \\ 0&0&0&0&0&0&1&0&0 \\ 0&0&0&0&0&0&0&0&0 \\ 0&0&0&0&0&0&0&0&0 \\ 0&0&0&0&0&0&0&0&0 \\ 0&0&0&0&0&0&0&0&0 \\ 0&0&0&0&0&0&0&0&0 \end{pmatrix}$$

그리고 다음 수에 대해 모든 경우의 수를 끝까지 시뮬레이션하여 제일 많이 이긴 '다음 수'를 고른다. 그 과정을 도식화해보면 아래와 같다.

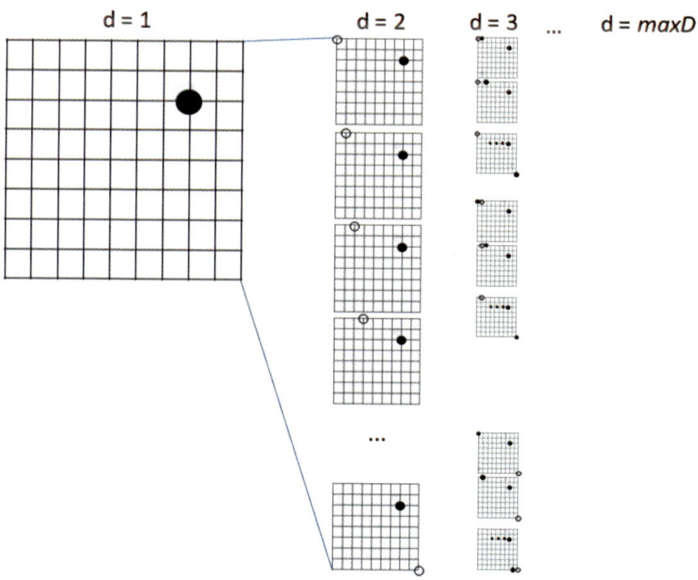

이렇게 모든 경우의 수를 끝까지 시뮬레이션하는 방법을 **최대 깊이 검색**Maximum Depth Search이라고 하는데, 이는 컴퓨터가 할 수 있는 최대치의 분석을 의미한다. 다만 경우의 수가 우주의 원자 수보다도 많기 때문에 사실상 구현은 불가능하며, 아마 컴퓨터가 견디지 못해 속된 말로 뻗을 것이다. 그래서 경우의 수Search Space를 줄이는 방법Breadth Reduction이 인공지능을 구현하는 핵심 원리 중 하나이다. 가령 '이런 수는 사람이 두지 않는다'고 판단하는 인공지능 모델이 있다면 그 수를 후보군에서 미리 제외할 수 있다.

그리고 최대 깊이Maximum Depth까지 시뮬레이션하지 않고 결과를 더 빨리 예측하는 **깊이 축소**Depth Reduction가 두 번째 핵심 원리이다. 단순하게 프로 바둑기사를 따라하는 방법도 있다. 알파고 논문에서 이런 용어들을 개발자들이 만들어서 부르고 있다.

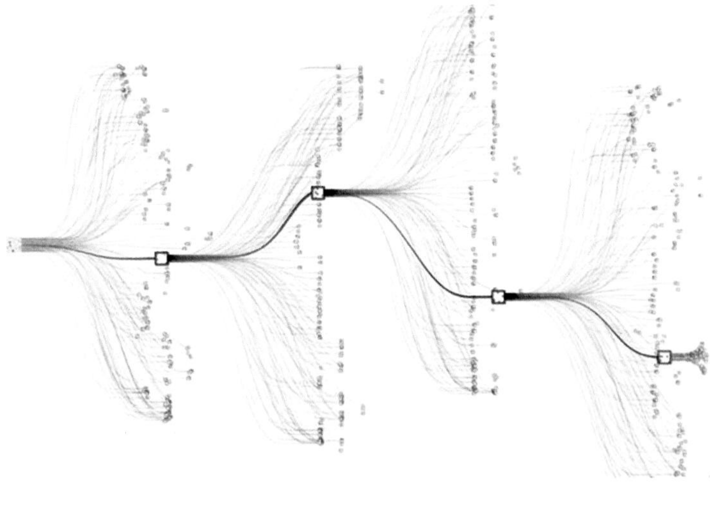

프로기사들의 기보를 학습한 후 가장 많은 확률로 두었던 그 자리에 다음 수를 두는 지도학습의 한 형태도 있다. 이를 위해서는 무한대의

시뮬레이션을 통해 결과를 확인한 후 가장 확실하게 이길 수 있는 수를 두는 최대 깊이 검색을 위해서 CPU와 GPU의 성능이 중요해진다. 그래서 인공지능의 발전과 함께 하드웨어인 반도체의 발전도 따라 진행된다. 만약 우리가 바둑 인공지능을 한 차원 더 발전한 수준으로 개발하고자 한다면 이런 기법들로 딥러닝하는 알고리즘을 짜야 할 것이다.

앞서 말했듯이 딥러닝 알고리즘이 대중에게 알려진 계기는 알파고다. 알파고를 개발한 딥마인드에서는 벽돌깨기 게임을 인공지능 알고리즘으로 공략하는 것을 유튜브에 공개한 바 있다. 이 알파고 알고리즘은 강화학습에 딥러닝을 적용한 알고리즘이다. 딥마인드는 알파고를 만들어 이세돌과의 대국에서 승리함으로써 딥러닝으로 학습한 알고리즘이 사람을 이길 수도 있다는 사실을 전 세계에 보였다. 우리나라에서 개발하여 현존하는 바둑 인공지능 중 가장 뛰어난 '한돌' 역시 바로 이러한 기술의 발전 결과이다.

순환신경망

최근 인공지능 스피커가 유행하고 있다. 이 인공지능 스피커처럼, 인공지능이 문장을 듣고 이해한다는 것은 문장을 이미 학습해놓았다는 것을 뜻한다.

여기서 인공지능 스피커가 문장을 학습하는 방식은 우리가 학습하는 것과는 성격이 다른데, 문장을 여러 단어(형태소)로 받아들이고 벡터화를 통해 의미를 분석해서 순서나 확률 등으로 표현한다. 즉, 과거에 입력된 데이터와 나중에 입력된 데이터 사이의 관계를 고려하는 것이다. 이를 위한 신경망이 **순환신경망**Recurrent Neural Network, RNN이다.

순환신경망은 여러 개의 데이터가 순서대로 입력되었을 때, 먼저 입력받은 데이터를 잠시 기억해놓는 방법이다. 이때 기억된 데이터가 얼마나 중요한지 판단하여 가중치를 주고 다음 데이터와 합류시키며, 모든 입력 값을 이 작업 순서대로 실행한다. 그래서 다음 층으로 넘어가기 전에 같은 층을 맴도는 것처럼 보인다.

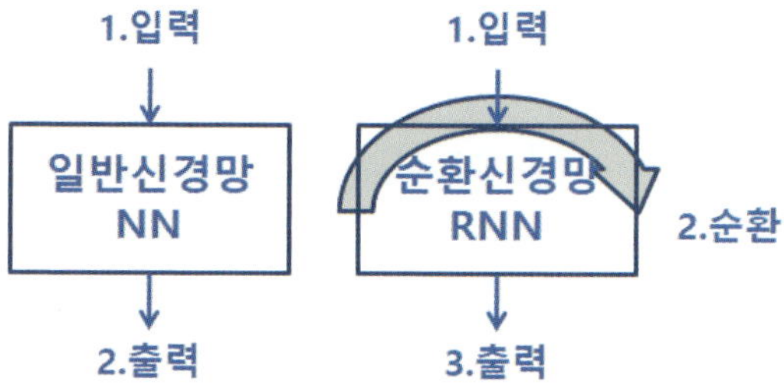

예를 들어 '오늘 날씨가 어때?'라고 입력되면 순환되는 부분에서 단어를 처리할 때마다 단어를 기억하여 다음 입력 값의 출력을 결정한다.

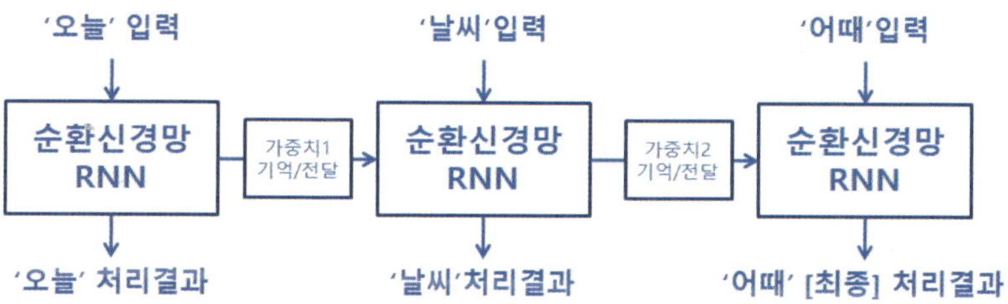

순환되는 가운데 앞서 나온 입력에 대한 결과가 뒤에 나오는 입력 값이 영향을 주는 것이다. 비슷한 두 문장이 입력되었을 때 그 차이를 구별하여 출력 값에 반영할 수 있다.

순환신경망을 더욱 개선하는 가운데 현재 널리 사용되는 방식은 LSTM[Long Short Term Memory, 장단기 메모리]이다. 앞서 말했듯이 순환신경망은 한 층 안에서 반복을 많이 하는데, 그 특성상 일반 신경망보다 기울기 소실과 활성화 함수에 대한 문제가 더 많이 발생하기 때문에 이를 해결하는 방법이다. 간단하게 말해서 기억된 이전 입력 가중치를 다음 층으로 넘길지 여부를 관리하는 단계가 추가되었다고 보면 된다.

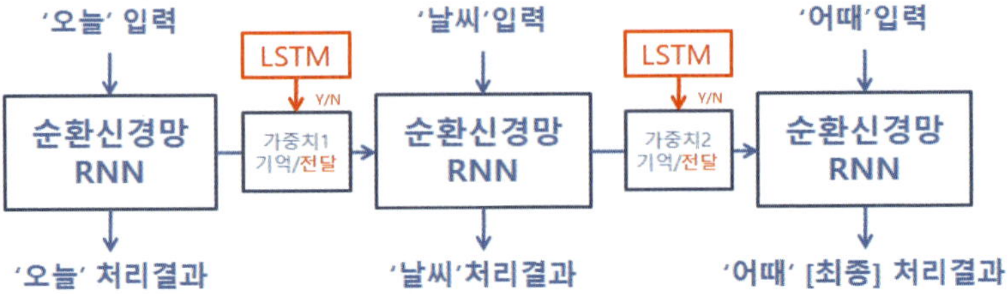

순환신경망의 활용은 입력과 출력을 어떻게 설정하느냐에 따라 구분된다. 다입력-다출력Multi Input-Single Output은 입력 문장 의미를 파악할 때 활용하는 방식이다.

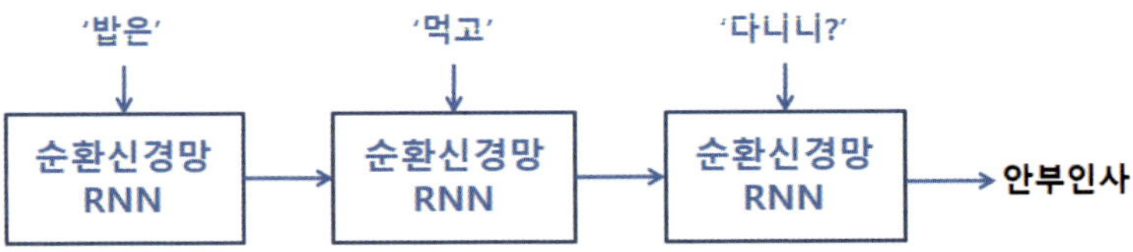

단입력-다출력Single Input-Multi Output은 입력 이미지 요소 분석에 활용하는 방식이다.

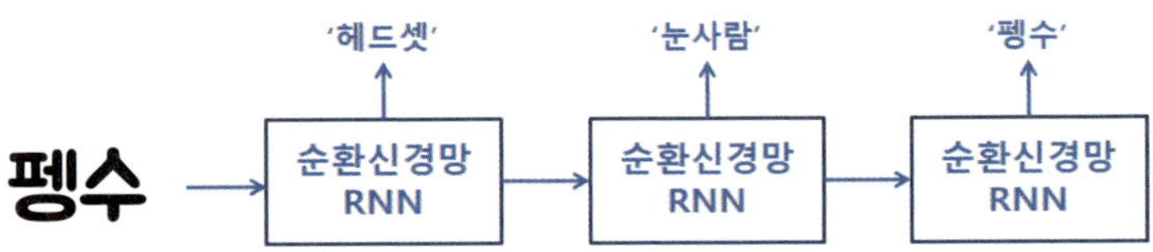

마지막으로 다입력-다출력Multi Input-Multi Output은 입력 문장의 번역에 활용하는 방식이다.

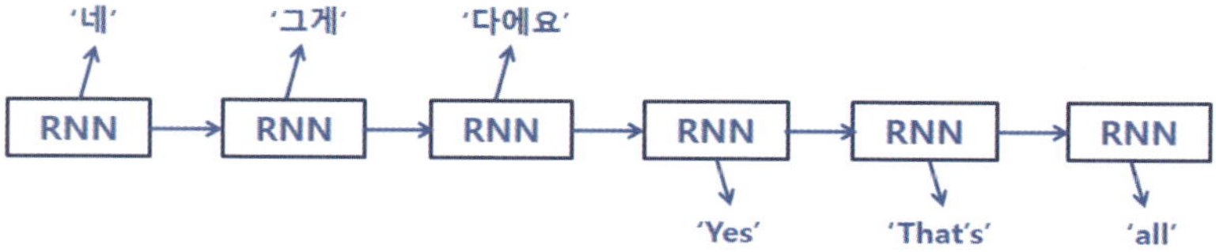

자연어 처리BERT: Bi-directional Encoder Representations from Transformers에 Attention어텐션 모델이 있다. 인간은 정보를 처리할 때 모든 시퀀스를 고려하면서 정보를 처리하지 않는다. 인공지능도 인간과 마찬가지로 중요한 피처를 더욱 중요하게 고려하는데, 이것이 바로 Attention 모델의 모티브이다.

Self-Attention셀프 어텐션 모델은 디코더 결과가 정답과 많이 다를 때 좋지 못한 컨텍스트 벡터의 스코어Score를 조정해서 Attention weight어텐션 가중치를 조정한다. RNN+Attention에 적용된 디코더가 해석하기에 가장 적합한 가중치Weight를 찾고자 노력하게 되고, 입력Input값을 가장 잘 표현할 수 있도록 학습을 시키면, 가장 잘 표현할 수 있는 모델이 탄생하게 된다. 앞서 잠깐 다뤘듯이 입력된 단어, 이미지, 번역 등에 활용 중이다.

분류와 회귀의 비교

분류Classfication와 회귀Regression는 인공지능에서 비지도학습과 지도학습을 구분하는 방법으로 이해해도 좋다. 결과를 모르고 분석을 할 때 분류를 사용하고, 결과 데이터를 알고 분석을 할 때는 회귀를 사용한다. 분류는 데이터 A, B, C 중 하나의 인자Factor가 예측을 할 때 유용한 인자임을 찾고, 회귀는 연속된 값을 사용하여 결과를 예측할 때 사용한다.

	분류(Classification)	회귀(Regression)
결과	학습데이터의 레이블 중 하나를 예측	연속된 값을 예측
예제	학습데이터가 A, B, C인 경우 결과는 A, B, C 중 하나 예) 스팸 메일 필터	결과 값이 어떠한 값도 나올 수 있음 예) 주가 분석 예측

이것을 그래프로 좀 더 이해하기 쉽게 나타내면 아래와 같다.

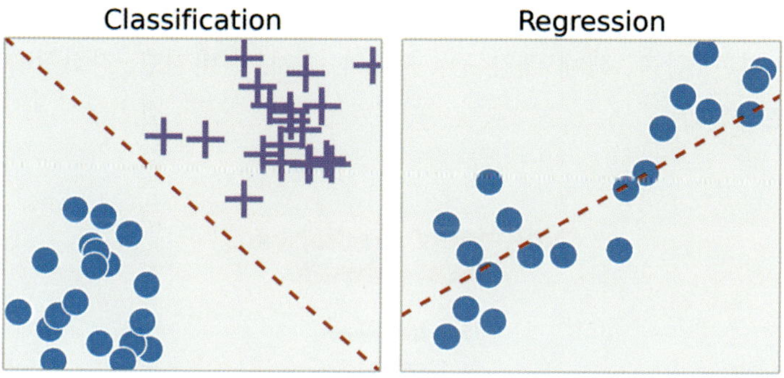

(출처 : https://www.searchengineland.com)

분류는 'A이다, B이다'를 판별해준다. 분류가 중요한 이유는 자율주행자동차시스템에서 장애물과 사람 등을 구분하는 일이 매우 중요한 기술이기 때문이다. 즉 분류를 통해 개인지 고양이인지를 구분하고, 사람인지 장애물인지를 구분해주는 것이다. 이는 장애물과 비장애물을 분명히 구분할 수 있어야 완벽한 구현이 가능한 기술이다.

회귀는 많은 데이터를 하나의 가상의 선, 즉 회귀선[Regression Line]으로 설명하고 예측하기 위하여 사용하는데, 주가 예측 등 무언가를 예측하고 설명할 때 많이 사용한다. 그리고 회귀는 예측하고 설명할 때의 회귀선이 얼마나 예측력이 좋고, 설명력이 좋은지까지 확률로 표현해준다. 만일 수집된 데이터가 옳다면, 결과도 옳고, 그 결과에서 분석하여 예측한 내용도 옳다.

머신러닝과 딥러닝의 가장 일반적인 분류는 다음과 같다.

① 0과 1, 참과 거짓 등의 이진 분류
② 다양한 결과에 대한 다중 분류. 카테고리화, 라벨링 자연어 처리 등을 의미한다.

③ 환경요인 정보를 입력하고 그 정보의 상관관계에 따른 값으로 출력되는 수치분류. 시계열 모니터링, 상태분석, 이상징후, 쇼핑 등이 포함된다.

④ 변환, 압축, 해제 배양 등. 지도와 준지도, 비지도, 강화학습 등이 포함된다.

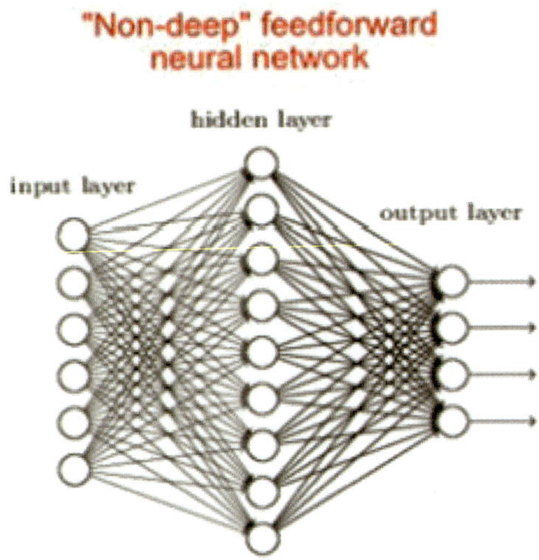

(출처 : www.quora.com)

여러 개의 답 중 하나를 고르는 분류를 **다중분류**Multi Classification라고 한다. 다중분류는 둘 중(0, 1) 하나를 고르는 **이항분류**Binary Classification와는 접근 방식이 다르다.

다중분류는 출력 값이 숫자인 경우와 문자인 경우가 있다. 문자인 경우 특정 인덱스를 부여하여 숫자화한다. 여러 개로 카테고리화된 출력 결과가 값에 대해 0, 1로만 이뤄진 형태로 바꿔주는 기법을 **원-핫 인코딩**One-Hot Encoding이라고 한다.

활성화 함수 소프트맥스Softmax는 총합이 1인 형태로 바꿔서 계산해

주는 함수이다. 합계가 1인 형태로 변환하면 큰 값이 두드러지게 나타나고 작은 값은 더 작아지는 특징이 있다.

머신러닝과 딥러닝의 성공여부는 데이터 확보에 있다. 따라서 좋은 데이터를 먼저 구해야 한다. 그렇다면 좋은 데이터란 무엇일까? 실제 세상을 담고 있는 정보이다. 그리고 딥러닝을 구동하려면 반드시 속성과 클래스를 구분해야 한다. 또한 데이터의 내용과 구조를 잘 파악하는 것이 중요하다.

속성, 항목, 필드 / 분류, 클래스 / 샘플레코드

구분	항목1	항목2	항목3	항목4	...	항목10	여부
1					...		
2					...		
...	...	...	...	...	...	...	...
100							

신경망-퍼셉트론

아래 그림은 1950년에 발표된 맬컬룩-피츠 모델을 참고하여 신경망-퍼셉트론 구성을 도식화한 그림이다. 입력층[Input Layer], 은닉층[Hidden Layer], 출력층[Output Layer]의 3단 구조를 입력과 노드, 출력으로 표현한 것이라고 보면 된다.

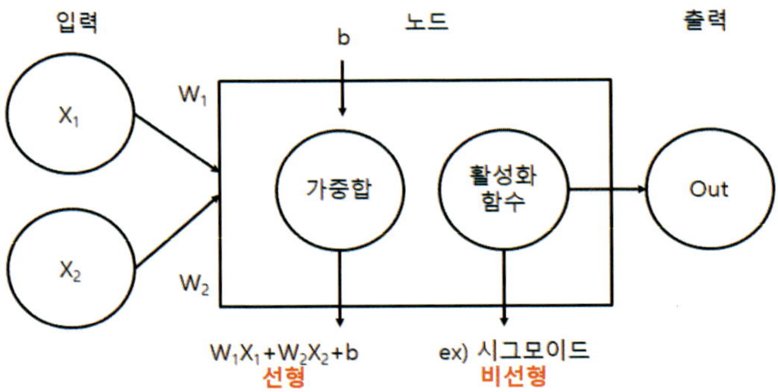

신경망-퍼셉트론의 한계에 대해 간단히 말하자면, 단 하나의 퍼셉트론으로는 많은 것을 기대할 수 없다는 것이다.

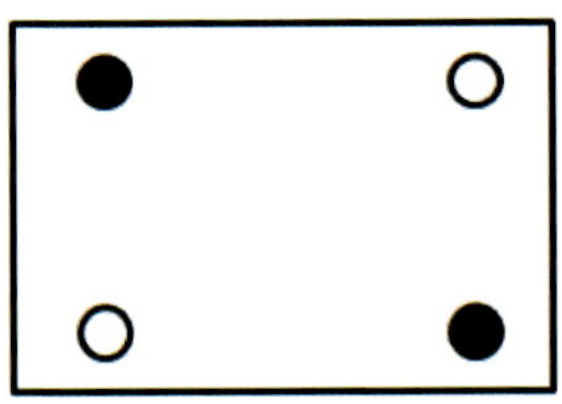

네 점 사이에 직선을 하나 긋는다고 할 때, 직선의 한쪽 편에는 검은 점만, 다른 쪽에는 흰 점만 있게 할 수 있을까? 직선을 그을 수 없다면 흰 점과 검은 점을 구분할 수 없다. 퍼셉트론도 선형 회귀와 로지스틱 회귀를 통해 머신러닝이 직선 혹은 2차원 평면을 그리는 작업인데 위와 같이 해결되지 않는 상황이 있다.

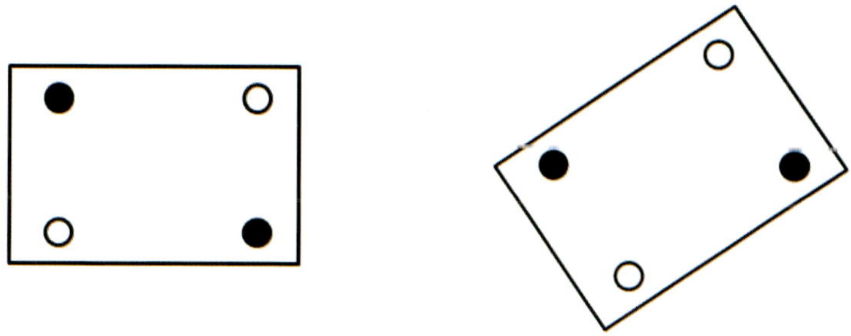

해답은 다층 퍼셉트론에 있다. 2차원 평면에서만 해결하려는 고정관념을 깨고, 입체적으로 생각하여 좌표 평면 자체에 변화를 주는 것이다. 두 개의 퍼셉트론을 한 번에 계산할 수 있어야 한다. 그래서 은닉층이 해결책으로 사용된다.

다음 그림처럼 하나의 직선으로 2개의 직선을 그은 효과를 낼 수 있다.

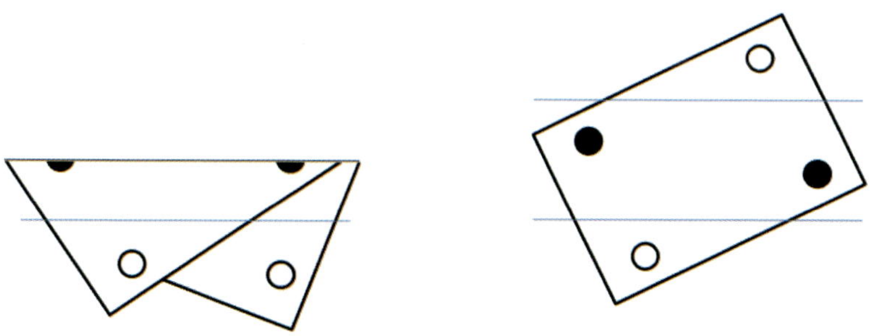

입력층과 은닉층의 입력을 그래프로 표현하면 은닉층이 좌표 평면을 왜곡시킨다. 공간을 왜곡하여 두 영역을 가로지르는 선이 직선이 된다.

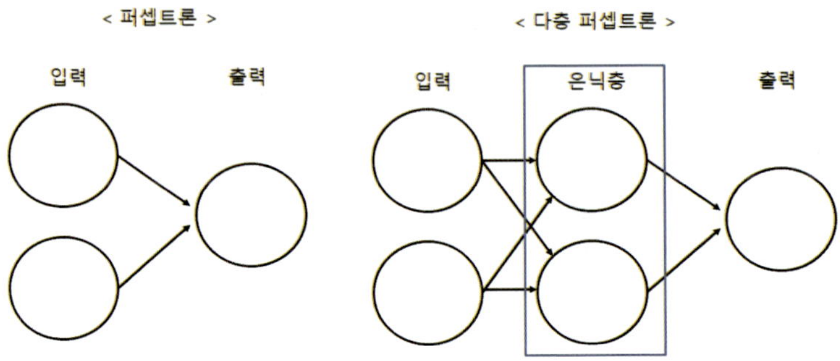

은닉층이 많을수록 보다 정교하게 분별이 가능하다. 은닉층을 추가하면 선형분리 불가능 문제를 풀 수 있다. 다층 퍼셉트론을 처음 발견할 당시에는 다층 퍼셉트론을 학습시킬 수학적 모델이 없었다. 은닉층의 개수가 늘어나면 더욱 복잡한 문제를 해결할 수는 있으나 계산량이 늘어난다는 단점이 있다.

단층 퍼셉트론은 입력층과 출력층만 존재한다. 단순하게 출력층의 결과 값을 실제 값과 비교해 오차가 최소가 되도록 가중치를 새로 갱신하면 된다. 다층 퍼셉트론은 은닉층의 출력 값에 대한 판단 기준을 정하기 어렵다. 이에 따라 출력층에서 발생하는 오차 값을 이용하여 은닉층으로 역전파시켜 은닉층 오차 값에 따라 은닉층의 가중치를 갱신해 문제를 해결한다.

은닉층은 앞 단계에서 받은 데이터를 좀 더 구체화한 후에 다음 단계층으로 전달한다. 각 은닉층마다 몇 개의 노드가 최적인지는 문제에 따라 다르다. 신경망 층에 따라 결정영역은 더 정확해진다.

신경망의 연산흐름은 입력층 → 은닉층 → 출력층으로 진행된다.

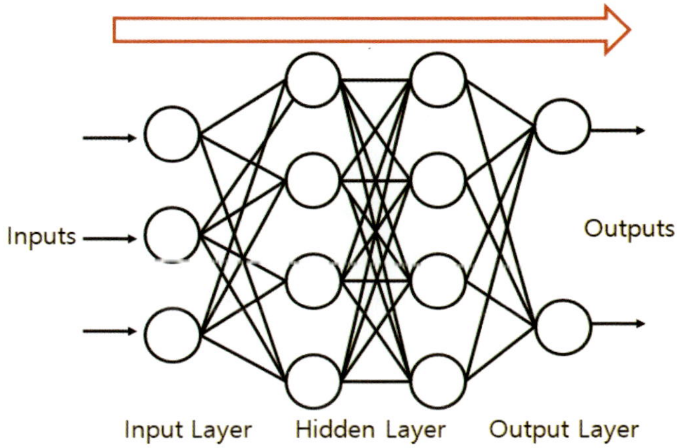

입력층은 입력데이터를 받는다. 노드 수는 입력 데이터의 특성 개수와 일치한다. 은닉층은 노드와 층의 수는 신경망 설계자의 직관과 경험에 의존하게 되는데 노드가 너무 많으면 이때 과적합[Overfitting]이 발생한다. 반대로 노드가 너무 적으면 충분히 표현을 못한다. 층의 수가 너무 많으면 비효율적이다. 예를 들어 은닉층 수를 2배 늘리면 컴퓨팅 시간은 400%가 증가되지만 정확성은 10% 증가하는 데 그친다. 출력층은 해결 목표에 따라 결정된다.

이 과적합 문제는 머신러닝 및 딥러닝을 하는 사람이라면 반드시 극복해야 할 과제이다. 과적합 문제는 모델이 학습 데이터셋 안에서는 일정 수준 이상의 예측 정확도를 보이지만, 새로운 데이터에 적용하면 잘 맞지 않는 것을 의미한다. 아래 그림에 보면 학습 선이 너무 특정 모델 학습 선에만 최적화됨을 알 수 있다.

과적합은 층이 너무 많거나 변수가 복잡해서 학습 데이터셋과 테스트 데이터셋이 중복될 때 등 다양한 요소에서 발생한다. 특히 딥러닝은 입력, 은닉, 출력층마다 노드들에 상당히 많은 변수들이 사용된다. 그래서 딥러닝을 진행하는 동안 과적합에 빠지지 않게 늘 주의해야 한다.

과적합을 방지하기 위해 학습과 테스트 데이터셋을 완전히 구분한 다음 학습과 테스트를 동시에 병행하며 진행하는 방법이 있다. 예를 들어 데이터셋 샘플이 100개 있다면 70개는 학습 데이터셋으로, 30개는 테스트 데이터셋으로 나누어 진행한다. 그리고 신경망을 만들어 샘플로 학습을 진행한 후 이 학습 결과를 저장한다. 이렇게 저장된 파일을 **학습모델**이라고 부른다. 모델을 다른 셋에 적용할 경우 학습 단계에서 만들어진 파라미터들(패턴, 값)을 사용하여 그대로 다시 실행한다.

다만 학습이 계속되면 학습셋의 정확도는 계속 올라가지만 테스트에서 과적합이 발생한다. 그러므로 학습을 진행해도 테스트 결과가 더 이상 좋아지지 않는 지점에서는 학습을 멈춰야 한다.

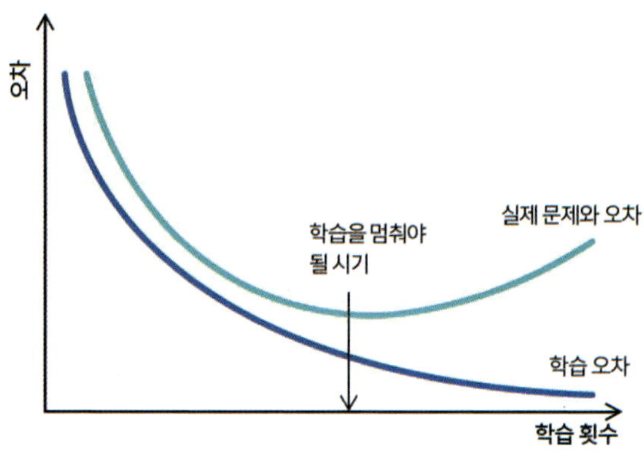

과적합을 방지하는 또다른 방법으로 **드롭아웃**Dropout을 사용할 수 있다. 드롭아웃은 신경망을 학습할 때 임의의 노드 몇 개를 생략하고 학습하는 방법으로, 2012년 제프리 힌튼 교수가 제안하였다. 드롭아웃은 과적합 문제를 개선하는 데 도움이 되었는데, 입력층 20~25%, 은닉층 50% 정도의 노드를 무작위로 생략하여 학습 시 학습 데이터 자체의 노이즈에서 발생한 잘못된 특성이 모든 노드에 전파되어 의미 있는 특성을 선별하는 데 부정적인 영향을 주기 때문이다. 이를 통해 상호적응Co-Adaptation16)을 피할 수 있게 된다.

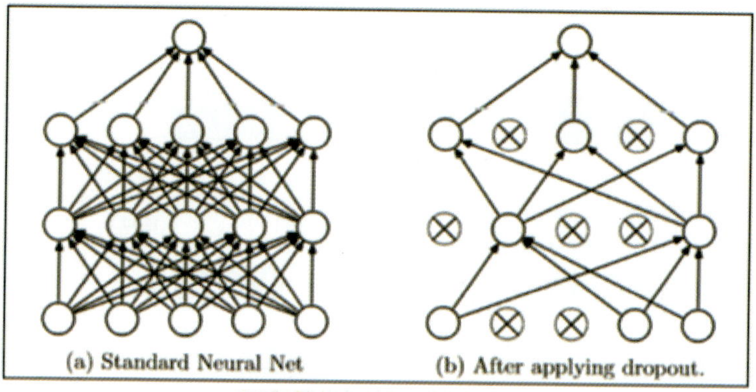

[Dropout Algorithm]

(출처 : www.google.com)

즉 테스트를 더 정확하게 설정할수록 실제 서비스에 적용했을 때 더 작동을 잘한다는 것이다. 머신러닝 및 딥러닝을 학습할 때 발생하는 또 하나의 어려운 문제 중 하나는 데이터가 충분치 않으면 좋은 결과를 내기 어렵다는 점이다. 이러한 단점을 보완한 것이 K겹 교차 검증K-Fold Cross Validation이다.

---

16) 공적응, 동시적응이라고도 하며, 어떤 뉴런이 다른 특정 뉴런에 의존적으로 변하는 것을 말한다. 상호적응 문제는 신경망의 학습 중 어느 시점에서 같은 층의 두 개 이상의 노드의 입력 및 출력 연결강도가 같아지면, 아무리 학습이 진행되어도 그 노드들이 같은 일을 수행하게 되어 불필요한 중복이 생기는 문제를 말한다. 즉 연결강도들이 학습을 통해 업데이트되더라도 이들은 계속해서 서로 같은 입출력 연결 강도들을 유지하게 되고, 이는 결국 하나의 노드로 작동하는 것으로써 이후 어떠한 학습을 통해서도 이들은 다른 값으로 나뉘질 수 없고 상호적응하는 노드들에는 낭비가 발생하는 것이다. 결국 이것은 컴퓨팅 파워와 메모리의 낭비로 이어진다. (출처 : http://www.kiise.or.kr)

K겹 교차 검증은 데이터셋을 여러 개로 나누어 하나씩 데이터셋으로 사용하고 나머지를 모두 합해서 학습셋으로 사용하는 방법이다. 이렇게 진행하면 데이터의 100%를 테스트셋으로 사용할 수 있다.

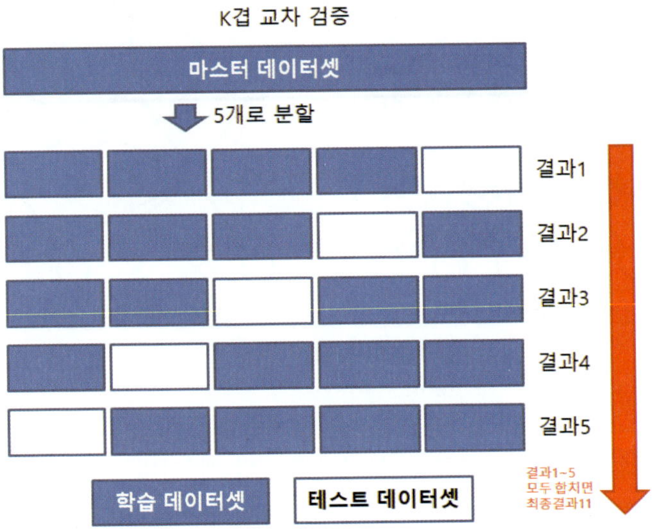

오차함수Error Function는 손실함수Loss Function라고 하는데, 신경망 학습이 잘되고 있는지 확인할 때 사용한다. 신경망에서 가장 많이 쓰이는 손실함수는 실험오차로도 불리는 MSEMean Squared Error이다. 이 밖에도 오차함수는 비용함수Cost Function, 목적함수Objective Function 등으로 다양하게 불리고 있다.

인공지능 기술이 가져올 변화

CISCO[시스코 시스템스]의 회장 존 챔버스[John Chambers]는 2013년 가트너 심포지움에서 "아마도 TOP6 IT회사 중에서 반 정도는 5년 내에 사라질 수 있다"고 말한 바 있다. 여기서 TOP6 IT회사는 IBM, Microsoft, Oracle, HP, CISCO, SAP을 가리킨다. 비록 이 회사들은 사라지지 않고 지금도 건재하고 있지만, 2000년 초에 이들이 누렸던 영광은 지금과는 비교할 수 없다. 그리고 사실 이 회사들이 새로운 기술에서 앞서나갈 기회는 많았다. IBM과 HP는 클라우드, Microsoft는 모바일, Oracle은 빅데이터에서 각자 선두가 될 수 있었다.

비즈니스 세계는 대략 10년 주기로 변화하고 있으며, 이 변화 속에서 항상 승자와 패자는 존재한다. 승자와 패자의 차이는 변화에 적응해서 시대를 이끌어가는가에 달려있다. 과거에는 비즈니스가 IT의 수요를 견인하였는데, 2010년 이후부터는 IT가 비즈니스 수요를 견인하고 있으며, 이는 앞으로도 가속화될 것이다. 또한 IT의 정의도 엔터프라이즈 IT[Enterprise IT]에서 모바일[Mobile]을 거쳐 지금은 인공지능과 빅데이터[BigData], 블록체인[Block Chain]으로 변하고 있다. 이 변화는 전 산업과 사회, 문화, 경제, 정치까지 영향을 줄 것이며, 특히 사람들의 행동 양식, 소비 방식의 변화를 유발할 것이다.

이는 곧 기업 경영의 변화를 말한다. 따라서 이제 기업의 경영층에게 비즈니스에 대한 전문지식뿐만 아니라 IT에 대한 전문적인 지식도 요구되고 있다. 역으로 말해서 IT전문가라면 비즈니스에 대한 전문지식이 필요하다는 것이다. 특히 인공지능, 빅데이터, 블록체인에 대한 내용을 알고 있어야 한다.

1999년에 불었던 인터넷 열풍이 세상의 모든 비즈니스 모델을 바꾸었다. 20년이 지난 오늘에는 5개의 통합된 기술이 다시 세상의 비즈니스 모델을 바꿀 것이다. 여기서 5개의 기술은 소셜, 모바일, 빅데이터, 클라우드, 사물인터넷을 말한다.

기술의 변화로 궁극적인 기업의 변화뿐 아니라 산업 자체도 변화하고 있다. 이 변화에 적응하지 못하면 글로벌 기업도 망할 수 있다. 우리는 어떤가? 앞으로 모든 산업 분야가 재편될 것이다. 클라우드와 모바일은 기본적인 인프라 환경을 구축하고, 소셜은 사람과 사람의 커뮤니케이션을 담당하고, IoT는 기계와 기계 간의 커뮤니케이션을 담당하게 될 것이다. 블록체인은 탈중앙화, 제2인터넷 건설의 초석이 될 것이고, 빅데이터는 성공적인 의사결정을 지원하고, 인공지능은 비즈니스 지능화를 가속화할 것이다.

의료 분야에서 IBM의 왓슨은 미국 텍사스대 MD 앤더슨 암센터에 실시한 암 진단에서 정확도 96%를 보이며 전문의보다 월등한 모습을 보였으며, 정확한 진단과 유전체 의학, 개인형 맞춤의학, 신약 개발과 치료법 개발에도 활용되고 있다. 딥러닝을 통한 MRI, X-Ray 의료영상 판독도 디지털 헬스 케어Digital Health Care 분야에서 활용되고 있다. 왓슨은 기존 데이터와 신규 빅데이터를 가지고 인공지능으로 분석하고 예측하여 신속한 의사결정을 지원하고 프로세스를 효율화하였으며, 이는 새로운 제품과 서비스를 제공으로 이어지고 있다. 왓슨의 평균 암 진단율의 정확도는 전문의보다 높았으나, 왓슨은 의학을 전공하지 않았다. 그저 데이터와 빅데이터를 학습하고, 또 그 학습을 빠르게 할 뿐이었다. 왓슨은 15초 내에 4천만 건의 문서 학습이 가능하다.

전문직도 미래에는 기계로 대체될 수 있다. 이미 미국의 법률시장에서는 인공지능이 대세로 떠올라 리걸 테크Legal Tech의 발전을 보이고 있다. 일례로 조슈아 브로우더Joshua Browder가 개발한 무료 법률상담 챗봇 DoNotPay는 1년 동안 25만 명을 상대하였고, 이 중 16만 명에게 부과된 범칙금을 철회시켜 400만 달러(한화 약 47억 원)나 절감시켰다. 국내에도 〈대륙아주〉라는 법률법인이 인테리콘 메타연구소와 합작하여 법률인공지능 유렉스U-LEX를 도입하고 개발하였는데, 유렉스는 일반용어를 법률용어로 전환 및 검색하고, 자료조사나 판례분석, 법률적용까지 해내는 데 약 20초가 걸린다. 유렉스는 현재 변호사의 고유 역량을 강화하고 보조, 보완하는 역할을 수행하고 있다.

또한 자폐아를 상담하는 인공지능교사 마일로Milo는 미국 텍사스 주의 댈러스에 위치한 Garland learning Center에서 개발되었는데, 자폐아들이 상담의사보다 마일로에게 더 안정감을 느낀다고 한다. 또한 마일로가 성공사례로 알려지면서 유사한 로봇들도 등장하였다. 이처럼 신기술 적용의 성공사례는 특정 분야, 특정한 목적, 확실한 성능으로써 만들어진다.

2000년 이후 포춘 500 안에 이름을 올렸던 회사들 중 52%는 사라졌다. 인간 행동의 변화에 맞는 비즈니스의 변화 새로운 시대의 전야이다. 디지털 트랜스포메이션이 무엇인가?

1997년 개리 카스파로프Garry Kasparov와 IBM의 딥블루Deep Blue의 체스 경기 이후 프리스타일 체스Freestyle Chess가 유행하기도 했는데, 이는 사람과 인공지능이 한 팀을 이루어 하는 체스 경기이다. 인공지능이 체스를 두는 것을 사람이 보고 배운다. 그렇다면 알파고 이후 바둑은 어떨까? 리브라투스[17)]Libratus 이후 포커 게임은 어떻게 될 것인가? 주식거래, 조종사, 의사, 판사 교사 등 전문가들에게 조언하는 인공지능처럼, 인공지능과 인간의 융합이 바로 디지털 트랜스포메이션이다. 생산 공정에서도 인간과 인공지능융합이 시너지를 낼 수 있다. 생산 공정에서는 많은 데이터들이 존재하고, 품질을 향상시키려는 목적이 있기에 빅데이터로 인공지능을 트레이닝시키고 인간의 경험을 더하면 훨씬 쉽고 빠르게 그리고 정확하게 품질 문제가 향상될 것이다. 또한 계속 데이터가 누적되고 경험이 쌓이면 인공지능은 좀 더 스마트해질 것이다.

또한 IT의 중심이 기업 IT에서 개인 IT로 변화하고 있다. 개인의 컴퓨팅 파워가 늘어난다는 것은 개인의 정보력이 늘어나는 것을 의미한다. 앞으로 스마트폰이 인공지능을 탑재하면 분석력과 예측력도 높아져 개인의 파워는 쉽게 집단화하고 소셜화로 뭉쳐질 것이다. 이러한 개인들은 스타트업Startup으로 경쟁기업으로 돌아설 수도 있을 것이다.

이제는 기업이 고객을 선택할 수 없다. 고객이 기업을 선택하고, 기업은 막강한 집단화된 개인을 고객으로 모셔야 한다. 이 게임은 이미 제로섬Zero Sum 게임의 양상을 보인다. 어쩔 수 없이 해야 하지만 잘하면 살고, 못 하면 내가 사라진다. 이제 살아남기 위해서 디지털 트랜스포메이션이 필요하다.

2000년에 래리 페이지Larry Page는 "나는 인공지능이 구글의 최후의 목적이라고 생각한다. 그래서 우리는 웹에 있는 모든 것을 이해할 수 있는 검색엔진을 만들었다. 그것이 사실상 인공지능이다. 모든 질문에 정답에 근사한 답을 할 수 있다는 것이다. 왜냐하면 모든 답은 웹에 있기 때문이다"라고 했다.

구글 연구소 X의 프로젝트 중 자율주행차 프로젝트는 2010년에 무인자동차Self-Driving Car로 시작하여 **자율주행**이라는 새로운 지평을 열었다.

---

17) 카네기멜론대에서 개발한 AI 프로그램으로, 2017년 세계의 정상급 포커 선수 4명과의 대결에서 승리하였다.

구글 스트리트 뷰Street View 서비스를 하면서 도로에 대한 방대한 데이터를 수집하였고, 시행 결과 6년간 273만 km를 주행하였고, 11번의 경미한 사고(7번은 뒤 차량에 의한 추돌, 2번은 옆면을 긁힌 사고, 1번은 신호를 무시한 차량에 의한 추돌)만 있었다. 2020년에 상용화가 목표이다. 구글의 딥러닝 인공지능 연구팀 구글 브레인은 2014년에 딥마인드를 6.5억 불에 인수하여 이후 알파고를 개발하였고, 2015년에는 딥러닝 라이브러리Deep Learning Library인 텐서플로TensorFlow를 오픈소스로 공개하였다.

페이스북Facebook은 2013년 얀 르쿤Yann LeCun 뉴욕대 교수를 영입하였다. 얀 르쿤은 세계적인 인공지능 석학 4인 중 1명으로, 시각지능과 음성지능에 중점을 두고 연구하고 있다. 그리고 페이스북은 페이스Face.com, 윗에이아이Wit.ai를 인수하였는데, 이는 친구와 사진을 찍어 올리면 자동으로 친구를 찾아 공유하는 서비스를 하고 있다. 또한 가상비서 서비스 M을 개발하였는데, 사진을 보고 질의응답이 가능한 Visual Q&A가 가능하다.

중국의 인공지능 개발 프로젝트인 중국대뇌中國大腦 계획을 가리켜 2015년 바이두 CEO 리옌훙은 "중국이 새로운 시대에 적응하기 위한 강력한 혁신 드라이브이며, 인공지능을 다양한 분야의 혁신을 주도할 수 있는 기초기술이다."라고 언급하였다. 중국대뇌 계획은 인공지능을 거의 모든 산업에 적용하겠다는 내용을 담고 있으며, 산업형 로봇, 자율주행차, 스마트제조, 질병 조기 발견, 신약 제조, 군사 분야 등 기술혁신과 국가경쟁력 제고의 촉매제 역할로서의 인공지능을 기대하고 있다. 또한 지능형 맨 머신 커뮤니케이션, 빅데이터 분석 및 예측, 자율주행시스템, 지능형 의료진단 시스템, 지능형 무인기, 군용/민영 로봇 기술 등을 주요 연구영역으로 시작하여 연구 성과의 전환을 활성화하고 있다. 인공지능을 전통적인 공업, 서비스업, 군사 등 각 분야의 융합을 통해 국가 경제의 체질 개선, 국가 혁신의 발전전략으로서 중요 역할을 하고 있다.

바이두는 2014년에 앤드류 응을 영입하여 딥러닝 연구소The Institute of Deep Learning를 설립하고 바이두 연구원으로 개편하였다. 연구소를 실리콘밸리 인공지능 실험실, 베이징 심층학습 실험실, 베이징 빅데이터 실험실로 구성하여 음성인식의 정확도는 구글보다 높다는 평가를 받고 있다. 차후 이는 중국의 범국가적인 전략으로 채택될 가능성이 높다.

해외의 인공지능 전개에 대한 시사점은 IBM 왓슨과 같이 일정한 성과를 바탕으로 광범위한 기술을 종합한 인공지능 플랫폼을 바탕으로 서비스를 개방해야 한다는 점이다. 구글의 전략은 전 세계의 인공지능 시장을 석권하려는 의도가 보인다. 텐서플로를 공개한 것을 보면 데이터가 없이는 구글의 수준에 미치지 못할 것을 알고 있다. 페이스북은 자사의 서비스를 업그레이드하는 것에 초점을 두고 있다.

부록 : 토마스 베이즈와 로널드 에일머 피셔

지금의 인공지능 기술은 갑자기 이루어진 게 아니다. 인류의 여러 지식들이 융합하고 발전하여 탄생한 것이다. 그 탄생까지 축적된 기술과 시간, 사람들의 피와 땀 그리고 노력이 있었다. 특히 그 중에서도 베이즈와 피셔, 이 두 명의 저명한 통계학자는 서로 다르면서도 인류의 삶을 윤택하게 만든 공통점이 있는 위대한 전설들이다.

통계학의 전 영역에 이름을 남겼다고 볼 수 있는 **토마스 베이즈**Thomas Bayes는 1701년 영국에서 태어났다. 베이즈는 영국 잉글랜드 지역 남서부 하트퍼드셔 카운티의 넉넉한 집에서 살았으며 비교적 먼 곳인 스코틀랜드의 에든버러대학에서 공부를 했다. 그의 집안이 영국 국교회인 성공회가 아니라 장로파 소속, 이른바 비국교도여서 옥스퍼드나 케임브리지대학에 입학할 수 없었기 때문이다. 그러나 그는 불리한 출신 배경과 부족한 저술 경력에도 왕립학회 회원으로 선출되었다.

베이즈가 쓴 여러 에세이 형식의 소논문 중 가장 유명한 글이 〈우연의 원리와 관련된 문제의 해결을 모색하는 에세이(An Essay toward Solving a Problem in the Doctrine of Chances)〉 인데, 베이즈가 죽은 뒤 1763년에 친구 리처드 프라이스Richard Price가 왕립학회에 제출한 것이다. 이 글은 '인류가 세상에 대해 가지고 있는 여러 확률적 믿음을 어떻게 정식화할 것인가'라는 문제를 다루었다. 예를 들어 맨 처음 해가 뜨는 것을 보았을 때는 이 일이 그날의 특별한 일이었는지, 아니면 매일 반복되는 일인지 알지 못한다. 그러나 다음날에도 해가 뜨고, 또 그 다음날에도 해가 뜨는 것을 본다면, 통계적 추론을 통해 내일도 해가 다시 떠오를 것이라는 예측에 부여하는 확률이 100퍼센트에 가까워지는 것이다.

베이즈와 프라이스의 주장은 세상이 본질적으로 확률적이거나 불확실하다는 것을 뜻하지 않는다. 그들의 주장을 정리하면 '데이터가 많을수록 진리에 다가가지만, 데이터가 많다고 진리가 아니다. 내일 다시 해가 떠오를 것이라는 예측 역시 100퍼센트가 아니고 단지 그 지점으로 수렴할 뿐이다'라고 할 수 있다.

오늘날 베이즈 정리Bayes' s Theorem로 알려진 공식은 프랑스의 수학자인 피에르 시몽 라플라스Pierre-Simon Laplace가 완성했다. 라플라스는 과학적 결정론의 대표적인 인물로서, 우주 안에 모든 입자의 위치와 운동을 빠른 속도로 계산할 수 있다면 우주의 움직임을 완벽하게 예측할 수 있다고 주장한 사람이다. 그런 라플라스가 왜 확률론을 기반으로 한 베이즈 정리에 관심을 쏟고 완성한 걸까? 그 이유는 '확률'을 더 철저하게 이해하는 것이 과학의 진보에 필수 요건이라고 생각했기 때문이었다.

베이즈 정리의 철학적 토대는 상당히 풍부한데, 그 수학적 형식은 매우 간단하다. 가장 기본적인 형태로 보자면 베이즈 정리는 알려진 3개의 변수와 알려지지 않은 1개 변수가 동원된 대수적 표현이다. 이 간단한 공식이 우리를 엄청나게 거대한 통찰력으로 이끌고 있으며, 인공지능 기술은 여기에 기반한다.

베이즈 정리는 지식 또는 믿음의 정도를 나타내는 양으로 해석하는 확률론으로서, 오늘날 머신러닝 방법론의 원리로 사용되고 있다. 이 베이즈 정리는 조건부확률Conditional Probability과 관련이 있다. 즉 어떤 사건이 일어났다는 전제 하에 이론이나 가설이 참이냐 거짓이냐의 확률을 따진다. 스포츠 경기에서 어느 팀이 우승할 확률, 테러가 발생할 확률, 세월호 사건과 같은 비극이 다시 일어날 확률, 코로나19가 지속적으로 확산될 확률 등과 같은 사후확률을 얻을 수 있다.

그러나 베이즈 정리를 통해 유용한 정보를 알아내려면 사전확률 추정치를 입력해야한다. 즉 베이즈 정리는 우리가 사는 세상에 대해 사람들이 확률이나 가능성의 문제로 좀처럼 생각하지 않는 것까지 확률적으로 생각하라고 요구한다.

$$Y = f(x's) + \varepsilon$$

그리고 우리가 명심해야 할 것이 있다. 결과 Y를 설명하고자 할 때 x's의 크기가 충분하지 않다면 설명이 되지 않는다는 점이다. 즉 오차라고 하는 ϵ(엡실론)의 크기가 크다면 말이다. 예측이 왜 실패하는 것일까? 많은 데이터를 분석했는데 예측에 실패했다면 그 많은 데이터가 설명되지 않는 변수 ϵ(엡실론)이 크기 때문이다. 많은 데이터가 있다고 해서 모든 것을 알아낼 수 있다고 믿는 것이야말로 경계해야 하는 태도이다. 데이터가 '의미 있는', '유의미한' 거기에 상관성이 아니라 인과성이 있는 데이터는 얼마 되지 않는다. 정보량이 많아진다고 해서 그런 관계가 늘어나는 것도 아니다.

$$Y = f(X_1, X_2, \ldots, X_k) + \varepsilon_1 + \varepsilon_2 + \varepsilon_3 + \varepsilon_4 + \ldots + \varepsilon_n$$

토마스 베이즈의 가장 강력한 라이벌은 **로널드 에일머 피셔**Ronald Aylmer Fisher이다. 통계학자이자 생물학자인 그는 베이즈보다 다채로운 개성의 소유자였다. 피셔는 오늘날까지 널리 쓰이는 여러 통계학 방법론을 누구보다 많이 남겼으며, 통계적 유의성 검증Statistical Significant Test과 이와 관련된 여러 용어를 만든 인물이기도 하다.

피셔는 베이즈 정리는 단순한 수학적 실체일 뿐이기 때문에 그 자체에 대해서는 별 문제 삼지 않았지만, 적용되는 방식에는 문제를 삼았었다. 그는 베이즈주의의 사전확률이라는 발상과, 실험 전에 어떤 것이 발생할 가능성을 미리 정해두어야 하고 그것을 주관적으로 한다는 것이 과학의 객관성을 훼손한다고 주장했다.

그리하여 피셔는 어떤 편견으로부터도 오염되지 않을 통계적 방법론 개발에 나섰고, 그리하여 지금도 많이 사용되고 있는 분산분석ANOVA, Analysis of Variance과 실험계획법Design of Experiment이 피셔의 머리에서 나왔다. 이런 방향의 통계적 흐름을 오늘날 일반적으로 **빈도주의**Frequentism라고 일컫는다. 이 빈도주의에 **피셔주의적인**Fisherian이라는 용어가 사용되어 **베이즈주의적인**Bayesian에 대립해서 사용되고 있다.

빈도주의에서는 통계적 불확실성이 전체 모집단이 아니라 모집단의 극히 작은 단위인 표본에서만 자료를 채취하는 데에 기인한다고 본다. 또 빈도주의 방법론은 이론과 실제 모두에서 특별히 객관적이지 않은데, 그 이유는 수많은 가정을 전제로 진행되기 때문이다. 일반적으로 어떤 표본 데이터 값에 불확실성을 종 모양Bell Shape의 정규분포Normal Distribution를 따른다고 설정한다. 이런 설정은 일부 분야에서는 훌륭하지만, 주가를 예측하는 등의 실용적 응용 분야에서는 거의 임의적이다.

피셔는 상당한 엘리트주의자로 알려져 있다. 무식한 사람들이 자식을 많이 낳는 것에 분개하여 아이를 여덟이나 낳았다고 한다. 또 피셔의 강의는 형편없었지만 예리한 통찰에 신랄한 비평은 강렬했다. 피셔가 관심을 기울인 분야는 광범위했다. 그리고 그는 당대 최고의 생물학자이자 유전학자였다. 말년에 온화해진 그는 가끔이지만 베이즈를 칭찬하기도 했다. 그런데 말년에 자기 방식의 한계를 드러내고 입증하는 중대한 실수를 저지른다.

그 쟁점은 바로 흡연과 폐암의 상관성이었다. 1950년대에 이 연구가 진행되었고, 베이즈는 둘 사이에 연관성이 있다고 주장하면서 연구에 표준적 통계방법과 베이즈주의적 통계 방법론을 사용했다. 피셔 역시 이에 맞서는 연구 결과를 발표하면서 흡연과 폐암과의 사이에는 상관성이 있을 뿐 인과관계가 없다고 주장했다. 피셔는 어떤 시점에서는 폐암 환자들이 고통을 줄이기 위해 담배를 피운다는 논리를 펼치면서 폐암이 흡연을 유발하지, 흡연이 폐암을 유발하는 게 아니라는 주장을 하였다. 하지만 다양한 학자들이 통계적 및 임상적 시험을 다양한 맥락에서 수행한 결과 흡연과 폐암 사이의 관계를 입증하였고, 흡연과 폐암의 관계는 과학적으로 타당한 사실로 빠르게 자리 잡게 되었다.

피셔는 왜 이 사실을 부정했을까? 여러 이유가 있을 수 있지만 큰 원인은 피셔의 통계 철학이었다. 그는 실험의 객관적 순수성을 강조하였으며, 데이터만 충분하다면 모든 가설은 완벽한 결론으로 검증될 수 있다는 게 이 방식의 가정이다. 하지만 이런 순수성을 확보하려면 베이즈주의적 사전확률의 발상이나 실제 세상의 복잡한 맥락에 대한 필요성을 부정해야만 한다. 피셔의 주장대로 따르면 담배가 폐암을 유발한다는 발상과 한강변의 비둘기는 사람을 좋아한다는 발상이 같은 수준에서 경쟁을 벌일 수 있는 것이다.

상관성이 언제나 인과성을 뜻하는 게 아니라는 발상의 공로는 피셔에게 있다. 그러나 피셔주의적 관점은 상관성이 인과관계를 뜻하는지 아닌지는 따져볼 필요가 없다고 말한다. 사실 따져볼 수 없는 건데도 평생을 그렇게 생각하고 살았으니 피셔가 이 둘의 차이를 간파할 능력은 갖지 못했을 수도 있다.

'의미 있는' 결과와 그렇지 않은 결과를 결정하기 위해 아무런 맥락 없이 임의적 한계를 설정하는 **통계적 유의성**Statistical Significance은 어떻게 생각하는가? 통계적 검증에서 95% 신뢰수준은 '유의미성'과 '무의미성'을 가르는 전통적인 통계적 한계 설정선이다. 그래서 연구자들은 통계적으로 94.9% 확실하다고 분류되는 발견보다 95.1% 확실하다고 분류되는 발견을 대상으로 논문을 쓰는 경향이 매우 강하다. 과연 이것이 과학적인 행동일까? 전적으로 비과학적인 행동이다. 피셔의 발상은 도박이나 로또를 맞추는 데에 대해서는 맥을 추지 못한다. 통계에서 어떤 가설을 예측하는 것을 일부러 회피한다거나 가설검증과 관련한 피셔의 발상이 문제라는 것이 아니다. 그 가설이 검증되는 여러 방식들에 문제가 있다고 본다.

가설검증은 모든 연구에는 가설이 있어야 한다고 주장하는 것처럼 보인다. 모든 연구에 반드시 가설이 있어야 할까?

사람의 기억이나 지식은 완전하지 않으며, 감성에 따라 작용하기도 한다. 누구나 나름의 믿음과 편견도 있다. 인간은 각자의 경험, 가치관, 지식, 정치적이나 직업적 소신 등이 복합적으로 이루어진 실체이다. 즉, 경험적 문제라는 것이다.

예를 들어 흡연이 폐암을 유발할 가능성이 0.0000000001%밖에 되지 않는다는 게 피셔의 경험적 믿음이라면, 피셔를 설득하는 데 아주 많은 증거를 아주 많은 시간동안 들이대야 할 것이다. 그런데 베이즈 정리에서는 어떤 것은 '절대적 진리'라고 믿으면 안 되는 게 없다. 어떤 사람이 하나님이 존재할 확률은 100%라고 믿으면 아무리 많은 증거나 데이터를 제시해도 베이즈 정리를 통해서는 설득해서 다른 믿음을 가지게 할 수 없다. '내일도 해는 뜬다', '올 겨울이 지나면 봄이 온다', '담배를 많이 피우면 폐암에 걸린다' 등도 마찬가지다.

필자는 모든 경험적 믿음이 동일하게 올바르거나 타당하다고 주장하는 게 아니다. 그저 덜 주관적이고, 덜 비합리적이며, 덜 잘못되려고 노력해야 한다는 것이다. 이 두 전설의 개념으로부터 지금의 인공지능 시대의 머신러닝과 딥러닝의 탄생이 가능할 수 있었다. 따라서 무엇이 더 우수하고 더 나은지 나눌 필요는 없다.

2부

빅데이터

해 아래 새로운 것이 없구나.
그러니 '보라, 새 것이로다' 라고 할 만한 것이 있겠는가?
그것은 이미 오래 전부터
우리 시대 이전에도 있었던 것이다. (전 1:10)

3장 데이터마이닝

4장 빅데이터 기술

5장 빅데이터 활용

6장 데이터의 진실

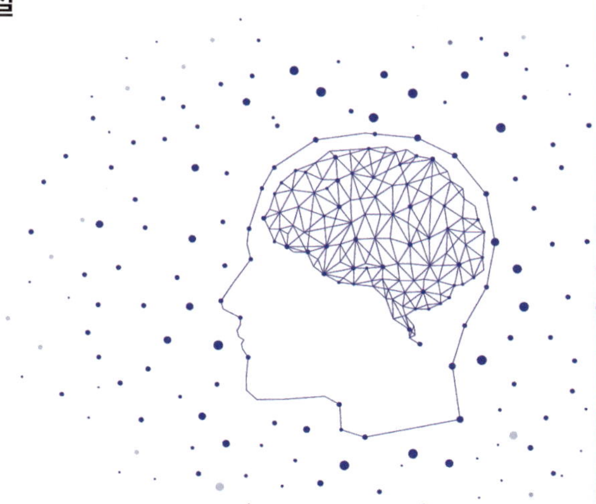

데이터가 쌓이면 그 데이터를 기반으로 인공지능 알고리즘을 학습시킬 수 있다. 즉 빅데이터와 인공지능은 동전의 양면과도 같다. 빅데이터로 학습한 것이 인공지능이고, 인공지능은 분석과 예측을 하여 의사결정을 지원하고, 프로세스를 효율화할 것이고, 새로운 제품과 서비스를 내놓는 등 변화에 신속하게 대응하게 할 것이다.

빅데이터의 차별점은 무엇인가? 빅데이터를 제대로 알아야 하는 이유는 무엇인가? 바로 데이터 기반의 의사결정이라는 점이다. 기존 기술이 풀지 못한 문제를 완전히 해결한다. 데이터의 양과 복잡도가 증가하면 선형적으로 처리 능력이 향상된다. 종래에 할 수 없었던 비정형 데이터를 분석이 가능하고, 인공지능과 결합하여 인공지능을 트레이닝 시킬 수 있다. 이것이 머신러닝Machine Learning이다.

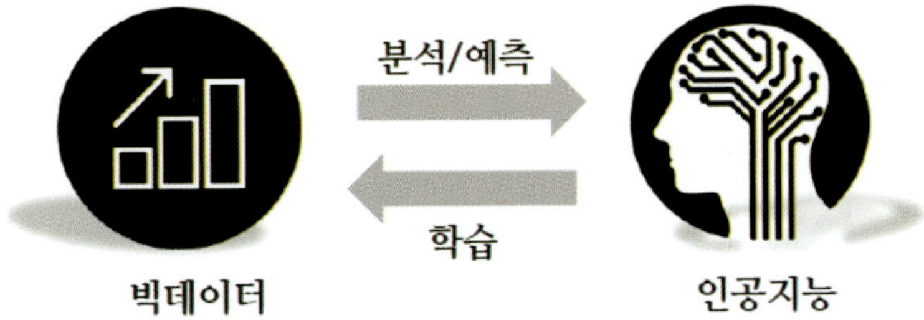

빅데이터는 분석과 예측이 정교해지고, 이 데이터를 활용하여 인공지능이 학습을 하게 되어 보다 더 정밀하고 정확한 분석과 예측이 가능해진다. 빅데이터는 다면적이며, 많은 것이 융합된 결정체이다. 빅데이터 분석을 통한 통찰력Insight, 예지력Foresight으로서 의사결정 지원 도구로 활용된다.

3장

데이터마이닝

과학적 연구의 3가지 목적은 첫째, 기술/서술Description, 둘째, 설명/해석Explanation, 셋째, 예측/예견Prediction이다. 기술과 서술은 현상을 묘사하는 상관관계를 표현하는 것으로 말할 수 있는데, 예를 들어 '사과는 아래로 떨어진다' 와 같은 문장이다. 설명이나 해석은 현상에 대한 경험적 검증을 경험적 일반화Empirical Generalization하여 법칙Law이나 이론Theory으로 정의하는 것으로, 예를 들어 왜 'BTS는 인기가 높은가?', '사과는 왜 아래로 떨어지는가?'이다. 예측과 예견은 미래의 일에 대한 예견으로, 'BTS의 인기는 지속될 것이다', '내년도 한국의 경제성장률은 2%대에 진입할 것이다'와 같은 문장이다.

데카르트의 연역주의는 사물에 대해 이성적으로 회의하는 자세를 통해 얻으며, 일반적 전제로부터 특별한 예들에 대한 결론을 도출한다. 연역적 방법은 이론으로부터 가설을 세우고 조작화를 통해 관찰하고 실증적 일반화를 한다. 반면 베이컨의 귀납주의는 현상을 객관적인 입장에서 관찰하고, 반복적인 실험을 통해 실험 결과를 일반화함으로써 이론으로 정립한다. 귀납적 방법은 관찰을 통해 실증적 일반화를 하여 이론으로 정립한다. 이 두 방법은 상호보완적이다. 어느 한 가지 방법에만 의존하는 것이 아니라 연역, 귀납, 연역 등의 순서로 과정이 순환 종결된다. 모든 관찰에는 귀납과 연역의 과정이 동시에 작용한다. 순수하게 독립된 귀납과 연력의 방법은 사실상 거의 불가능하다.

데이터마이닝이란 대용량의 데이터로부터 데이터 내에 존재하는 관계, 패턴, 규칙 등을 탐색하고 모형화함으로써 유용한 지식을 추출하는 일련의 과정을 의미한다. 통계적인 관점에서는 대용량 데이터에 대한 탐색적 데이터 분석Exploratory Data Analysis이다. 경영학의 연구에서도 데이터 마이닝 여러 가지 이유에 의해서 활용하고 있다. 자료의 효율적인 저장을 위한 기술들의 발달로 데이터의 양이 급속도로 팽창되었고, 21세기 지식정보화 사회에서는 새로운 지식의 습득이 경쟁력의 원천이 되었다.

또 거대한 데이터의 분석을 통하여 새로운 지식의 발견이 가능해졌고. 컴퓨터 성능의 향상과 더불어 거대한 데이터의 실시간 분석도 가능하게 되었다. 여기서 거대한 데이터란 빅데이터이다.

빅데이터를 활용하여 데이터베이스 마케팅Database Marketing에서는 데이터를 분석하여 획득한 정보로 마케팅 전략 구축을 하고 있으며, 목표마케팅Target Marketing, 고객 세분화Segmentation, 고객성향변동분석Churn Analysis, 교차판매Cross Selling, 시장바구니 분석Market Basket Analysis 등 사례가 많이 있다.

또 신용평가Credit Scoring 분야에도 활용되고 있다. 이 분야에서는 특정인의 신용상태를 점수화하는 과정으로 신용거래 대출한도를 결정하는 것이 주요 목표이다. 이를 통해 불량채권을 추정하여 위험을 최소화한다. 이 밖에도 신용카드나 주택할부금융, 소비자 대출, 상업 대출 등에 이용되고 있으며, 기업의 통계적 품질관리Statistical Process Control, SPC에서도 이용된다. SPC는 불량품을 찾고 그 원인을 밝혀서 궁극적으로 이를 예방하는 것을 목적으로 하며, 의료보험조합에서는 불필요한 장기입원이나 보험료 과다청구를 탐지하기 위해 사용되고, 제조업체에서는 불량품을 감소시켜 이윤 증가를 추구하는 데 활용되고 있다.

빅데이터는 부정행위 적발Fraud Detection에도 활용되는데, 빅데이터로부터 고도의 사기행위를 발견할 수 있는 패턴을 획득할 수 있다. 따라서 신용카드 거래사기를 탐지하거나 부정수표 적발, 전화카드 거래사기, 부당 또는 과다 보험료 청구 탐지 등에 이용되었다. 텍스트 마이닝Text Mining은 디지털화된 자료, 전자우편이나 신문 기사 등으로부터 유용한 정보를 획득하여 자동응답시스템이나 전자도서관, 웹 서핑에도 활용되었다. 생물정보학Bio Informatics의 게놈Genom 프로젝트로부터 얻은 방대한 양의 유전자 정보로부터 가치 있는 정보를 추출하여 간암 등의 병을 유발하는 유전자의 발견도 가능하며, 신약 개발이나 질병의 조기 진단, 유전자 치료에도 활용되고 있다.

데이터마이닝은 대용량의 관측 가능한 자료, 즉 비계획적으로 모아진 자료를 다룬다는 특징이 있다. 또한 데이터마이닝은 컴퓨터 중심의 기법이며, 경험적 방법이 중시되고, 일반화Generalization에 초점을 둔다. 즉 현재의 자료보다 미래의 자료를 잘 설명할 수 있는 모형을 추구한다. 통계학과 컴퓨터공학(특히 인공지능)이 함께 방법론이 개발되고, 경영, 경제, 정보기술 분야에 활용되고 있다.

데이터마이닝의 관련 분야 중에 바로 머신러닝이 있다. 인공지능의 한 분야로, 입력되는 자료를 바탕으로 기계(컴퓨터)가 판단을 할 수 있는 방법에 관한 연구이다. 또한 패턴인식Pattern Recognition이 있다. 빅데이터로부터 일정한 패턴을 찾아가는 과정으로 이미지 분류와 관련이 있고 통계학의 판별 및 분류 분석이 해당된다.

데이터마이닝의 기법들 중에 의사결정나무Decision Tree나 군집분석Cluster Analysis을 좀 더 자세히 설명하고자 한다. 최근에는 이 기법들이 DX디지털트랜스포메이션의 범주에 들어 활용 범위가 증가하고 있다. 유전자 알고리즘Genetic Algorithm, OLAPOn-Line Analytic Processing, 인공신경망Artificial Neural Network, 연결분석Link Analysis, 연관성 규칙발견Association Rule Discovery, Market Basket Analysis, 사례기반 추론Case-Based Reasoning이 있다. 데이터마이닝에 지도학습Supervised Learning과 자율학습Unsupervised Learning의 개념이 있었는데, 이것이 현재 인공지능에 오면서 지도학습, 비지도학습으로 소개되고 있다. 목표변수(출력변수)가 존재하면 지도학습, 존재하지 않으면 자율학습(비지도학습)이라고 한다. 데이터마이닝에서의 자율학습은 비지도학습과 같다고 보면 되기 때문에, 앞으로는 비지도학습으로 얘기하겠다.

지도학습에는 회귀 및 분류모형Regression and Classification이 해당된다. 분석용 자료(입력과 출력값의 쌍)를 이용하여 주어진 입력변수에 대한 출력을 예측하는 규칙(모형)을 개발한다. 판별분석과 회귀분석, 로지스틱 회귀분석, 의사결정나무, 신경망 등의 기법이 해당된다. 특정 기업의 정보(재무제표 등)를 이용하여 1년 후의 회사의 파산 가능성을 예측할 수 있다.

비지도학습에는 주어진 자료를 속성이 비슷한 몇 개의 그룹으로 나누는 군집분석Clustering과 자료들의 속성들 사이의 연관성을 파악하는 연관성분석Association Rule이 대표적이고, K-nearest method와 SOMSelf Organizing Map이 있다. 한국 성인 남사의 골격을 몇 개의 그룹으로 나눈 후 기성복 사이즈의 종류를 결정할 수 있다.

데이터마이닝의 5단계

데이터마이닝에는 다음 그림과 같은 5단계가 있다.

Sampling 단계는 적절한 양의 표본을 모집단으로부터 추출하는 단계이다. 시간과 비용의 절약과 함께 효율적인 모형의 구축에 필수적이며, 임의추출법과 층화추출법 등이 있다. 샘플을 추출하는 샘플링이 빅데이터 분석과 가장 큰 차이점이라고 볼 수 있다.

Exploration 단계는 여러 가지 데이터의 탐색을 통해 기본적인 정보(기초통계자료, 도수분포표, 평균 분산, 비율 등)를 획득하는 단계이다.

기술통계Descriptive Statistics 분석 등에 그래프를 활용하여 분석할 수도 있다.

Modification 단계는 데이터의 효율적인 사용을 위한 변수의 변환이나 수량화, 그룹화 등을 통해 데이터를 변환하는 단계이다. 나이를 몇 개의 그룹으로 나누는 등의 가공을 의미하고, 빅데이터 분석의 전처리Preprocessing의 일종으로 볼 수 있다.

Modeling 단계는 데이터마이닝의 핵심으로, 분석목적에 따라 적절한 기법을 사용하여 예측모형을 만드는 단계이다.

Assessment 단계는 모형화의 결과에 대한 신뢰성과 유용성을 평가하는 단계이다. 리프트도표Lift Chart, ROCReceiver Operating Characteristic 곡선, 이익도표Return on Investment 곡선 등으로 한다.

데이터마이닝의 적용사례를 보면 인공지능이나 빅데이터를 활용한 사례로 자주 사용되었던 예와 크게 다르지 않다. 데이터를 통해 의미를 캐내는 것이 결국 빅데이터 분석의 목적과 같고, 그 의미의 적확도를 점점 높이는 것이 인공지능의 머신러닝이기 때문이다. 예를 들어 미국의 대형할인점인 월마트에서는 데이터마이닝을 통해 기저귀와 맥주가 강한 연관성을 나타내는 사실을 알아내었다. 그래서 기저귀와 맥주를 가까이 배치하자 매출이 증가하였다고 한다.

국내의 한 신용카드회사에서도 부정행위를 적발하고 이를 예방하기 위한 모형을 구축하기 위해 기존의 카드소지자의 구매 패턴을 분석하였다. 그리고 분석 결과를 가지고 현재의 구매패턴이 카드소지자의 구매패턴과 다른 경우 부정사용으로 의심하여 이를 확인하였고, 결국 카드의 부정사용 방지를 통해 고객의 자산도 보호하고 카드회사의 손해액도 감소시키는 결과를 가져왔다. 만일 독자 여러분이 명품 숍을 한 번도 가지 않았다가 어느 날 갑자기 명품 숍에서 물건을 하루에 여러 개를 사면 카드회사에서 전화를 받게 될 것이다. 이 역시 의사결정나무와 신경망 모형이 사용된 경우이다.

의료 분야에서는 종양의 악성 또는 양성 여부 판단에 의한 암 진단의 정확성을 높이기 위한 판별분석 및 분류분석을 시행한다. 우선 과거의 환자들에 대해서 종양검사의 결과를 근거로 하여 종양의 크기, 모양, 색깔 등을 입력변수로, 종양의 악성/양성 여부를 출력변수로 구별하는 모형을 만들었으며, 새로운 환자에서 얻은 입력변수를 이용하여 암을 진단하였다. 이때 출력변수가 명확한 방법으로 지도학습방법인 신경망이나 로지스틱 회귀모형, 의사결정나무 등이 사용된다.

제조업에서는 불량품 선별을 위해 연관성 규칙과 군집분석 알고리즘을 사용하여 정상 제품의 특성에 기반하여 몇 개의 군집으로 나눈 후 새로운 제품이 정상 제품의 군집의 범위 밖에 있는 경우는 불량품으로 규정하여 불량품을 선별할 수 있다. 미국의 한 통신회사에서는 23%의 고객이 매년 이탈하였고, 새로운 고객을 한 명 유치하는 데 약 350불이 소요되었다. 그래서 고객성향변동관리Chrun Management와 군집분석을 이용하여 고객이 이탈하는 원인을 파악하였고, 이익분석Profit Analysis을 통하여 이탈가능성이 높은 고객을 상대로 무료 통화서비스 등의 목표마케팅Target Marketing을 실시하여 이탈 고객을 감소시켜 이익을 증가시킨 사례가 있다.

출력변수가 범주형 변수인 경우에 사용하는 회귀 모형 중 하나로 입력변수와 출력변수 간의 관계를 잘 표현할 수 있는 모형을 구축하는 것이 목적으로 사용된다.

$$Pr(Y=1|x)=exp(a+b*x)/(1+exp(a+b*x))$$

선형회귀모형과 마찬가지로 회계계수 b가 가장 중요하다. b>0의 경우에는 x가 증가하면서 y가 1이 될 확률이 커진다. 반대로 b<0이면 x가 증가하면서 y가 1일 확률이 줄어든다. 신용등급의 안정성과 위험도의 사이를 여러 가지 재무자료들의 로지스틱 회귀모형으로 관계 규명이

가능하다. 입력변수에 여러 재무자료로 x1 자산대비 부채현황 지표, x2 현금회전율, x3 종업원 수 등으로 하고, 출력변수에 신용등급 안정=1, 위험=0으로 하면 가능해진다. 통계 소프트웨어를 이용하면 쉽게 분석을 할 수 있다. 무엇보다도 중요한 것은 분석결과를 보고 올바르게 의사 결정할 수 있으면 된다.

의사결정나무

CART[Classification And Regression Tree]는 1984년 레오 브라이먼[Leo Breiman]과 동료들이 발명하여 머신러닝 실험의 산물이 되어 가장 널리 사용되는 의사결정나무 알고리즘이다.

의사결정나무의 생성요소는 분할 기준[Splitting Rule]의 선택, 분할을 계속할 것인지 그만할 것인지를 결정[Stopping Rule and Pruning Rule]하는 것과 각 끝마디에 예측값의 할당이다. 각 마디에서 분리변수와 분리기준은 목표변수의 분포를 가장 잘 구별해주는 쪽으로 정한다. 목표변수의 분포를 얼마나 잘 구별하는가에 대한 측정치로 순수도[Purity] 또는 불순도[Impurity]를 사용한다. 예를 들어 그룹 0과 그룹 1의 비율이 45%와 55%인 마디는 각 그룹의 비율이 90%와 10%인 마디에 비해 순수도가 낮다(또는 불순도가 높다)고 한다. 각 마디에서 분리변수와 분리기준의 설정은 생성된 두 개의 자식마디의 순수도의 합이 가장 큰 분리변수와 분리기준을 선택한다. 불순도를 측정하는 분류모형에는 카이제곱 통계량[Chi-Square Statistics], 지니지수[Gini Index], 엔트로피지수[Entropy Index]가 사용되고, 회귀모형에는 분산분석에 의한 F통계량[F-Statistics]이나 분산의 감소량이 사용된다. 지도학습에서 분류 및 예측의 데이터마이닝 기법으로 적용결과에 의해 if-then으로 표현되는 규칙이 생성된다. 좋은 해석력으로 널리 사용 중이다. 특히 예측력만이 중요한 경우와 결정을 내리는 데 대한 이유를 설명할 필요가 있을 때 필요하다. 예를 들어 은행의 대출심사 결과 부적격 판정이 나와서 고객에게 그 사유를 설명해야 할 때도 의사결정나무의 좋은 해석력이 유용하다.

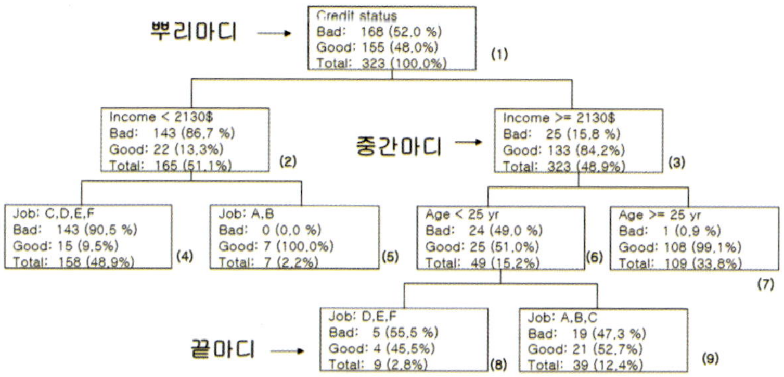

군집분석

비지도학습인 군집분석은 모집단 또는 범주에 대한 사전 정보가 없는 경우 주어진 데이터들 사이의 거리 또는 유사성을 이용하여 전체를 몇 개의 집단으로 그룹화하여 각 집단의 성격을 파악함으로써 데이터 전체의 구조에 대한 이해를 돕고자 하는 분석법이다. 동일한 군집에 속하는 개체는 여러 속성이 비슷하고, 서로 다른 군집에 속한 관찰치는 그렇지 않도록 군집을 구성한다. 군집화를 위한 변수는 전체 개체의 속성을 판단하기 위한 기준인데, 예를 들어 고객세분화에서 인구통계적인 변수인 성별, 나이, 거주지, 직업, 소득, 교육, 종교 등이다. 구매패턴의 변수는 상품, 주기, 거래액 등이, 생활패턴의 변수는 성격이나 취미, 가치관 등이 될 수 있다. 군집분석은 고객이 기업의 수익에 기여하는 정도를 통해 고객 세분화를 하여 우수고객의 인구통계학적 요인과 생활패턴을 파악하여 개별 고객에 대한 맞춤관리가 가능하다. 또한 신상품 판촉과 교차판매를 위한 표적집단의 구성이 가능하다.

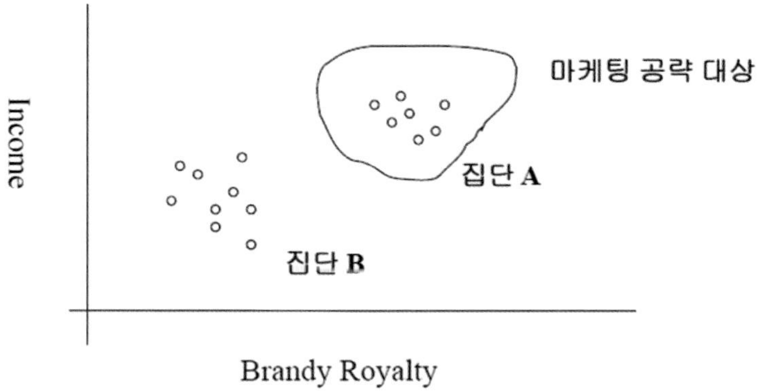

군집분석에서는 관측값들이 서로 얼마나 유사한지 또는 유사하지 않은지를 측정할 수 있는 측도가 필요하다. 보통 유사성Similarity보다는 비유사성Dissimilarity를 기준으로 하며, 거리Distance를 사용한다. 두 점 x와 y의 거리 d(x,y)는 다음을 만족한다.

$$d(x,y)=0 \Rightarrow x=y$$

$$d(x,y) \geq 0$$

$$d(x,y)=d(y,x)$$

$$d(x,y) \leq d(x,z)+d(z,y) \text{ (triangular inequality)}$$

이때 가까운 관측값들끼리 묶는 병합Agglomeration 방법과, 먼 관측값들을 나누어가는 분할Division 방법으로 나눌 수 있다. 계층적 군집분석에서는 주로 병합 방법이 사용된다. 계층적 군집분석 결과는 나무구조인 덴드로그램Dendrogram을 통해 간단하게 나타낼 수 있고, 이를 이용하여 전체 군집들 간의 구조적 관계를 쉽게 파악할 수 있다.

K-평균 군집방법K-means Clustering은 결정된 군집수 k에 기초하여 전체

데이터를 상대적으로 유사한 k개의 군집으로 구분한다. k-평균 군집법은 계보적 군집법에 비하여 계산량이 적어 대용량 데이터를 빠르게 처리할 수 있는 장점이 있다.

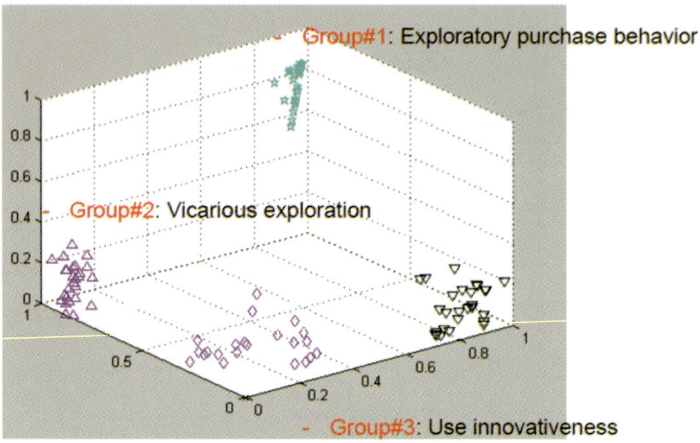

(출처 : www.google.com)

연관 분석

연관 분석Association Rule은 연관성 분석이라고도 하며, 데이터 안에 존재하는 항목 간의 연관 규칙을 발견하는 과정이다. 연관 규칙이란 상품을 구매하거나 서비스를 받는 등의 일련의 거래나 사건들의 연관성에 대한 규칙이다. 마케팅에서는 손님의 장바구니에 들어있는 품목 간의 관계를 알아본다는 의미에서 연관성 분석을 장바구니 분석Market Basket Analysis이라고도 한다.

예를 들어 슈퍼마켓에서 구입한 고객의 물건들이 담겨져 있는 장바구니를 생각해보자. 연관성 분석은 특정한 상품을 구입한 고객이 어떤 부류에 속하는지, 그들이 왜 그런 구매를 했는지 알기 위해 고객들이 구매한 상품에 대한 자료를 분석하는 것과 같다. 이러한 분석을 통하여 효율적인 매장 진열, 패키지 상품 개발, 교차판매전략 구사, 기획상품 결정 등에 응용이 가능하며, 백화점이나 호텔에서 고객들이 다음에 원하는 서비스를 미리 알 수 있다. 또한 신용카드 대출 등 은행서비스 내역을 통해 특정한 서비스를 받을 가능성이 높은 고객을 탐지할 수 있다. 의료보험금이나 상해보험금 청구가 특이한 경우 보험사기의 징조를 미리 감지할 수 있으며, 환자의 의무기록에서 여러 치료가 같이 이루어진 경우 합병증 발생의 징후도 탐지할 수 있다.

마르코프 연쇄

만일 독자 여러분이 야구를 좋아한다면 이번 파트를 좀 더 쉽게 이해할 수 있을 듯하다.

긴장감이 고조되고 있는 야구 경기를 상상해보자. 8회 말 5:5 동점 상황으로, 현재 우리 팀은 무사 1루이다. 이번 게임의 승패를 가를 수 있는 상황에서, 만일 당신이 감독이라면 번트를 지시하겠는가? 아니면 적극적으로 안타를 노리라고 지시하겠는가? 그런데 이렇게 작전을 지시할 때, 꼭 감독이 가진 경험이나 감이 아닌, 통계적인 방법으로도 할 수 있다. 이 통계적인 방법에 바로 마르코프 연쇄가 관련되어있다.

마르코프 연쇄는 미국 메이저리그 프로야구팀 오클랜드 어슬레틱스의 빌리 빈William Lamar Beane 전(前) 단장(현재는 부사장)이 주장한 이론으로, 홈런이나 타율이 높은 타자보다 출루율이 높은 타자가 득점 확률이 높다고 판단하는 이론이다. 빌리 빈은 이 이론으로써 최소 비용으로 최대 만족을 얻는다는 경제학적 원칙을 야구단에 적용하여 스타선수나 타율 · 홈런 등에 대한 환상을 버리고 저비용 · 고효율 구조로도 야구단이 운영될 수 있다는 것을 실제로 증명해보였다. 빌리 빈과 마르코프 연쇄를 다루는 영화가 있으니, 〈머니볼〉 이 바로 그것이다.

좀 더 영화 얘기를 하자면, 영화 〈머니볼〉 은 2002년 당시 미국

메이저리그 팀 중 팀 연봉이 가장 낮았던 오클랜드 어슬래틱스(4100만 달러)가 팀 연봉이 가장 높았던 뉴욕 양키스(1억 2500만 달러)를 꺾고 우승하는 이야기다. 오클랜드 어슬레틱스는 적은 예산 때문에 우수한 선수를 확보하는 데 어려움이 있었다. 이러한 상황에 단장으로 취임한 빌리 빈은 취임 후 새로운 전략을 구사했는데, 그 전략은 하버드대에서 경제학과 통계학을 복수 전공한 폴 디포디스타Paul DePodesta라는 사람을 영입하면서 시작된다. 그리고 데이터 분석을 통해 개인 타율과 타점, 도루율보다는 장타율과 출루율이 팀의 승률에 더욱 밀접한 관계를 가진다는 결과를 얻었고, 투수의 투구 수를 늘리는 타자의 능력이 팀에 가장 큰 기여를 하는 능력임을 발견하였다.

그렇다면 안타가 아닌 도루나 번트를 노린다면 어떨까? 도루나 번트는 유효한 전략일까? 빌리 빈은 도루와 번트에 회의적이었으며, 실제 경기의 작전에서도 이를 용납하지 않았다. 과연 빌리 빈의 통찰력은 타당했을까?

하버드대 통계학과 교수인 칼 모리스Carl Morris는 수학적 모델을 이용해 야구 작전의 효용적 분석을 마르코프 체인을 통해 수행했다. 여기서 잠시 마르코프 연쇄의 야구 모델을 설명하자면, 야구는 이산형의 게임이기 때문에 각 상태를 네 개의 수로 표현이 가능하다.

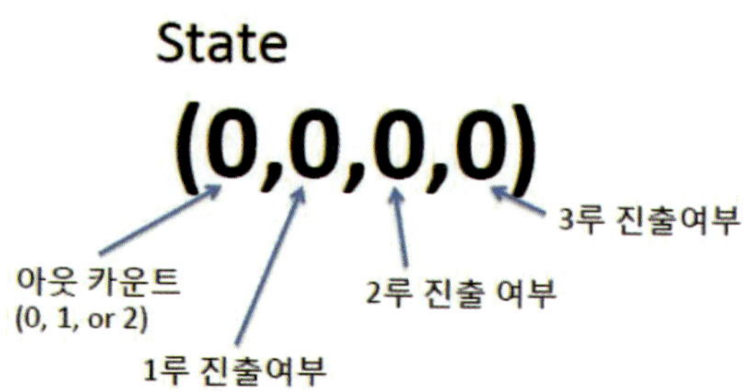

위의 그림에 따라 전체 상태는 3x2x2x2 = 24상태가 되며, 한 이닝이 끝나는 상황은 (3,0,0,0)이다. 다시 말해 각 이닝은 (0,0,0,0)으로 시작해 (3,0,0,0)으로 끝나는 것이다.

하지만 경기 중에 상태는 늘 바뀐다. 따라서 약 100년간 미국 메이저리그 경기 데이터를 바탕으로 마르코프 연쇄를 통해 각 상황에서의 득점 평균을 측정하였다.

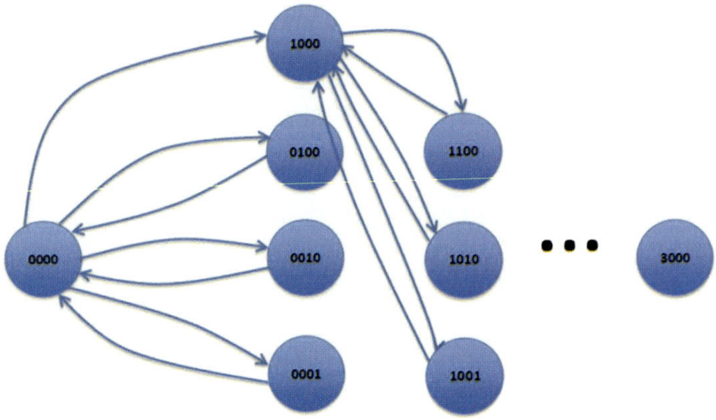

이닝당 점수를 비교해본 결과, 무사 1루의 상황에서의 평균 득점은 0.93이었고, 희생 번트를 했을 경우의 평균 득점은 0.75이었다. 2점 이내의 박빙의 승부에서 1점을 낼 확률 중 무사 1루에서 번트 없이 1점이 날 확률은 0.4였고, 번트를 시도했을 때 1점이 날 확률은 0.417이었다. 결과적으로 빌리 빈의 통찰력은 통계적 사고에 근거한 타당한 결론이었음을 알 수 있다.

이렇듯 마르코프 연쇄는 과거의 일어난 사건들의 확률을 통해 '미래'를 예측하는 기법이다. 이번에는 날씨를 예로 들어보겠다.

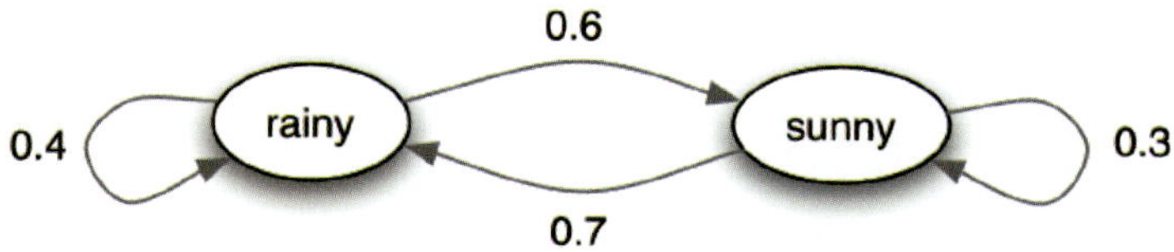

위의 그림은 과거의 경험을 통해 오늘 비가 왔을 때 내일 비가 올 확률은 0.4, 맑을 확률은 0.6이고, 오늘 맑았을 때 내일 맑을 확률은 0.3, 비가 올 확률은 0.7을 표현한 상태 전이도State Transit Diagram이다. 이를 아래와 같이 전이 확률로 표현해볼 수 있다. 가로 축의 합은 항상 1이다.

[내일]

[오늘] 비 / 맑음

$$\begin{array}{c|cc} & \text{비} & \text{맑음} \\ \hline \text{비} & 0.4 & 0.6 \\ \text{맑음} & 0.3 & 0.7 \end{array} \qquad \begin{pmatrix} 0.4 & 0.6 \\ 0.3 & 0.7 \end{pmatrix}$$

위의 그림을 전이확률 행렬Transition Probability Matrix 또는 전이행렬Transition Matrix이라고 한다. 행렬 P라고 하였을 때, 두 달 뒤의 전이 확률은 P x P, 세 달 뒤의 전이 확률은 P x P x P가 되고, N달 뒤의 전이 확률은 P x ... P (N번)가 된다. 전이 확률을 구할 수 있는 시간 프레임 수가 많으면 많을수록 예측력은 좋아지고, 가까운 미래에 대한 예측력은 좋을 수 있지만, 먼 미래에 대한 예측력은 떨어진다는 단점은 있다.

또한 강화학습에 이론적으로 활용되는 마르코프 결정 과정Markov Decision Process은 수학적 틀 가운데 의사결정 과정 구조를 만든다. 동적 계획법과 강화학습 등의 방법으로 푸는 넓은 범위의 최적화 문제에 도구로서 활용할 수 있으며, 로봇공학, 제어 자동학, 경제학, 제조업 등의 영역에서 사용되고 있다.

4장

빅데이터 기술

데이터의 형태는 정형 데이터와 비정형 데이터로 나뉘는데, 정형 데이터는 고객정보, 거래정보, 매출정보, 재고정보 등을, 비정형 데이터는 SNS, 위치정보, 블로그 등을 말한다.

빅데이터를 가치 있게 활용하기 위해서는 다음 사항들이 필요하다.

첫 번째, **데이터의 접근성**이다. 외부의 제3자가 데이터를 활용할 수 있고, 내부 및 외부 데이터의 체계적 결합 및 전사적(轉寫的) 이용 가능성이 있으므로 기업에서는 프라이버시, 보안, 지적재산권에 대한 법적인 책임과 관련된 사전 준비가 필요하며, 외부의 데이터베이스를 내부에서 어떻게 활용할 것인지 방안을 마련해야 한다.

두 번째, **빅데이터 인프라**이다. 클라우드 기반의 통합 분석 시스템과 전사적으로 데이터 통합 활용 체계가 있으므로 기업에서는 분산된 데이터를 클라우드 기반으로 어떻게 통합할 것인지에 대한 데이터 공유 프로세스 정립이 필요하다.

세 번째, **분석역량**이다. 대용량 데이터 분석기술과 실시긴 기반 분석, 시각화 소프트웨어 등이 있으므로 기업에서는 내부 데이터베이스와 결합분석을 통한 워링 시스템 구축과 실시간으로 의사 결정하는 방안을 모색해야 한다.

끝으로 **데이터 중심 조직**이다. 전문적 분석 조직 및 전문 인력 양성과 데이터 기반 의사결정 조직 구조로 기업에서는 빅데이터 분석을 전문적으로 할 수 있는 조직을 만들어야 하며 인사이트를 끌어낼 수 있는 전문가를 채용해야 한다.

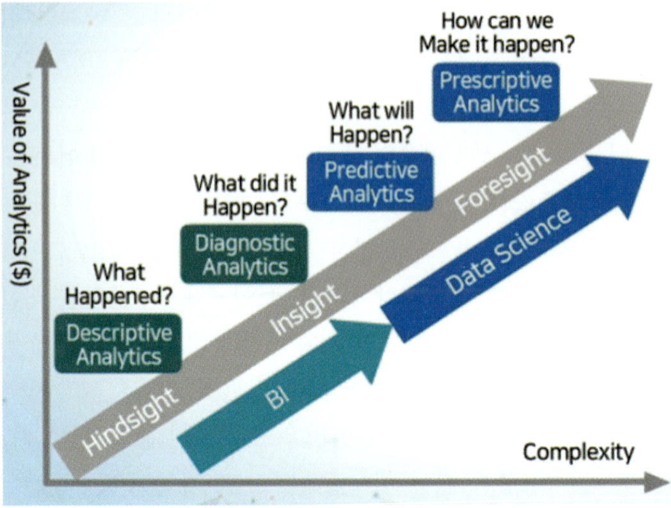

(출처 : www.google.com)

빅데이터 분석의 가치는 데이터 기반 에비던스Evidence를 통해 미래를 예측하고 그 미래가 우리 사회에 이익이 될 수 있도록 의사결정을 하는 것에서 빛을 발하게 된다. 의약품 빅데이터를 제대로 이해하고 활용하는데 필요한 것은 무엇일까? 통계학, 경제학, 정보 기술, 수학 등 다학제적 이해가 필요하고, 통합적 사고와 통찰력도 있어야 한다. 기술 스타트업 알루비움Alluvium의 설립자이자 CEO이며, 머신러닝 공동저자Machine Learning co-author로 알려진 미국의 데이터 과학자 드류 콘웨이Drew Conway의 데이터 과학의 벤 다이어그램을 통해서도 균형 있는 다학제적(多學際的) 역량의 필요성을 확인할 수 있다.

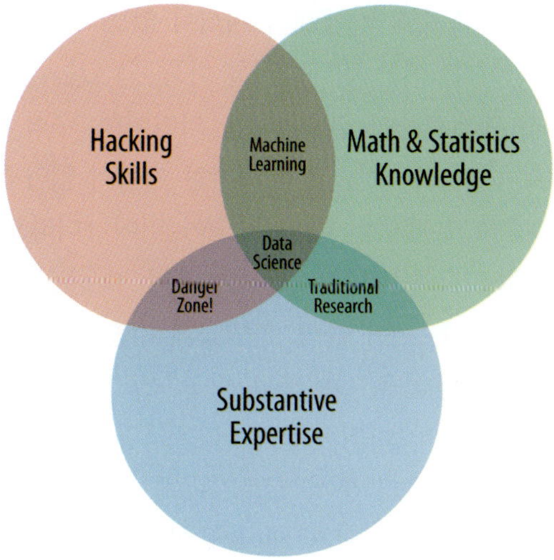

(출처 : https://oversky.tistory.com/198)

첫 번째 영역은 **분야 전문성**[Substantive Expertise]으로, 바로 도메인 전문지식이다. 본인의 실무 분야에 있어 전문성을 지니는 것으로, 전문분야의 배경 지식, 실무에서 습득된 전문적인 데이터에 관한 내용의 이해가 필요하다.

두 번째 영역은 **해킹 스킬**[Hacking Skills]이다. 여기에서 해킹 스킬은 우리가 흔히 생각하는 은행 해킹이나 개인정보 보안 해킹과 같은 나쁜 스킬이 아닌, 컴퓨터 활용기술을 나타낸다. 즉, 컴퓨터를 이용하여 원하는 정보를 찾아내고 명령어를 실행하고 데이터를 활용하고 자료문서를 작성하는 등의 데이터 기술을 의미하는데 직무를 하는 현업과정에서 이미 습득했거나 습득 중인 기술로서 큰 문제가 되는 경우는 거의 없다.

마지막 영역은 **수학과 통계지식**[Math & Statistics Knowledge]이다. 이 분야는 수학적 통계와 관련된 지식을 의미하는 것으로 수학적 논리와 체계적인 사고력으로 대변되는 기술이다.

벤 다이어그램에서 눈여겨봐야 하는 것은 해당 분야의 전문성과 컴퓨터 활용능력만 있고 수학적 통계적 지식이 없는 경우를 위험영역이라고 규정했다는 점이다. 이는 빅데이터를 다룰 수 있는 전문인재가 되기 위해서는 수학적 통계교육이 필요하다는 의미이며, 수학적 논리와 체계적인 사고력으로 대변되는 기술과 통계적인 지식이 없다면 아무리 전문분야 지식이 출중하고 데이터 활용 기술이 뛰어나더라도 데이터 분석 결과를 잘못 이해하고 엉뚱하게 적용하여 결국 잘못된 의사결정을 초래할 수 있다는 의미이다. 예를 들어, 완벽하게 추출되고 구조화된 의약품 분석이나 선형 회귀 분석을 실행하고 계수 R로 나타낸 분석의 결과를 받더라도 수학적 통계적 지식이 없다면 분석결과의 의미를 이해하지 못한다. 그러므로 빅데이터 분석 전문가에게는 수학적 통계적 분석과정이 필수적이다. 또 머신러닝은 데이터 연산의 반복이므로 머신러닝을 위해 선형대수학의 개념을 알아야 한다. 선형대수학은 벡터 공간, 벡터, 선형 변환, 행렬, 연립 선형 방정식 등을 연구하는 대수학의 한 분야이다.

빅데이터 분석 전문가가 되기 위해서는 수학적 통계적 지식이 반드시 필요하지만, 호모데이탄들에게는 필수는 아니다. 수학적 지식이 고도화되어있지 않더라도 누구든 호모데이탄이 될 수 있다.

빅데이터는 IT분야뿐만 아니라 인간 생활에 적용되어 스마트시대 경쟁력을 결정짓는 주요 요소로 각광받게 되었다. 제대로 된 사고와 분석방식이 가미된다면 데이터는 영리하게 재사용될 수 있다. 마케팅을 위한 정보로 활용되기도 하고, 자연재해나 인재(人災) 같은 큰 사고들을 예측할 수 있다. 또 의료기술과 과학기술의 발전을 가져온다. 이처럼 빅데이터는 보다 안전하고 질 높은 삶을 살도록 도와줄 것이며, 새로운 서비스와 혁신의 원천이 될 것이다.

빅데이터 분석은 시간, 공간, 그 외 조건들의 변화에 따른 데이터의 분포와 데이터 간의 상호관계를 다양한 관점으로 조망하므로, 의미 있는 패턴을 발견하고 넓은 의미로는 세상을 이해해가는 과정이라고 할 수 있다. 초창기의 빅데이터 분석 개념은 지금과는 좀 달랐다. 이때의 빅데이터는 일반적인 데이터베이스 소프트웨어가 저장, 관리, 분석하는 범위를 초과하는 데이터로 그 개념을 두고 일정 규모를 강조하는 관점이었다. 그런데 최근에는 다양한 종류의 데이터로부터 저렴한 비용으로 가치를 추출하고 초고속 분석을 지원하는 기술과 같이 가치창출 및 활용에 초점을 두고 있다.

또한 빅데이터는 스마트 시대의 경쟁력 향상을 위한 필수 기술로 인식되고 있다. 그러나 현재 빅데이터를 관리하고 분석하는 기술은 취약한 지식 기반과 전통적 경영 현장 환경 등으로 인해 새로운 기술의 도입이 필요한 실정이다. 데이터 생산 대국으로서 그 입지를 확고히 하고 있는 우리나라가 스마트 시대를 선도하는 국가가 되기 위해서는 빅데이터 관련 기술의 개발이 필요하다.

크기가 큰 데이터를 처리한다고 해서 무조건 빅데이터 기술이 아니다. 빅데이터 기술은 기존의 데이터 분석 기법에 비해 100배 이상의 데이터를 다루는 기술이며, 단순한 산업이 아니라 인터넷처럼 경제사회 전방에서 혁신을 주도하는 일종의 플랫폼 기술을 의미한다. 빅데이터 기술이 적용되는 데이터는 다양성, 충분한 양, 빠른 생성속도를 만족해야 한다. 그렇기 때문에 빅데이터를 좀 더 효과적으로 이용하게 되면 기업뿐만 아니라 정부와 개인 모두에 막대한 효용을 가져올 것이다. 정부의 입장에서는 빅데이터를 이용하면 데이터를 기반으로 한 국정 혁신을 할 수 있고 사회 현안에 대해 선제적인 대응이 가능하다. 기업에서는 기본적으로 생산성을 향상시킬 수 있으며 기업의 경쟁력을 강화하고 새로운 시장을 창출할 수 있다. 개인의 경우는 기업과 정부로부터 맞춤형 서비스를 제공받아 삶의 질을 높일 수 있다.

빅데이터로부터 지식을 발굴해 활용하기까지는 여러 단계를 거치게 된다. 먼저 데이터 수집을 한 다음 수집한 데이터를 전처리한다. 정보를 저장하여 관리하고 처리된 정보를 분석한다. 마지막으로 지식을 가시화하여 활용하게 된다. 이와 같은 단계는 데이터 소스, 지식을 활용하는 서비스 분야가 무엇인지에 따라 일부 단계를 건너뛰거나 반복 수행되기도 하므로 고정적인 것은 아니다.

활용 단계를 토대로 빅데이터 요소기술을 분류할 수 있다. 요소기술은 빅데이터 공유 기술을 바탕으로 한다. 요소기술에는 내, 외부 데이터를 수집하여 정제되지 않은 데이터를 확보하는 **빅데이터 수집**, 활용을 위해 빅데이터를 효과적으로 저장 관리하는 **빅데이터 저장관리**, 엄청난 양의 빅데이터를 처리하는 **빅데이터 처리**, **빅데이터 분석**, **빅데이터 시각화** 등이 있다.

빅데이터 수집기술은 조직 내부와 외부의 분산된 여러 데이터 소스로부터 필요로 하는 데이터를 검색하여 수동 또는 자동으로 수집하는 과정과 관련된 기술이다. 단순히 데이터를 확보하는 데 그치는 것이 아니라, 검색과 수집, 변환을 통해 정제된 데이터를 확보하고 저장하여 분석까지 할 수 있는 기술이다.

빅데이터를 수집하는 방법에도 여러 가지가 있다. 먼저 **로그수집기**는 조직의 내부에 존재하는 웹서버의 로그를 모으고 웹로그와 트랜잭션 로그, 클릭 로그, DB 로그 데이터 등을 수집하는 방법이다. **크롤링**은 웹로봇을 이용하는 방법으로, 조직의 외부에 존재하는 소셜 데이터와 인터넷에 공개되어 있는 자료를 수집하는 방법이다. 센싱은 각종 센서를 통해 데이터를 수집하는 방법이고, RSS와 오픈 API는 데이터의 생산과 공유, 참여 환경인 웹2.0을 구현하는 기술을 의미한다. 필요한 데이터를 프로그래밍을 통해 수집한다.

빅데이터 요소기술

스쿱Sqoop은 하둡Hadoop과 관계형 데이터베이스 간의 데이터 전송을 지원하는 기술로, MySQL 같은 관계형 데이터베이스로부터 하둡 분산 파일 시스템으로 데이터를 전송하는 데 사용된다. 스쿱은 이러한 프로세스를 자동화하여 처리하는 편의성이 있으며, 하둡으로의 데이터 전송 시 맵리듀스를 지원하여 분산 및 병렬 처리 등으로 보다 빠른 처리가 가능하다.

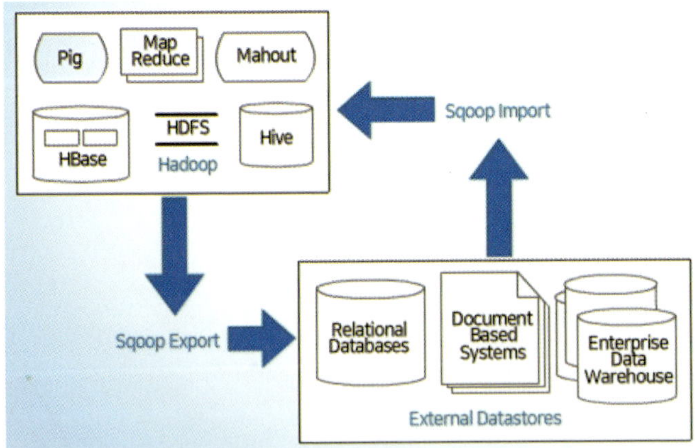

클라우데라Cloudera의 플룸Flume은 분산 관리와 안정성으로 만들어진 대용량 데이터를 효율적으로 서버 간 혹은 노드 간 전송할 수 있는 시스템이다. 플룸은 신뢰성과 가용성, 관리성, 확장성을 설계 목표로 설정하여 간단하고 유연한 구조로 설계해야 한다. 또 물리적 노드와 논리적 노드를 모두 마스터가 제어한다.

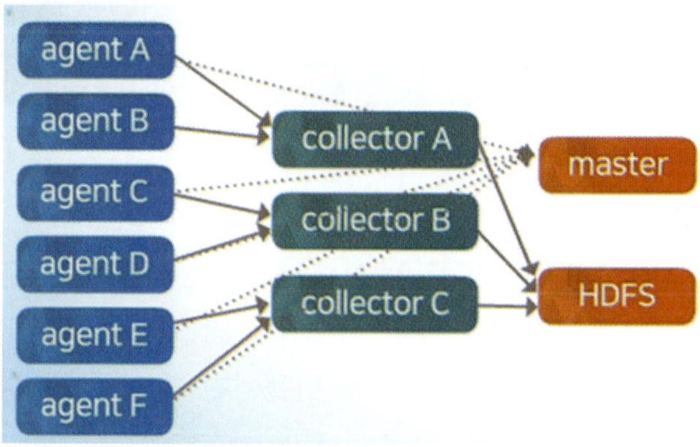

아파치Apache의 척와Chukwa는 분산 서버로부터 로그 데이터를 수집하고 이를 저장하여 분석하는 것을 목적으로 한다. 하둡 클러스터의 로그나 서버의 상태 정보를 관리하며, 응용 프로그램의 로그저장 모듈을 수정하지 않고도 필요한 로그를 수집하여 하둡 분산 파일 시스템에 저장 및 분석이 가능하다.

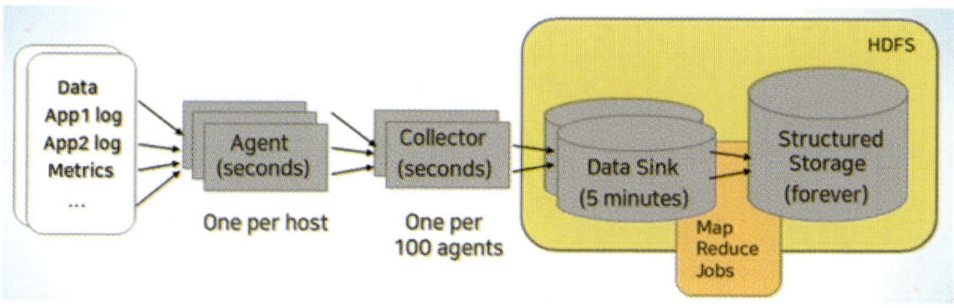

스플렁크Splunk는 페타비트급의 기록 데이터와 실시간 기계 데이터를 모니터링하고 보고하며 분석하는 데 사용되는 소프트웨어다. 이 기술은 기계 데이터 처리의 엔진 역할을 한다.

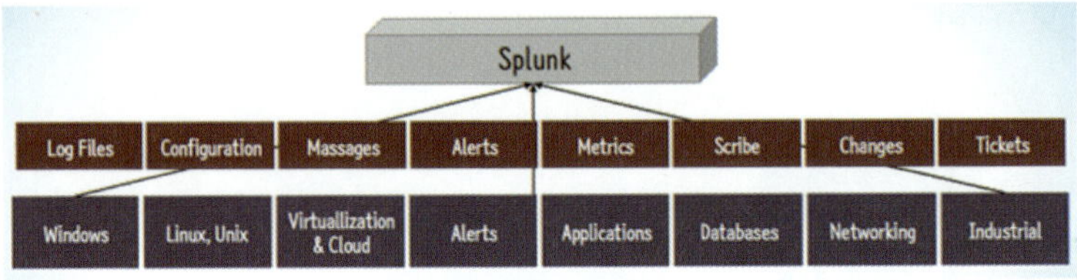

스크라이브Scribe는 페이스북이 개발하여 공개한 로그 수집 기술이다. 이 기술을 이용하면 대량의 서버로부터 실시간으로 흘러오는 로그 데이터를 집약하여, 하둡 분산 파일 시스템에 로그를 저장할 수 있다.

다음은 링크드인Linkedin에서 최초로 만들어진 카프카Kafka이다. 카프카는 분산 메시징 시스템이다. 단일 카프카 브로커만으로 수천 개의 클라이언트로부터 초당 수백 메가바이트의 읽기와 쓰기를 처리할 수 있다. 주요 기능으로는 로그 집계와 메시지를 보낼 수 있고 데이터의 분산 대규모 대용량 처리가 가능하며 데이터를 분할하여 클러스터에 의해 관리할 수 있다. 또 메시지를 일괄적으로 전송하거나 전송데이터를 압축할 수 있다. 단순한 로그 수집 기능을 넘어서 향후 다양한 기술에 활용 가능할 것으로 기대되는 기술이다.

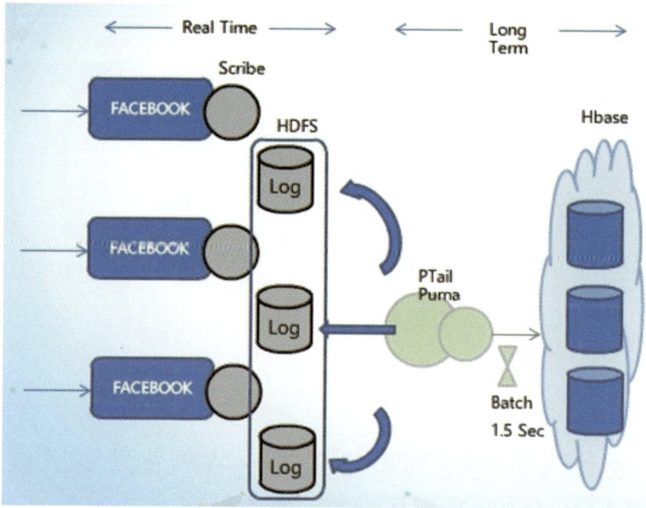
Real Time
Long Term
Scribe
FACEBOOK
FACEBOOK
FACEBOOK
HDFS
Log
Log
Log
PTail
Puma
Batch
1.5 Sec
Hbase

빅데이터 공유기술

기업 내 운영 환경에서 데이터베이스 시스템에서 발생하거나 변경된 데이터를 다른 시스템에 적용하려는 분산 및 복제 환경은 보편화되어 있다. 그러므로 데이터 공유기술은 필수 기술이 될 수 있다.

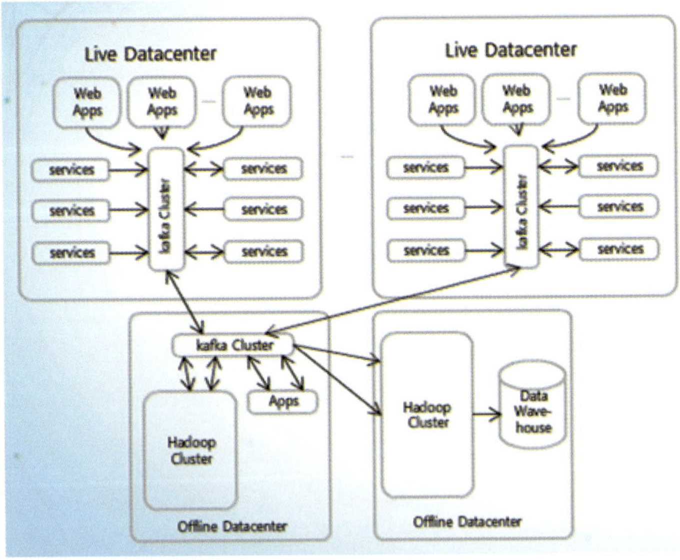

데이터 공유를 위한 기술에는 가장 일반적인 형태로 운영 시스템의 데이터 복제[Replication] 기술이 있다. 이외에도 정보계 시스템을 위한 데이터 웨어하우스의 ETL[Extract, Transformation, Load]의 프로세스가 있다.

데이터 복제는 분산 환경에 있어서 데이터베이스에 발생한 변경된 정보를 다른 데이터베이스에 반영하여 무(無)장애 시스템을 구현하기 위한 솔루션이나. 예전에 스냅 샷으로 사용되던 기능이기도 하다.

시맨틱 웹은 정보의 표현을 넘어 인간 지식을 명시적으로 표현, 공유, 재활용할 수 있는 웹으로 정의한다. 또 데이터 상호 운영 및 데이터 모델 관점에서 시맨틱 웹은 새로운 산업적 가능성을 제시하고 있다.

다른 공유기술로 멀티 테넌트 데이터 공유기술이 있다. 이 기술은 멀티 테넌트 환경의 데이터 관리 기술로서, 데이터와 데이터 스키마를 분리하거나 공유하여 멀티 테넌트 환경의 데이터 공유를 가능하게 하고, 공유에 의한 보안 요소 검증 기술이 포함된다. 테넌트별 분산 저장된 데이터를 공유하여 각각의 테넌트가 가지고 있는 데이터의 양이 줄어들고 효율적인 데이터 관리가 이루어진다. 데이터 공유기술을 통해 기존의 비공유 데이터 관리에 비해 초기 비용은 더 크지만, 장기적인 비용으로는 멀티 테넌트 환경에서 데이터 공유기술을 사용하는 것이 효율적이다.

빅데이터 저장기술

다양한 파일로 구성되어 있는 빅데이터 기술의 올바른 활용 방법은 작은 데이터라도 모두 저장하여 실시간으로 저렴하게 데이터를 처리하고, 처리된 데이터를 더 빠르고 쉽게 분석하도록 하여 이를 비즈니스 의사 결정에 바로 이용하는 것이라 할 수 있다. 구글이나 애플, 야후 등에 의해 요소기술로서 상당한 완성도에 도달했으며, 오픈 소스로 하둡의 HDFS/Hbase, 카산드라Cassandra, 몽고디비MongoDB 등이 대표적이다. 또한 하둡과 데이터를 저장하기 위해 수평 확장 접근 방식을 취하고 있는 동일한 저장기술에는 병렬 DBMS와 NoSQL이 있다.

병렬 DBMS는 기존의 관계형 데이터베이스 기술은 하나의 시스템이 모든 영역에 맞춰 사용될 수 있도록 만들어졌다. 그에 반해 병렬 DBMS는 전통적인 RDBMS에서 발전한 형태로 MPP구조를 취하고 있는 경우가 많다. 하둡은 대용량분산저장과 처리를 위한 프레임워크로, 크게 HDFS와 맵리듀스MapReduce로 구분된다. 유닉스 파일시스템과 이용법이 유사한 HDFS는 파일을 여러 대의 서버에 분산 저장하기 위한 파일시스템이다. 이 기술에서는 큰 파일을 작은 블록을 나누어 개별 컴퓨터에 저장하고, 각 블록의 유실, 고장 등의 위험 때문에 신뢰성 향상을 위해 복제물을 생성해 관리한다.

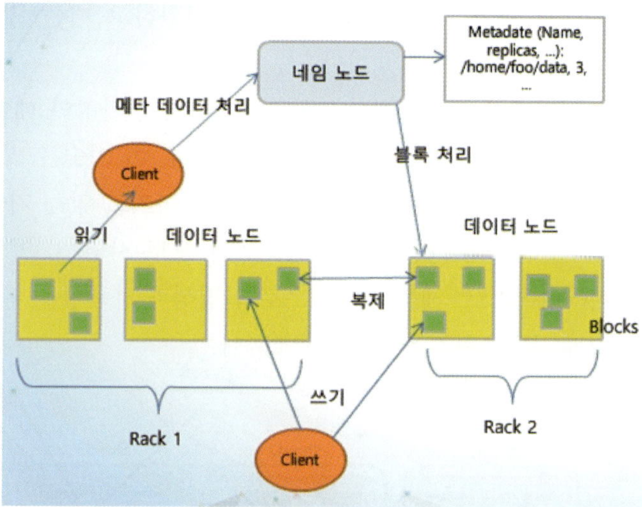

맵리듀스는 각 서버에 데이터를 분산 처리하는 분산병렬처리를 위한 프레임워크이다. HDFS 클러스터는 우선 크게 마스터와 슬레이브 노드를 가진다. 마스터 노드는 하나의 네임노드와 데이터노드로 구성되며 네임노드는 파일시스템 트리와 그에 속한 모든 파일, 디렉터리 구조 등이 저장되어 있다. 또한 나누어진 블록의 위치 정보를 관리하여 파일이 어떻게 블록으로 분할되고 어느 데이터 노드에 있는지를 관리한다. 데이터노드는 실제 데이터를 저장하는 서버를 말하며, 고정 크기의 64MB 혹은 128MB의 블록단위로 파일을 나누어 관리한다. 보조네임노드는 네임노드에서 관리하는 파일시스템의 이미지 정보를 백업하는 등의 기능을 수행한다.

저장기술인 NoSQL은 특히 그 필요에 의해 개발된 기술이다. 데이터의 폭발적인 증가로 기존의 관계형 DB로 대용량 데이터를 저장하는데 한계에 이르렀다. 페이스북, 트위터 같은 새로운 유형의 서비스와 애플리케이션이 등장함에 따라 기존과는 다른 데이터 관리 방식 및 정책이 필요하게 되었다. 이와 같은 문제를 보완하고 개선하기 위해 만들어진 기술이 바로 NoSQL이다.

NoSQL은 비관계형 데이터베이스를 지칭하는 분산환경의 데이터 저장소를 의미하며, Not Only SQL로 불리기도 한다. 이 기술은 빅데이터를 지탱하는 기반 기술로 하둡과 함께 관심이 높아지고 있는 기술이다.

몽고디비MongoDB는 레플리카 셋츠Replica Sets와 오토 샤딩Auto-Sharding으로 구성된 데이터베이스로, 레플리카 셋츠로 안정성과 가용성을 확보하고 오토 샤딩으로 분산 확장을 하는 구조이다.

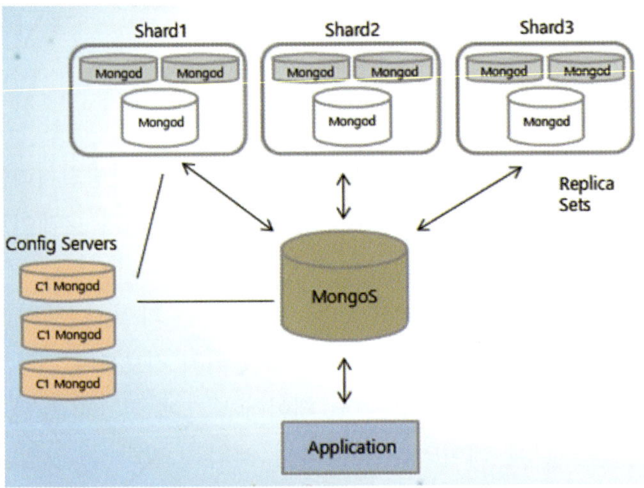

Config Server에 메타데이터를 저장하고 실제 데이터는 청크Chunk 단위로 나누어 샤드Shard 서버에 저장하며, 오토 샤딩으로 분산 확장을 하며 데이터의 유실을 막고 가용성을 높이기 위해 각 서버의 Replica를 설정한다. 제이슨JSON은 데이터 저장구조를 제공하고, 분산/복제 기능, 분산/병렬처리 기능을 제공한다. CRUD, 즉 Create, Read, Update, Delete 위주의 다중 트랜잭션 처리가 가능하다. 메모리 매핑Memory Mapping

기술을 기반으로 빅데이터 처리에 탁월한 성능을 가지고 있다.

몽고디비의 데이터 처리 구조는 샤드Shard키로 설정된 칼럼의 범위를 기반으로 각각의 값에 맞는 샤드에 저장된다. 필요한 경우에는 샤드를 추가하여 확장이 가능하다. 사용하는 애플리케이션단에서 몽고에스MongoS라는 라이팅 프로세스로만 연결하는데, 샤드의 구조에 대해서는 알 필요 없고 구소변경에 따라 수정할 필요도 없다.

빅데이터 처리기술을 도입할 때는 몇 가지 고려해야할 사항이 있다. 첫 번째는 바로 **처리할 데이터의 종류**이다. 데이터에는 먼저 정형 데이터가 있다. 정형데이터는 컴퓨터와 인간 모두 읽을 수 있는 데이터로 관계형 데이터베이스가 해당된다. 반정형 데이터는 정형화되어 있지는 않지만 시맨틱 요소들을 분리하는 태그들을 가지고 있는 것으로, XML, 이메일, EDI 등이 여기에 해당된다. 비정형 데이터는 데이터베이스에 들어가지 않는 데이터로, 이미지, 오디오, 비디오 등이다.

두 번째 고려사항은 **데이터를 처리하기 위한 조건**이다. 먼저 데이터의 접근 제한을 풀고 접속 권한을 제공해 데이터를 저장하고 사용할 수 있어야 한다. 또 정보를 미가공 형태로 남겨야 분석 시스템으로 실시간 스트리밍되면서 분석 및 보고가 가능하다. 정형 데이터에서는 데이터 처리 과정이 직관적으로 일어나지만, 비정형 데이터는 고급 알고리즘과 강력한 엔진을 반드시 거친 후 들어오는 데이터만을 처리할 수 있기 때문에 주의해야 한다.

빅데이터 분석기술

빅데이터 분석은 대량의 데이터로부터 숨겨진 패턴과 알려지지 않은 정보 간의 관계를 찾아내기 위한 과정이라고 할 수 있다. 비즈니스 영역에서 주로 수행되는 빅데이터 분석의 목적은 데이터 과학자들에 의해 분석된 정보를 토대로 기업의 의사결정을 수행하기 위함이다. 또 더 짧은 시간 안에 보다 많은 정보를 빅데이터로부터 추출하는 것을 목표로 한다. 빅데이터 분석을 위한 기술에는 크게 데이터마이닝과 예측 분석, NoSQL 데이터베이스, 하둡, 맵리듀스 등 5가지가 있다.

빅데이터를 분석하는 과정은 단계적으로 진행된다.

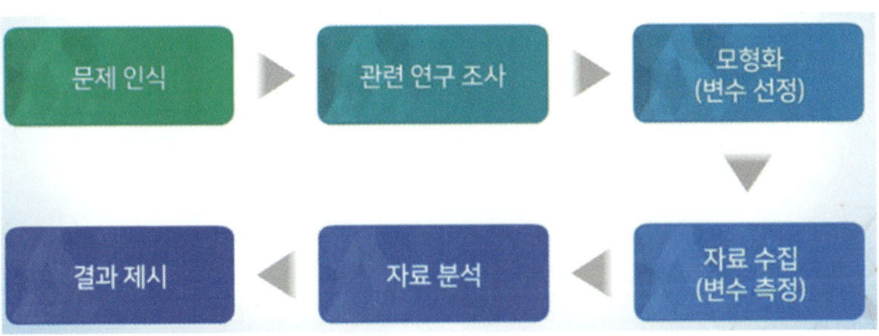

먼저 문제를 인식한 다음 그 문제에 대한 관련 연구를 조사한다. 그리고 모형화를 하여 변수를 선정 및 측정할 수 있도록 자료를 수집한다. 수립한 자료를 분석하고 결과를 제시한다.

빅데이터 분석 기술 중 데이터마이닝은 통계와 수학 기술뿐만 아니라 패턴인식 기술들을 이용해서 데이터 저장소에 저장된 대용량의 데이터를 조사함으로써 의미 있는 새로운 상관관계와 패턴, 추세 등을 발견하는 과정이라고 할 수 있다. 데이터마이닝은 다양한 분야에서 활용될 수 있으며 KDD와 머신러닝 패턴 인식 통계학, 신경망 컴퓨팅 등과 관련해서 빅데이터 분석의 가장 기본적인 분석 기술이라고 할 수 있다.

빅데이터에서 데이터마이닝을 하는 과정은 아래와 같다.

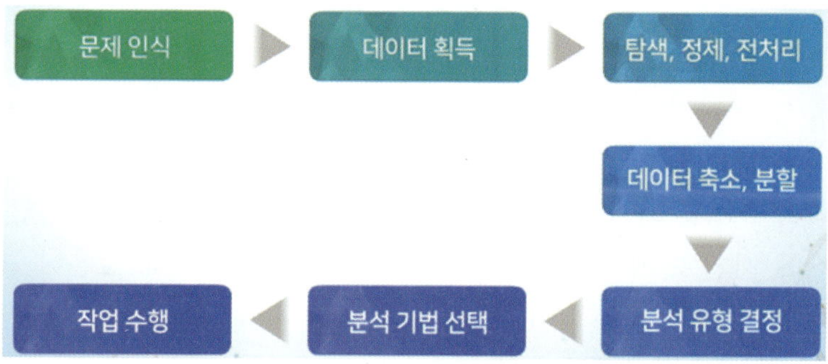

텍스트 마이닝은 좁은 의미로는 불명확하고 찾기 힘든 텍스트 기반의 데이터, 즉 문서로부터 새로운 정보를 발견할 수 있도록 관련 방법을 제공하는 기술을 의미한다. 넓은 의미로는 이와 관련된 정보검색 정보추출 정보체계화 정보 분석을 모두 아우르는 텍스트 프로세싱 기술과 처리 과정을 의미한다. 또, 구조화되지 않은 대규모의 텍스트 집합으로부터 새로운 지식을 발견하는 과정으로 텍스트 문서 전처리 및 패턴 분석 등의 단계를 가지며, 순환구조로 계속적인 피드백을 수행한다.

텍스트 마이닝의 수행단계는 다음과 같다.

예측분석은 과거의 자료와 변수 간의 관계를 이용하여 관심이 되는 변수를 추정하는 것으로 통계분석, 데이터마이닝 및 텍스트 마이닝 기술들을 기반으로 예측 분석을 수행한다. 예측분석은 데이터마이닝의 기법 중 하나지만, 빅데이터를 분석하고 활용하기 위해 비즈니스적 필요성에 의해 많이 연구 및 개발되고 있는 상황이다.

예측 분석은 과거의 데이터나 사건으로부터 미래에 발생 가능한 상황이나 사건을 예측하여 선제적인 의사결정을 하는 데 도움이 되는 것이 목표이다.

빅데이터를 활용하여 기대할 수 있는 효과에는 우선 예산 절감을 들 수 있다. 또 정책 의제를 선정하는 근거를 확보할 수 있고, 정책 수행을 최적화할 수 있다. 대국민 서비스의 만족도를 높이고 총체적인 사회 비용을 절감할 수 있으며, 공공기관과 국가의 투명성을 제고하고 위기 대응 능력을 향상할 수 있다. 생산성 향상과 새로운 비즈니스의 창출 업무 효율의 제고 등도 빅데이터 활용으로 기대할 수 있는 효과이다.

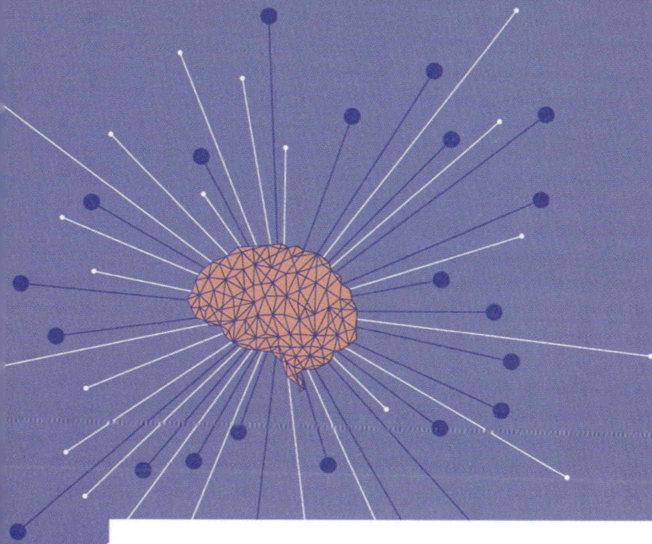

5장

빅데이터 활용

의약분야의 빅데이터 국내외 정책

의약품 빅데이터에 대한 국내정책을 파악하기 위해서는 먼저 보건복지부의 빅데이터 활용확대 추진전략을 참고할 필요가 있다.

2017년 3월 보건복지부는 4차 산업혁명 대응과 국민건강 증진을 위해 빅데이터 추진단을 발족하고, 보건의료 빅데이터 추진전략을 수립하고 국가 차원의 로드맵을 마련하겠다고 밝혔다. 이를 통해 추진단 산하에 총괄 분과와 서비스개발분과, 데이터 개방, 연계 분과, 정보 보호 기술 분과, 국민소통분과가 설립되어 운영되고 있다. 추진단은 보건의료 빅데이터 활용 체계 마련을 위한 비전과 목표 추진전략 등을 수립하고, 관련 법과 제도 개선대책, 전문이력 양성방안, 전담 거버넌스 마련 등을 다루며, 건강증진, 질병예방, 보건의료 가치향상, 미래 보건의료 설계 등을 주요 방향성으로 민관 데이터 수요를 발굴하고 서비스 모델을 개발하는 목표가 있다.

빅데이터는 국민 건강증진과 보호를 위한 핵심기술로 평가받고 있고, 특히 정부는 데이터 연계시스템 구축, 기관 간 분석자료 공유 및 활용 네트워크, 보건의료 빅데이터 활성화에 집중할 예정으로, 보건의료 빅데이터 가치 창출의 기조를 여실히 나타내고 있다.

2016년 12월 정부는 관계부처 합동의 '제4차 산업혁명에 대응한 지능정보사회 중장기 종합대책'을 발표했다. 종합대책에서는 데이터를 활용한 빠른 학습으로 기계가 지능화되어 새로운 가치를 창출하고 정보처리 능력을 고도화하여 데이터 축적분석 능력을 강화하며, 기계와 기계, 기계와 인간 등의 모든 객체를 연결하여 이를 통한 정보 교류와 데이터 수집을 하겠다고 밝히고 있다.

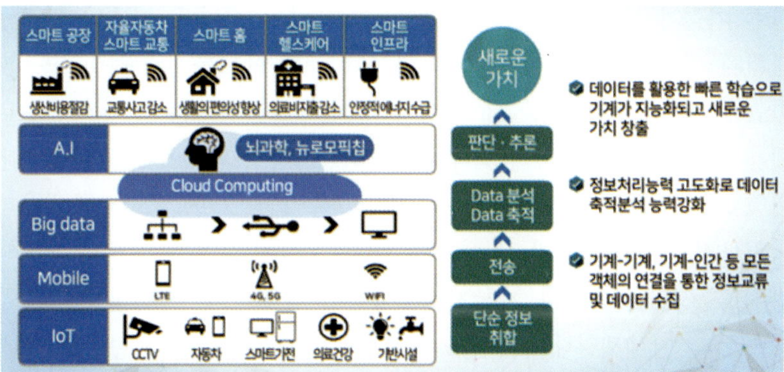

제4차 산업혁명에 대응한 지능정보사회 중장기 종합대책(관계부처 합동 2016.12월)

현재의 지능정보기술에 대해서는 국내와 선진국 간 격차는 분명히 존재한다고 평가되고 있다. 또 지능정보기술 생태계를 선점하지 못하면 글로벌 ICT 기업들이 지능정보 생태계를 독점하고 국내 기업들은 이에 종속되어 혁신적이고 주도적인 기업 활동에 한계를 맞게 된다는 우려도 있다. 지능 정보화 촉진을 위한 정책 목표로는 공공서비스 및 민간산업 전반에 지능정보기술 도입을 조기 확산하여 생산성 향상 및 국가경쟁력을 확보하고, 특히 의료, 제조, 금융 등 기존 산업이 데이터와 지능정보기술에 기반을 둔 맞춤형 제조, 서비스 산업으로 변모하여 고부가 가치 창출을 하고, 국민에게 안전하고 편리한 고품질의 지능화된 공공서비스를 제공하도록 한다는 것이다.

미국 의약품 빅데이터 정책은 미국 정부가 발표했던 '빅데이터 R&D 이니셔티브'를 통해 알 수 있다. 2016년 5월 23일, 미국 정부는 연방정부의 빅데이터 연구 개발 전략 계획(The Federal Big Data Research and Development Strategic Plan)을 공개하였다. 이 계획의 첫 번째 목표는 대량의 데이터를 수집하고, 저장, 보관, 관리, 분석, 공유하는 데 필요한 최신 핵심 기술을 발전시키는 것이며, 두 번째는 빅데이터 관련 기술과 활용에 요구되는 인력을 확충하는 것이다. 마지막 목표는 과학과 기술의 발전 속도를 가속화하고 국가 안보를 강화하고 교육과 학습의 혁신을 촉진하는 데 있어서 빅데이터 관련 기술을 적극적으로 활용하는 것이다. 미국의 빅데이터 R&D 이니셔티브 참여 주관기관은 과학기술정책실로 빅데이터 고위운영그룹이 있으며, 국립과학재단과 국립보건원, 에너지부가 그 아래에 있다. 동시에 국방부, 국방부 산하의 방위고등연구계획국과 미국지질조사원이 참여하고 있으며, 미국항공우주국과 미국해양대기관리자 등도 참여 중이다.

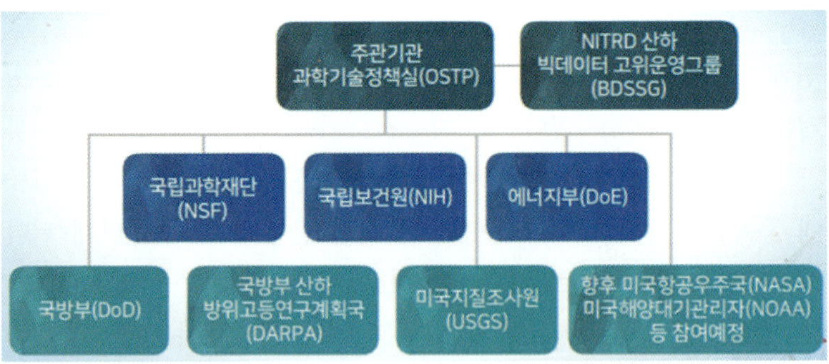

미국 정부는 빅데이터 기술을 개발하고 빅데이터 응용프로그램 등을 활용하는 차세대 데이터 과학자를 양성하기 위해 이미 2012년부터 빅데이터 연구개발 이니셔티브를 시작한 바 있으며, 백악관도 이를 위해 최고 데이터 과학자를 채용하는 등의 노력을 기울여오고 있다. 최근 발표된 전략계획은 신흥 빅데이터의 기능을 강조하고 연방 빅데이터 연구개발 계획을 확장하기 위한 지침으로서 빅데이터 연구개발 이니셔티브의 중요한 이정표가 될 것이라고 미국 정부는 밝혔다. 특히, 빅데이터 사용 장려를 위해서는 적용프로그램인 DID를 이용해야 하는데, 이 프로그램을 이용하여 디지털 서적이나 신문, 웹 서치 데이터, 음성 기록 등 다양한 종류의 대규모 데이터를 활용할 연구방법을 개발하고 있다.

미국 정부의 빅데이터와 관련된 여러 정책 중 의약품 빅데이터 관련하여 우리가 주목할 점은 미국 국립보건원[NIH] 전략계획인 NIH-Wide Strategic Plan이다.

이 계획에서는 정밀의학을 적용하여 수천 명의 환자들의 생존율을 증가시킬 예정이며, 다양한 인플루엔자 바이러스 변조에 대해 광범위한 항체 결합 반응을 유도하는 후보 백신의 임상시험을 진행할 것이라고 한다. 이는 포괄적인 독감 백신 개발을 위한 필수 과정이라고 평가된다. 또한 보건 문제에 있어 차별성을 경험하는 사람들의 건강 증진과, 질병

예방을 위해 효과적이고 개인 맞춤형인 행동이나 사회적인 치료방안을 개발할 예정이기도 하다. 또한 12가지 희귀질환에 대한 FDA 승인 치료법에 직접적으로 기여하거나 척추손상 환자들의 마비를 되돌리고 일부 정상기능을 회복하는 기술을 개발하는 등 수많은 일들을 계획 및 진행 중이다.

또한 국립보건원에서는 여러 연구를 진행하고 있는 중이다. 우선 국립보건원 산하 국립암연구소NCI는 암 관련 데이터의 저장 및 공유 방법을 연구하고 있으며, 의료 이미지 및 영상 데이터 공유 플랫폼인 TCIA를 개발하였다. 이를 통해 의사들이 암 치료와 연구지원 및 환자들의 암 발견 가능성 향상을 위해 노력하고 있으며, 유전자 분석 기술을 응용, 대규모의 암세포 관련 데이터를 축적하기 위해 TCGA프로젝트를 운영하고 있다. 또 국립보건원 산하의 국립심장·폐·혈액연구소NHLBI에서는 의료 데이터의 저장 통합 분석 활동을 지원하고 있으며, 이를 위해 데이터 공유 및 분석 툴인 CVRG를 제공한다. 국립보건원이 추진 중인 1000게놈 프로젝트1000 Genomes Project를 통해 해독된 약 200테라바이트의 인체 유전자데이터를 공개하고, 클라우드 서비스인 아마존 웹 서비스를 통해 누구나 데이터에 접근할 수 있도록 할 계획이다. 최근 빅데이터는 의약품뿐 아니라 헬스케어 등 산업 분야 전반에서 활용가치가 높아지고 있어, 각국 정부는 빅데이터 정책에 대한 다양한 변화도입을 검토하고 있다.

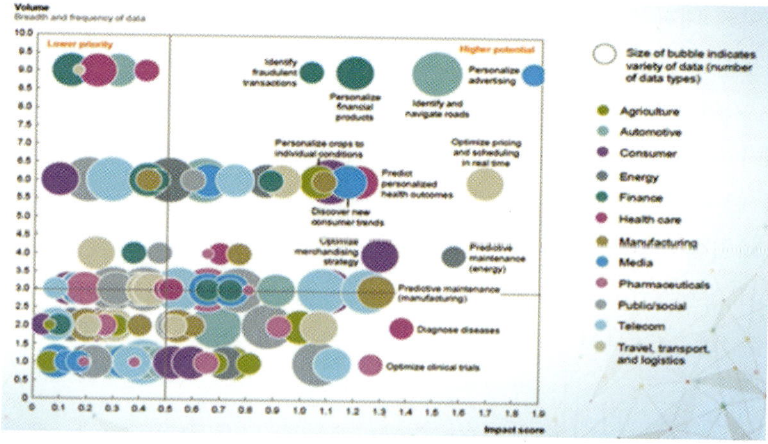

영국 정부는 데이터 시대를 대비하기 위해, 데이터 역량 강화 전략을 발표하고, 오픈 데이터 로드맵을 통해 더 많은 데이터 개방과 오픈 데이터 재활용에 역점을 두고 있다. 의약품 빅데이터와 관련하여 영국의 국립보건임상연구소[NICE]는 비용 효과성을 판단하기 위해 삶의 질에 초점을 맞춘 관점으로 모든 의료 개입과 치료를 평가하는 기관으로 빅데이터 기반 비용 효과성을 측정하고 있다.

개인 맞춤 의학에서의 빅데이터 활용 목적은 각 환자에 대한 올바른 치료법을 파악하는 것이며, 인공지능에 기반한 임상적 의사결정 지원 시스템은 수백만 건의 환자 기록, 게놈 시퀀스, 기타 건강 및 행위 데이터를 조합하여 특정 성질을 가진 특정 개체에 가장 효과적인 치료 과정을 식별할 수 있게 한다. 의약품 등 치료비용에 이러한 통찰력을 적용하면 비용 면에서 가장 효과적인 의약품을 알 수 있을 뿐 아니라, 특정 개인은 본인에게 효과가 없는 치료법을 피할 수 있게 된다. 이는 의약품, 수술 및 기타 개입의 효능을 극대화하는 동시에 의료 폐기물과 유해한 부작용을 감소시킨다. 실제 사례로, 런던대 UCL의 연구원은 슈퍼컴퓨터 시뮬레이션을 사용해 50개의 약물 중에서 특정 유방암 돌연

변이에 대한 최상의 치료법을 결정하였다. 대규모 환자 데이터 통합은 세부적인 건강 및 질병 상태에 대한 환자 치료부문에서 새로운 통찰력을 지원할 것으로 기대된다. 지난 몇 년간 데이터 기반 예측 분석은 제약 부문에서도 상당한 효과를 이끌어냈다. 머크Merck가 후원한 과제에서 딥러닝에 힘입은 알고리즘을 활용하여, 약물 개발에 쓰일 수 있는 잠재적인 분자를 확인한 바 있으며, 최근 휴스턴 감리교팀은 병원의 환자 차트를 인간보다 30배 빠른 속도로 분석하여 유방암 위험을 예측하는 텍스트 분석 알고리즘을 개발하기도 하였다.

빅데이터를 이용한 다양한 연구사례들도 나오고 있다.

미국의 경제학자 조나단 레빈Jonathan Levin은 2012년 〈The Economics of Internet Markets〉 라는 논문에서 가격이론이 아닌 빅데이터를 통해 이베이eBay의 가격형성 원리를 분석하였다. 또 제임스 파울러James Fowler와 그의 동료들은 2012년 〈A 61-million-person experiment in social influence and political mobilization〉 논문에서 빅데이터를 통한 유권자 분석을 하였다. 버러바시 알베르토 라슬로Barabási Albert–László와 동료들의 2010년 〈Modelling the scaling properties of human mobility〉 논문에서 실시했던 휴대폰의 GPS 빅데이터를 이용하여 사람들의 위치를 예측하는 연구도 있었고, 라즈 체티Raj Chetty와 동료들의 2012년 〈The Long-Term Impacts of Teachers: Teacher Value-Added and Student Outcomes in Adulthood〉 논문에서는 학군데이터School District Data와 국세청 데이터Tax Records를 묶어 '어떤 선생님이 좋은 선생님인가?'를 분석한 연구도 이루어졌다. 통계학자 앤드류 겔만Andrew Gelman과 동료들의 〈What is the probability your vote will make a difference?〉 논문에서의 여론조사 데이터를 통한 미국 대통령 선거결과 예측 연구도 있었다.

이번 파트에서는 빅데이터에 대한 지나친 맹신에 대해 비판적 시각을 가지고서 객관적으로 빅데이터를 생각해보고자 한다.

빅데이터 자체는 문제가 없다. 다만 빅데이터를 자신의 이해관계를 위해 이용하고, 빅데이터의 능력과 잠재력을 과도하게 부풀리는 사이비들이 문제다. 빅데이터를 통한 분석은 누구에게나 중요한 자원이지만, 빅데이터는 결코 만병통치약은 아니다.

연구자가 단 한 편의 논문을 올리는 것만으로 큰 명예로 여겨지는 네이처Nature지에 이례적으로 구글 연구원들이 작성한 〈Defecting influenza epidemics using search engine query data〉 이 실린 적이 있었는데, 이 내용을 한 줄로 요약하자면 '우리가 미국 정부보다 일주일 빨리 감기 전염률을 예측했다'는 것이다. 2009년에 구글에서는 전 세계 사람들이 입력하는 검색어를 이용하여 감기의 전염률을 측정하는 실험을 실시하였다. 구글은 감기와 상관관계Correlation가 있는 검색어들의 검색 빈도를 살펴봄으로써 그 지역에 감기가 얼마나 유행하고 있는지 알아내었고, '감기 관련 검색이 빈번한 지역에서는 전염률도 높다.'는 결론을 냈다. 실제로 구글은 미국 정부 소속인 질병통제예방센터CDC, Centers for Disease Control and Prevention보다 약 1~2주 빨리 감기의 전염률을 예측했다.

그러나 네이처 학술지에 실리면서 빅데이터의 위용을 떨치고 자신만만하던 구글은 2년 후에 큰 망신을 당하게 된다. 그 이유는 구글이 지속적으로 구글트렌드를 이용해서 감기 전염률을 예측해온 것이 어긋나기 시작했기 때문이었다. 그래프에 따르면 구글은 2013년에 실제보다 약 2배 초과해서 전염률을 예측해버리는 오류를 범하고 말았다.

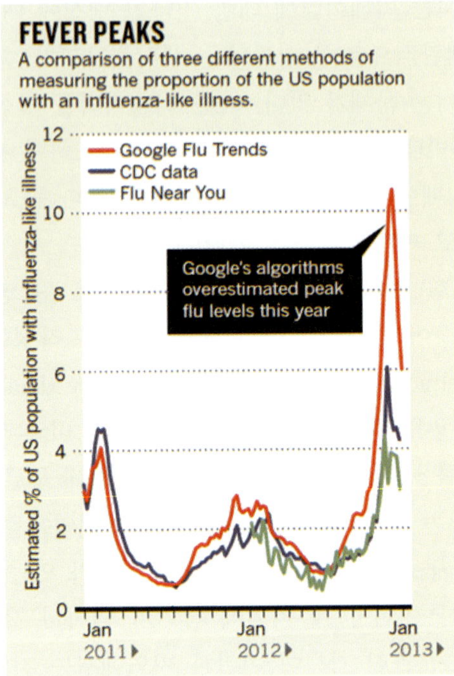

예측이 어긋난 가장 큰 이유로는 2012년에 미국에서 발령한 독감 비상 때문이라는 의견이 지배적이다. 독감 비상이 발령되면서 감기에 걸리지 않은 사람들도 감기와 관련된 검색을 더 많이 하게 되었고, 이를 오해한 구글트렌드가 감기 전염률을 과대 측정한 것이다. 통계학자들 사이에서 통하는 '상관관계는 인과관계가 아니다'는 유명한 말을 바로 이 사례에 빗댈 수 있겠다. 구글의 오판 사례는 Theory-free, 즉 이론으로부터 자유로워지자는 주의가 잘못된 결과로 나타났을 때 오히려 독이 될 수도 있음을 시사한다.

빅데이터의 본질

앞선 사례를 보듯이 빅데이터에 대한 가장 큰 오류 중 하나는 빅데이터를 통해 미래를 예측할 수 있다는 주장이다. 과거의 데이터로 미래를 예측할 수 있다고 주장하는 것은 명백한 오류다. 맞을 수도 있지만, 틀릴 수도 있고 오히려 틀릴 가능성이 더 크기 때문이다. 국내 모 대기업에서도 빅데이터를 통해 신입사원을 채용하기 위해 우수한 성과를 낸 직원들의 과거 자기소개서를 분석하였다. 그래서 텍스트 마이닝을 통해 데이터베이스화를 진행하였고, 성과가 좋은 직원들의 과거 자기소개서를 분석하여 많이 쓰인 특정 단어를 발견했다. 그래서 그 단어를 자기소개서에 많이 쓴 신입사원을 뽑자는 결론을 내렸다.

그러나 이 과정 역시 문제가 많다. 만약 그 특정 단어가 '노력'이었다고 한다면, 노력이 원인에 따른 결과, 즉 성과로 직결된다고 보기엔 근거가 부족하다. 또 과거에 좋은 성과를 낸 직원들이 있다면 그 직원들의 공통된 특징을 찾아내서 신입사원들에게 교육을 하면 된다.

더 큰 문제는 평균이나 표준에서 벗어나는 창의적인 인재의 성장을 이 프로그램이 막아버릴 수도 있다는 것이다. 실제 모 대기업 계열사 관계자 역시 안 그래도 직원들이 너무 표준화되었다는 걱정이 있었는데, 이 프로그램으로 직원을 채용하게 되면 더 평균적인 사람들만 입사하게 될 것이라고 우려했다.

상관관계라는 것은 두 변수 간에 어떤 선형적인 관계가 있는지를 나타내는 척도이다. 아래 문장을 보고, 빅데이터가 맞는 것인지 한번 생각해보자.

돈이 많은 사람들이 더 행복하다는 조사 결과가 나타났다.

둘 사이에 어떤 '인과관계'가 있는지 더 고민이 있어야 한다. 돈이 많은 게 어떤 식으로 사람의 행복에 영향을 미치는지, 인과관계가 명확히 밝혀지기 전까지는 돈 많은 사람들은 항상 행복하다는 명제를 함부로 단언하기가 어렵다. 이렇게 빅데이터를 활용한 이런 식의 분석과 활용은 항상 '상관관계'의 한계 속에 갇혀 있다. 좀 더 정확한 분석을 위해서는 인과관계를 면밀히 조사하는 것이 필요하다.

데이터가 보여주는 것은 어디까지나 현상, 즉 겉모습일 뿐 그 관계를 보여주지는 못한다. 상관관계는 인과관계로 해석하기 위한 힌트를 제공한다. 모든 통계에서 보여주는 데이터 관계는 상관관계이다. 인과관계를 해석하는 것은 통계 프로그램의 계산도 아니고 데이터 그 자체도 아니다. 데이터의 인과관계는 사람들이 스스로 파악해야 하는 것이다.

데이터를 묶을 때도 주의해야 한다. 무조건 데이터를 묶는다고 좋은 것이 아니라, 잘 묶는 게 좋은 것이다. 뇌의 신경계를 이루고 있는 뉴런Neuron이 잘 뭉쳐지면 뇌가 되지만, 건전지를 묶어봐야 쓸모없는 고철덩어리가 된다. 묶더라도 필요한 것끼리 잘 묶어서 쓸모 있는 것으로 만드는 것이 중요하다. 이때 데이터를 묶는 과정에 직관과 통찰력이 필요하다.

과거를 통한 미래 예측, 기계학습과 인공지능, 그 바탕은 통계학이다. 새로운 비즈니스 로직을 개발하려고 할 때 통계학은 어떤 도움을 주는가? 전체적인 관점을 조망하고자 할 때 어떻게 통계학을 사용할 것인가? 수많은 변수, 측정 데이터, 인공지능은 비즈니스 로직을 정의하지 못 한다. 설사 가능하더라도 그건 과거의 경험을 크게 벗어나지 못한다.

시장점유율이 엇비슷한 검사기기 제조업체 A, B가 있었다. 두 제품의 성능과 가격은 비슷한데, A사의 제품은 제품을 구성하는 잡다한 장치들이 예쁜 케이스들에 다 가려져 아주 깔끔했다. 반면 B사의 제품은 배관이나 센서 등 제품의 내부 구조가 그대로 더 보여 지저분한 느낌까지 있었다. 두 제품 가운데 5년 후 어느 쪽의 시장점유율이 높아졌을까? 당연히 B사의 시장점유율이 높아졌다. 그런데 B사 제품의 시장 점유율이 더 높아진 이유는 무엇일까?

B사 제품은 내부 구조가 훤히 보이기 때문에 고객이 보다 편리하게 제품을 사용할 수 있도록 B사에서 계속 연구하였다. 그리고 연구를 통해 얻은 결과를 다음 신제품 개발에 멋지게 활용하였다. 연구와 개선을 거듭한 B사 제품은 고객들의 찬사를 받았고 시장점유율에서도 A사를 크게 앞질렀다.

여기서 본질은 무엇인가? 본질은 바로 기기 제조업체와 기업 고객 사이에 숨어 있는 다양한 본질적 요소 간의 상호관계이다. 고객이 제품을 구매할 때 디자인 요소는 그다지 중요하지 않았다. 눈에 보이는 현상에 현혹된 채 문제의 본질을 보지 못하면 잘못된 결과를 도출해버리기도 한다.

일을 제대로 하기 위해서는 언제나 현상 뒤에 숨어있는 본질을 꿰뚫어 보는 힘, 즉 통찰력이 필요하다. 통찰력의 핵심은 본질에서 생각하는 것이고, 본질에서 생각하지 않으면 올바른 해답이 절대 나오지 않기 때문이다. 성과를 내는 사람과 내지 못하는 사람의 차이도 전적으로 '본질을 꿰뚫어볼 수 있느냐, 없느냐'에 달려있다. 본질을 보지 못하고 눈에 보이는 '현상'만으로 판단한다면, 절대 올바른 의사결정을 할 수 없고, 당연히 좋은 성과로 이어지지도 못 한다.

6장

데이터의 진실

빅데이터는 단순히 규모가 큰 데이터를 의미하지 않는다. 빅데이터란 처리의 난이도가 큰 데이터이다. 또 데이터가 더 많다고 해서 더 많은 인사이트를 얻는 것이 아니다. 그 중에서 의미 있는 데이터를 잘 선택하는 것이 더 중요하다. 그리고 빅데이터 분석이 소셜 데이터 분석을 의미하는 것도 아니다. 소셜 데이터는 빅데이터 소스 중 일부이다.

빅데이터 분석의 핵심은 미래 예측에 있지 않다. 오히려 현 상황의 올바른 이해와 최적화가 핵심이다. 성공적인 빅데이터 분석은 신기술 이해와 적용에서 시작되는 것이 아니라, 명확한 목표 설정과 분석을 하는 사람과 기계의 협업이 성공을 좌우한다. 빅데이터 처리에 반드시 하둡을 사용해야 하는가? 하둡은 필요할 때 사용되는 도구이다. 빅데이터 기술이 거대 IT시장을 만들 것인가? 빅데이터 가치를 서비스로 연결한 소수만이 성공할 것이다. 빅데이터 분석은 분석 전문가와 경영자를 위한 것이 아니라, 빅데이터 가치 평가와 최종 수혜자는 일반인들인 우리 모두가 되어야 한다.

데이터가 중요한 것은 이제 세상 모든 사람들이 알고 있다. 저명한 국내외 학술지들은 빅데이터 특집을 계속 다루고 있을 정도이다. 데이터는 새로운 신이 될 수 있을까?

빅데이터란 무엇일까? 빅데이터는 정말 큰 데이터일까? 그렇다면 어느 정도로 커야 할까? 정해진 기준은 없다. 왜냐하면 빅데이터라는 것은 시간이 흐름에 따라 데이터가 계속 축적되는 존재이기 때문이다. 그렇기 때문에 앞으로도 계속 커질 것이다. 인간 유전자 지도 데이터를 예로 들어보면, 약 30억 개의 유전자를 나열해서 적으면 700MB 용량의 CD 1장에 담을 수 있다. 문제는 인간 유전자 지도를 만드는 작업 과정이다. 유전자를 나열해서 적으면 간단하겠지만, 실제 작업은 DNA 정보를 하나하나 쪼개서 복사해서 붙이는 과정이며, 그러다 보니 겹치는 부분들이 생겨 220GB 정도로 데이터가 커진다.

이는 빅데이터 분석이 잘못된 결과로 나타났을 때 독이 될 수도 있음을 시사한다. 그렇다면 어떻게 하는 것이 중요할까? 데이터를 서로 연결시켜 흔들리지 않게 무겁게 만들어야 한다. 내용 검토 없이 숫자만을 맹신하는 것도 문제가 될 수 있다.

간혹 사람들이 위험Risk과 불확실성Uncertainty의 차이를 제대로 알지 못하는 경우가 있다.

우선 **위험**에 대해서 살펴보자. 미국의 경제학자 프랭크 나이트Frank Knight는 1921년에 위험을 최초로 규정하였는데, 그가 내린 정의를 따르자면 다음과 같다.

포커게임을 한다고 했을 때, 상대가 이빨 빠진 스트레이트[18]를 가지고 있고, 스트레이트를 완성하지 못하면 내가 이기는 상황을 가정해보자. 이때 상대방이 스트레이트를 완성할 확률이 11분의 1이라면, 바로 이 11분의 1이 위험이다. 즉 위험은 정성적인 기준으로 정량적인 측정이 가능한 확률이 있는 상황에 대해 불리한 상황의 확률을 뜻한다.

불확실성은 측정하기 어려운 위험이다. 예측하지 못하는 미래만큼 불안한 것이 없다. 그래서 위험분석은 가능한 영역이지만, 불확실성분석 같은 말은 존재하지도 않는다.

객관적Objective, 주관적Subjective이라는 용어는 조심스럽게 사용해야 한다. 객관적이라는 말은 계량적Quantitative이라는 말과 동의어로 사용되는 경우도 있는데, 사실은 그렇지 않다. 객관적은 개인적 편향과 편견 너머에 있는 진리를 바라본다는 뜻이다. 그런데 사실 인간의 판단이 있는 곳에서는 언제나 편향이 있게 마련이다. 필자가 발간했던 《통계적 사

18) 포커에서 스트레이트(예: A, 2, 3, 4, 5 등) 중 한 가지 패만 빠진 상황.

고 중심의 경영혁신》에서 사후 확신 편향Hindsight Bias을 설명한 적이 있었는데, 아래 글을 예시로 설명해보겠다.

유로화 강세로 인하여 독일의 주가가 떨어졌다. 이유는? 유로화가 강하면 독일 기업의 수출 상품 가격이 상승하고, 판매량이 감소한다. 시장은 기업들의 매출 감소를 예상하고, 따라서 주가는 하락한다.

어떠한가? 읽어보니 앞뒤가 맞고 타당한 내용인 듯하다. 만약 보유하고 있는 주식이 있다면 왠지 처분해야 할 것 같다. 그렇다면 이번엔 다음 글을 읽어보자.

유로화 강세로 인하여 독일의 주가가 올랐다. 이유는? 유로화가 강하면 독일 기업의 수입 상품 가격이 하락한다. 특히 독일 경제의 원료인 원유가 싸져 독일 상품이 더 저렴해진다. 그 결과 국내 소비 및 내수 시장이 활성화되면서 기업들의 매출 상승이 예상되고 주가도 날개를 단 듯 상승한다.

첫 번째 글과 마찬가지로 이 글도 타당하게 보이지 않는가? 그래서 유로가치가 상승한다는 정보를 듣자마자 주식을 더 사야할 것 같지 않은가? 이처럼 사후 확신 편향은 사건 전에는 알 수 없는 징조나 단서 같은 것을 사건 이후에 알고 난 다음에 '그럴 줄 알았다'라고 하듯이 사전에 예측할 수 있었던 것처럼 착각하는 상황이다.

정보의 양이 아무리 넘쳐나더라도 우리가 실제로 아는 것과 우리가 안다고 생각하는 것 사이에는 격차가 있으며, 또 그 격차는 점점 더 벌어지고 있다. 어떤 때는 정밀한 예측이 정확한 예측으로 가장하기도 한다. 예를 들어 가지고 있는 줄자로 아무리 측정을 반복한다고 해서 그 줄자가 정확한지 아닌지 여부는 알 수 없다. 그런데도 우리는 많은 영역에서 부지런히 측정하고서는 그 측정 데이터는 신뢰할 만하다고 말한다. 이유는 고작해야 아까 측정했을 때와 비슷하다는 것이 전부다. 완전히 똑같지도 않고 비슷한 상황에, 그것도 재현성이라는 그럴듯한 용어로 반복 측정한 결과로서 말이다. 그런데 애초에 그 줄자가 정확한 측정 장비가 아니라면 어떻겠는가? 그리고 인공지능에 이와 같은 부정확한 데이터를 학습시키면 어떻게 되겠는가? 쓰레기가 들어가면 쓰레기가 나오는 법이다.

예측은 어떤 일이 언제 그리고 어디에서 일어날 것인지 구체적이고 명시적으로 말하는 것이다. 예를 들어 '대규모 지진이 2월 23일에 일본 도쿄를 강타할 것이다'와 같은 말이 예측이다. 반면 예상은 확률적 진술이며 대개는 장기적 차원의 발상이다. 예를 들면 '지진이 30년 안에 일본 도쿄 남부 지역에서 일어날 확률은 80%이다' 같은 말이 예상이다.

그러나 지진을 예측할 수 없듯이, 인공지능이 이 세상을 어떻게 바꿔갈 것인지도 예측할 수는 없다. 이 책은 예측에 관한 책이지, 예측을 하는 책은 아니다. 인공지능 시대에 어떻게 우리가 사는 세상이 바뀔 것이고 우리의 일상이 바뀔 것인지, 지금 알고 있는 직업들 중 어느 직업이 사라지고, 또 어떤 직업이 생겨날 것인지 그리고 대비해야할 것들은 무엇인지, 예측할 수는 없지만 예상할 수는 있다. 그리고 이러한 것들을 긍정적으로 올바른 방향으로 인공지능이 다가오는 미래가 밝은 미래가 되도록 애쓰는 전문가 집단이 바로 호모데이탄이다.

통계와 관련된 명언 중에 "나는 내가 직접 작성하지 않은 통계는 결코 믿지 않는다"라는 말이 있다. 이 명언은 통계 자료에 대한 불신을 강조할 때 사람들에게 즐겨 인용되는데, 이 말은 윈스턴 처칠Winston Churchill이 했다고 알려져 있다. 그런데 독일 통계청 직원인 베르너 바르케Werner Barke는 이 명언의 출처에 의문을 품었고, 처칠이 정말 이 명언을 말했는지 확인해보기로 하였다. 그는 《현대 인용구 팔켄 대백과사전》을 펴낸 팔켄출판사와 영국 통계청, 타임스The Times 등에 문의하였고, 그 결과 그들로부터 '처칠의 해당 인용구에 관한 정확한 사실을 다룬 기록은 없다'라는 답을 받았다.

사실 윈스턴 처칠은 통계와 양적인 분석의 가치를 인식한 최초의 현대 지도자다. 처칠의 행보들을 살펴보면 그가 했다는 명언과 달리 그가 수치나 자료, 검증 가능한 정보 등을 유난히 선호했음을 알 수 있다. 처칠은 독일군의 통계처럼 통계가 쉽게 조작될 수 있다는 문제를 잘 알고 있었지만, 그럼에도 그는 통계의 친구이자 통계를 존중한 지도자였다. 그렇다면 위의 그 명언은 어디에서 유래한 것일까? 통계를 전략적으로 이용했으며 다음과 같은 지시를 내린 사람이 유포한 것은 아니었을까? "유언비어를 유포하려면 공공기관, 보도기관 그리고 기타 기관을 포섭할 것이 아니라 유언비어의 출처를 철저히 숨겨야 한다" 이 말은 나치 정권의 입이자 독일 제국의 국민계몽 선전부 장관인 파울 요제프 괴벨스Paul Joseph Goebbels가 했던 말이다. 그는 윈스턴 처칠을 통계 수치를 조작하는 거짓말쟁이로 선전하라고 독일 언론에 수차례 지시한 것으로 알려져 있다.

"거짓말에는 세 가지 종류가 있다. 거짓말, 새빨간 거짓말 그리고 통계이다." 소설가 마크 트웨인Mark Twain의 명언이라는 이 표현은 마크 트웨인 덕에 대중적으로 알려졌다. 하지만 이 명언 역시 마크 트웨인이 한 게 아니라 영국 수상인 벤저민 디즈레일리Benjamin Disraeli가 한 말이며, 마크 트웨인은 단지 인용했을 뿐이다. 통계의 거짓을 지적하는 인용구 역시 거짓으로 드러났음에도 통계에 대한 불신은 여전히 사라지지 않았다. 통계를 믿을 수 없다면 의사결정을 할 때 무엇에 의지해야 할까? 객관적인 숫자 대신 그저 감을 믿고 결정해야 할까? 사실 우리를 속이는 것은 숫자가 아니라 우리 자신일지도 모른다.

통계 자료를 잘못 판단하거나 수치 자체를 무비판적으로 해석하고 성급하게 받아들이면서 실패하는 경우가 대부분이다. 이제는 데이터를 신뢰해야 하며, 신뢰할 만한 데이터를 만들고 사용해야 한다. 그리고 신뢰할 만한 데이터인지 아닌지를 판단할 수 있어야 한다.

전문가들은 단정적인 표현을 하지 않는다. 명성이 덜 한 사람일수록 예측을 할 때 큰 위험이 없으므로 자기 예측이 터무니없더라도 과감하게 예측할 수 있다. 틀리더라도 잃을 게 없으니까. 자기 예측이 터무니없더라도 이른바 '대박'을 노리고 행동하는 것은 합리적이다. 반대로 이미 상당한 명성을 쌓고 있다면 아무리 판단을 쉽게 할 수 있는 자료를 보더라도 과감하게 예측하는 것이 쉽지 않다. 이처럼 더 보수적인 예측을 하는 경우를 **합리적 편향**이라고 부른다.

외삽Extrapolation[19)]은 기본적으로 현재의 추세가 앞으로도 계속될 것이라는 가정을 전제로 한다. 빗나간 것으로 유명한 다수의 추측들은 이러한 가정을 너무 편한 대로 적용한 데서 기인한다. 예를 들어 19세기에서 20세기로 넘어갈 무렵 마차가 증가하면서 당시 전문가들은 마차를 끄는 말의 말똥이 도시를 덮을 수 있다는 예측을 했던 적이 있다. 1890년에 쓰인 어떤 글에서는 1940년대가 되면 말똥이 모든 도시의 거리에 2미터 높이로 쌓일 것이라고 예측했지만, 다행스럽게도 헨리 포드가 모델 T를 개발하여 생산하기 시작하면서 그런 일은 일어나지 않았다.

통계적 관점에서 보면 기하급수적인 증가가 일어나는 분야에서는 외삽 방법론을 동원하면 정확한 예측은 사실상 불가능하다. 외삽 방법론에 적절한 오차범위를 고려하여 분석을 수행한다 해도, 예측 범위가 넓어서

---

19) 자료에 나와 있지 않은 부분을 자료에 있는 부분을 이용하여 추정하는 방법론

유용한 예측은 될 수 없다. 한 예시로 '30대 남성의 평균 키는 1m에서 2m 사이다.'라는 명제는 100% 맞지만, 실상 의미는 없다.

과거의 데이터가 아무리 많아도 미래를 예측하는 것은 쉽지 않다. 일본의 후쿠시마 원자로는 빅데이터를 분석하여 진도 8.6 규모에 견디도록 설계되었다. 이는 당시 일어났던 진도보다도 높은 수준의 내진 설계였지만, 당연하게도 진도 9.1에는 견디내지 못했다. 진도 9.1의 지진은 전 세계에서도 극히 드물며, 누구도 이런 지진이 언제 일어날지 모르는 것이 사실이다. 그러나 분명한 것은 일본 과학자들이 열도에 9.1의 지진이 일어날 것이라는 가능성을 완전히 배제해버렸다는 점이다.

이처럼 과거에 일어나지 않았으므로, 미래에도 일어나지 않을 것이라고 잘못 판단할 수 있다. 정말 예측력이 있는 건 지극히 드물다. 무엇이 우연적이고, 무엇이 실제로 상관성이 있는지 알아내는 것도 무척 어렵다. 아이스크림 매출과, 더위를 먹어 병원을 찾는 사람 수 사이에는 분명한 상관관계가 있다. 둘 다 여름에 더 많이 발생하는 것이다. 하지만 두 변수 간에는 인과관계는 없다. 배스킨라빈스 아이스크림을 먹다가 더위도 함께 먹는 경우는 일어나기 어렵지 않을까?

경제전문가들은 예측을 할 때 예측구간을 설정하지 않는다고 한다. 아마도 전문성에 대한 대중의 신뢰도가 훼손될지 모른다는 두려움 때문일 것이다. 어쩌면 우리는 경제전문가에게 연민을 가져야 할지 모른다. 경제가 어디로 향할지 알기는 어렵기 때문이다. 어디서부터 예측작업을 해야 할지 모른다면 훨씬 더 예측하기 어렵다는 사실을 알아야 한다.

전문가들의 예측이라는 행위 자체가 예측 대상자들의 행동을 바꾸어 놓을 수도 있다. 이 영향은 예측을 정확하게 할 수도 있지만, 완전히 빗나가게 할 수도 있다. 독감이나 전염병 예측은 이 두 방향 모두에 영향을 미친다. 예측이 예측을 실현하는 것을 **자기충족적 예측**Self Fulfilling

Prediction이라고 한다.

이런 일은 선거에서 종종 일어나기도 한다. 예를 들어 여러 후보가 나선 선거에 대한 여론조사에서 실제로는 10%의 지지를 받고 있었던 특정 후보가 24%의 지지를 받아서 다른 후보들을 앞서고 있다고 발표하면, 그 후보에게 호의적인 기사가 줄을 잇고, 유권자들은 자신의 표가 사표(死票)가 되지 않게 하기 위해 그 후보를 선택할 가능성이 커진다. 실제로도 이런 식으로 자기예측을 실현하는 경우가 일어나고 있다.

질병과 여러 의학적 내용들도 자기충족적 특성을 많이 가지고 있다. 사람들이 특정 질병에 대해 많이 얘기할수록 증상에 대해 더 많이 알게 되고, 또 의사들은 그 질병을 더 많이 진단한다. 물론 여기에는 오진도 포함된다. 2020년 초에 창궐한 신종 코로나 바이러스는 어떨까? 인과관계가 전혀 없는데도, 뉴스 보도가 많아지면 해당 질병 보고 건수가 늘어난다.

이와 정반대의 개념으로 **자기부정적 예측**Self-Canceling Prediction이 있다. 이는 예측이 그 자체로 예측 내용을 약화시키는 경우다. GPS를 이용한 내비게이션으로 설명을 해보겠다. 만일 독자 여러분이 출장으로 인해 서울에서 울산을 간다고 하자. 울산으로 가는 데 크게 두 가지 경로가 있는데, 하나는 경부고속도로로 125.4km를 갔다가 당진영덕고속도로(청주-상주) 79.5km를 이용하고 상주영천고속도로로 92.2km를 가는 경로고, 다른 하나는 경부고속도로로 125.4km를 갔다가 당진영덕고속도로(청주-상주) 79.5km, 상주영천고속도로 92.2km를 이용하고 다시 경부고속도로로 48.6km를 가는 경로다. 내비게이션은 교통량이 상대적으로 적은 경로, 그러니까 시간이 더 짧게 걸릴 것이라고 예측하는 정보를 제시한다. 문제는 같은 시각에 많은 운전자들이 동일한 내비게이션 시스템을 사용할 경우 나타난다. 그 경로에 교통량이 몰리면서 상대적으로 빠르리라고 본 경로가 결과적으로는 더 느려진다. 실제로 뉴욕과 보스턴, 런던에서도 이런 문제들이 발생하고 있으며, GPS시스템이 때로는 생산성을 떨어뜨린다는 이론적 증거와 경험적 증거도 이미 나와 있다.

인공지능이 상관관계 말고 인과관계를 이해할 수 있을까? 데이터의 연결고리를 알 수 있을까? 현재까지 인공지능의 여러 이러한 시도는 실패했다. 우리가 우려하거나 기대하는 사람 수준의 인공 일반 지능은 아직은 먼 미래의 이야기이다. 유발 하라리Yuval Harari의 《호모데우스》에서 언급된 데이터 종교화도 있을 수 있는 일이라고 말할 수 있겠지만, 한국의 BTS만큼 수억, 수십억이 추종하고 따르는 심각한 종교는 되지 못할 것이다. 데이터 그 자체가 위대하기보다는 그 데이터를 분석해서 의미를 캐내는 사람이 위대하니까.

3부

디지털 트랜스포메이션

계획이 있어야 목표를 달성한다.

전쟁은 전략을 세워 놓고 하여라 (잠20:18)

7장 왜 디지털 트랜스포메이션인가?

8장 디지털 트랜스포메이션을 방해하는 9가지 요소

9장 디지털 트랜스포메이션 성공전략

부록 : 판다스 기초 문법

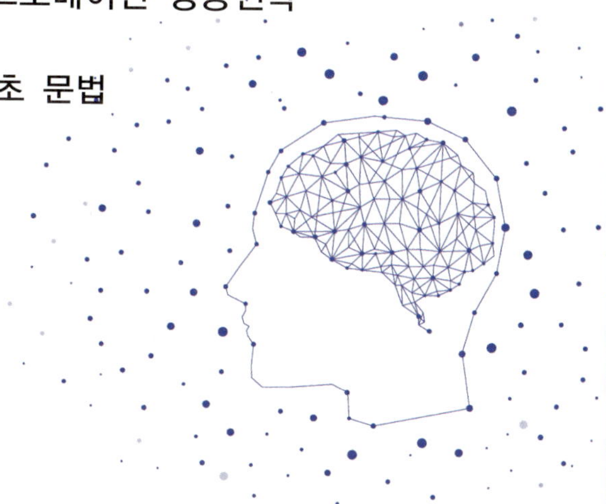

트랜스포메이션(Transformation)의
사전적 의미는 변화, 변신으로
기존에 추구해 온 변화보다 한층 높은 강도의
근본적인 변화와 변혁을 의미한다.

디지털 트랜스포메이션(Digital Transformation; DX)은
디지털적인 모든 것(All things Digital)으로 발생하는
다양한 변화에 디지털기반으로
기업의 전략, 조직, 프로세스, 비즈니스모델, 문화,
시스템을 근본적으로 변화시키는 경영혁신 전략이다.

디지털 트랜스포메이션의 정의

우선 디지털 트랜스포메이션을 어떻게 정의하는지 알아보자. 미국의 경영컨설팅 회사인 베인앤컴퍼니Bain & Company는 디지털 트랜스포메이션을 '디지털 엔터프라이즈 산업을 디지털 기반으로 재정의하고 게임의 법칙을 근본적으로 뒤집음으로써 변화를 일으키는 것이다'고 하였다. PwC프라이스워터하우스쿠퍼스는 '기업경영에서 디지털 소비자 및 에코시스템이 기대하는 것들을 비즈니스 모델 및 운영에 적용시키는 일련의 과정'이라고 하였고, Microsoft는 '고객을 위한 새로운 가치를 창출하기 위해 지능형 시스템을 통하여 기존의 비즈니스 모델을 새롭게 구상하고 사람과 데이터, 프로세스를 결합하는 새로운 방안을 수용하는 것'이라고 하였다. IBM은 '기업이 디지털과 물리적인 요소들을 통합하여 비즈니스 모델을 변화Transform시키고 산업에 새로운 방향을 정립하는 것'이라고 하였다. 세계경제포럼World Economic Forum에서는 디지털 트랜스포메이션을 '디지털 기술 및 성과를 향상시킬 수 있는 비즈니스 모델을 활용하여 조직을 변화시키는 것'이라고 하기도 하였다.

디지털 트랜스포메이션은 4차 산업혁명시대의 경영혁신의 새 이름

과도 같다. 디지털 기반으로 기존의 모든 시스템을 근본적으로 바꾸는 것을 의미한다. 이 경영혁신 전략은 기업의 영속을 위해 신사업의 발굴을 돕고, 일하는 방식과 문화를 바꿔갈 것이다. 다시 말하자면, 디지털 트랜스포메이션은 목적은 신사업 발굴의 기회를 포착하는 것과 기업의 일하는 방식과 문화를 바꿔나가 조직을 변화시키는 것이며, 데이터를 비즈니스 가치로 소프트웨어를 통해 전환하는 전략적 활동이다.

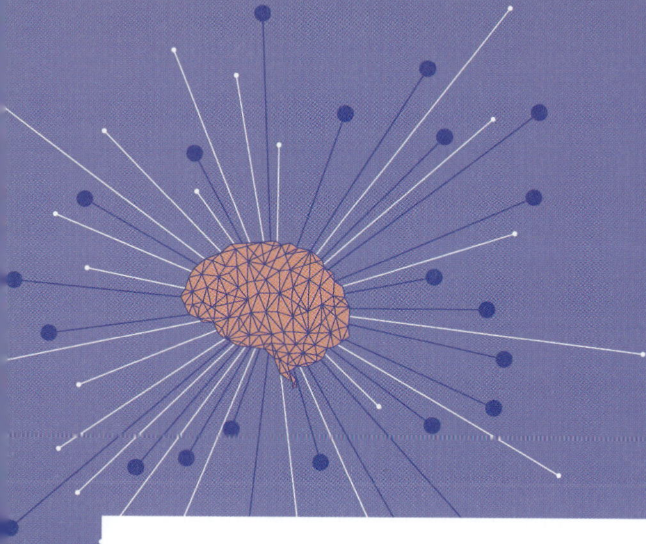

7장

왜
디지털
트랜스포메이션인가?

애플의 아이폰 3G 모델이 처음 등장했던 2009년, 노키아는 전 세계 휴대전화 시장의 41%를 장악하고 있던 절대강자였다. 1992년 처음으로 GSM[Global System for Mobile Communications] 전화기를 생산하기 시작한 노키아는 1998년 이후 13년간 휴대전화시장 세계 1위를 굳건히 지키며 누구도 넘보지 못할 것만 같은 아성을 쌓은 것처럼 보였다. 하지만 노키아는 스마트폰 시대로 접어드는 모바일 폰 시장에 빠르게 대응하지 못한 데다 스마트폰 운영체제 개발에 실패하면서 위기를 맞이했고, 결국 2013년 9월 휴대전화 사업부를 마이크로소프트사에 매각하고 말았다. 노키아라는 거대 공룡이 몰락하는 데 2년이 채 걸리지 않았다. 영원할 것 같았던 초우량 기업이 순식간에 몰락하는 일은 어떻게 가능했을까?

탈레스 테익세이라[Thales Teixeira] 하버드대 교수는 그의 저서 《디커플링[Decoupling]》에서 고객의 소비 활동에 존재하는 연결고리 중 약한 고리를 끊고 들어가 그 부분을 집중 공략함으로써 전체 고객가치 사슬을 새롭게 지배하려는 경쟁자의 등장을 경계해야 한다고 지적했다. 또 그는 한 인터뷰에서 "기존의 강자 기업들은 고객들에게 많은 가치를 제공하고 있지만, 고객들이 아쉬워하는 부분은 늘 존재할 수 있다. 디지털 혁신 기업들은 그 아쉬운 부분을 집중 공략하여 기존 강자 기업보다 나은 고객가치를 제공하는 것이다." 라고 언급하였었다.

노키아는 스마트폰, 터치스크린 등 여러 디지털 기술에 집중 투자하여 혁신기업상을 수차례 수상했었다. 하지만 디지털 기술 혁신에 집중한 노키아와 달리 디자인, 가격, 유저인터페이스 등 사용자 편의성에 집중적으로 초점을 맞춘 애플의 등장으로 한때 시장을 호령했던 노키아의 고객가치 사슬은 파괴되기 시작했다. 즉, 노키아는 고객 소비활동의 연결 고리 중 사용자 편의성이라는 중요한 연결고리를 애플에게 내어준 것이다. 이미 시작된 디지털 기반의 경쟁상황 속에서 새롭게 등장한 디지털 디스럽터[Digital Disruptor] 기업들은 매우 강력한 생태계로 고객들을 유혹하면서 기존 산업의 강자들을 위협하고 있다.

《디지털 대전환의 조건》의 저자이자 맥킨지&컴퍼니McKinsey & Company의 시니어 파트너인 아난드 스와미나탄Anand Swaminathan은 "디지털화는 거스를 수 없는 추세이다. 모든 기업과 개인에게 파괴적 혁신을 구현할 수 있는 자격을 부여했기 때문이다. 우리가 디지털을 활용하여 파괴적 혁신을 이행하지 않으면, 결국 파괴될 운명에 놓인다는 의미이기도 하다."라고 언급했다.

복잡성의 폭발

기업의 규모가 커질수록 고려해야 할 변수는 늘고, 작업은 더욱 어려워진다. 이 문제를 해결하지 못하면 기업이 커질수록 효율성은 오히려 떨어지는 **규모의 불경제**Diseconomies of Scale란 문제가 발생한다.

예를 들어 일본의 도요타가 생산하는 차종은 100종 이상이며 엔진의 종류만 800여 가지에 이른다. 자동차 1대에 약 30,000개의 부품이 들어가는 것을 감안하면 생산 공정의 품질 관리가 불가능한 상태였다. 이것을 **복잡성의 폭발**이라고 한다. 복잡성의 폭발은 도요타를 폐업의 위기로 몰고 갔던 2010년 대규모 리콜 사태의 근본적인 원인 중 하나였다. 《왜 다시 도요타인가》의 저자 최원석 작가는 "기업의 경우의 수와 제품의 경우의 수의 복잡성이 관리할 수 없는 단계에 이르면 원가 문제가 발생할 수 있고, 더 큰 문제는 제품에서 큰 결함이 발생할 가능성이 커진다는 점이다. 1000만 대 리콜 사태에서 겪었듯이 그런 사태가 반복되면 어떤 기업도 살아남을 수 없을 것이다."라고 복잡성의 폭발이 가져다 줄 위험성을 나타냈다.

복잡성의 폭발에 대한 위험성을 대비하기 위해 도요타가 선택한 방법이 바로 TNGAToyota New Global Architecture다. TNGA는 자동차의 각 기능에서 공통의 기능을 뽑아내어 이를 하나의 레고 블록처럼 설계하는 전략이다. 하부와 엔진 등 주요부품을 공용화할 수 있기 때문에 설계 기간과 생산 비용을 줄일 수 있다. 또 외관이나 내장 디자인 등은 많은 조합이 가능하기에 고객들은 더 많은 선택지를 가진다. 즉, 만드는 사람에게는 단순함을, 고객에게는 다양성을 제공하는 설계 전략이다.

TNGA와 유사한 개념인 폭스바겐의 MQB[20]가 이를 위해 생산 공정을 새로 지어야 했던 것과 달리, 끊임없는 개신활동으로 현장을 최적화한 도요타는 기존 설비의 부분 개조만으로도 TNGA를 실현할 수 있었다. 그 차이는 매출 대비 투자액 비교에서 선명하게 나타났다. 폭스바겐은 MQB 도입 이후 투자액 비중이 사상 최대 수준으로 급증했지만, 도요타는 TNGA 도입 이후 리콜 사태 이전보다 낮은 수준을 유지했다. 이는 도요타의 TNGA가 원가 면에서 폭스바겐보다 더 유리한 고지를 차지한 것을 뜻한다. TNGA는 혁신경쟁에서 도요타의 개선 역량이 강력한 무기가 된 사례이다.

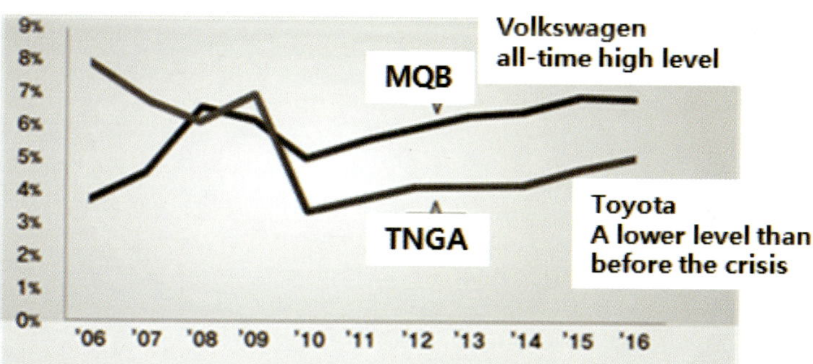

(출처 : www.google.com)

자사를 덮쳤던 최악의 위기들-2008년 리먼 쇼크, 2009년 슈퍼엔고, 2010년 대규모 리콜, 2011년 동일본 대지진과 태국 대홍수-에도 그

20) Modularer Querbaukasten(Modular Transverse Matrix)의 약자로, 횡(가로) 배치 엔진차량 전용 모듈 매트릭스.

위기들을 극복하고 2015년 사상 최대의 실적을 기록한 도요타. 그 마술 같은 부활의 비밀은 단 1초, 1cm를 줄이기 위한 끊임없는 개선과 혁신이었다.

기업의 핵심전략과 중요 의사결정에 인공지능이 도입된다면 어떨까? 폭스바겐의 실수 확률을 줄여 더 나은 방향으로 전략을 수립하여 추진할 수 있지 않았을까? 도요타의 성공사례를 인공지능에게 학습시켜서 더 높은 성장을 유도할 수 있는 전략과 방향을 수립해볼 수 있지 않았을까? 지극히 객관적으로 예측은 어렵더라도 예상은 되지 않을까, 생각해 본다.

생존과 성장을 위한 디지털 트랜스포메이션

신생기업들은 무서운 속도로 시장을 파괴하고, 새로운 기술의 등장은 산업의 경계를 허물고 있다. 디지털의 등장으로 이미 우리 삶의 많은 부분이 변하고 있다. 이는 곧 디지털 기술 기반으로 고객을 이해하고, 고객과의 소통방법과 기업이 일하는 방식, 나아가 조직구조와 인사제도를 넘어 궁극적으로는 기업의 문화까지 바꿔나가는 디지털 기반의 전사적인 혁신이 필요한 때임을 말한다. 이것이 바로 디지털 트랜스포메이션이다. 그렇다면 디지털 트랜스포메이션을 이룩하려면 어떤 핵심 기술이 필요할까?

여러 기술 중 비즈니스 모델에 직접적인 영향을 미치고 활용도가 높은 기술을 ABCD로 정리해볼 수 있는데, 바로 AI(인공지능), Block Chain(블록체인), Cloud(클라우드), Big Data(빅데이터)이다. 특히 이 기술들은 복합적으로 적용될 때 파급효과가 확대되고, 산업의 프로세스를 혁신할 수 있게 한다. 여기서 빅데이터는 바로 이 책에서도 언급했듯이 데이터 분석Data Analytics을 의미한다. 즉 인공지능을 통해 빅데이터로 혁신을 하는 것이 생존과 성장을 위한 디지털 혁명, 디지털 트랜스포메이션의 실체이며, 경영혁신의 새 이름이라고 할 수 있다.

대량의 정형 데이터뿐 아니라, 인터넷, SNS 등의 모바일 환경에서 폭발적으로 생성되는 비정형 데이터를 분석하고, 여러 요인들의 관계를 파악하여 과학적 의사결정을 할 수 있게 하는 기법이다. 인공지능은 컴퓨터가 인간의 지성이나 인지능력을 갖추어 상황을 분석하고 추론하여 이를 바탕으로 문제를 해결하고 학습하는 기능을 수행한다. 블록체인은 다수의 컴퓨터에 동일한 기록을 동기화하는 구조이다. 기존의 기록에 새로운 기록을 계속 추가해나갈 수 있어 블록체인이라고 부르는데, 여기서 블록이란 거래 내역 및 발생시간 등에 대한 내용을 암호화한 것으로, 순차적으로 연결된 일종의 데이터 덩어리로 볼 수 있다. 원산지 증명이나 위조 상품 방지 등에 활용이 가능하다. 사물인터넷IOT, Internet On Thing 기술은 모든 유/무형의 대상에 센서를 부착하여 수천억 개의 디바이스들이 연결되어 정보를 생성 및 수집하고, 실시간으로 데이터를 공유하고 활용하는 기술이나 환경을 의미한다. 스마트 팩토리, 자율주행 자동차 등에 활용된다. 또 데이터를 보유하는 대신 인터넷으로 연결된 가상의 서버에 저장해서 언제 어디서든 데이터를 이용할 수 있는 인프라인 클라우드 기술이 있다. 또한 자율주행, 가상현실 기술 등의 구현을 위해 필수적으로 필요한 통신인프라 5G 역시 디지털 트랜스포메이션의 핵심 기술로 주목받고 있다.

예를 들어 세계 최대의 유통기업인 월마트도 소비자가 요구하는 식품 안전과 원산지 증명을 위해서 블록체인 기술을 활용하였다. 월마트는 신선한 제품의 생산정보와 유통단계를 실시간으로 추적하고, 어떤 제품에 문제가 발생할 경우 해당 제품만 신속히 폐기 처분하는 효율적인 시스템을 구축하여 고객의 신뢰를 증가시키는 동시에 큰 호응을 얻었다.

커피를 팔던 회사가 느닷없이 디지털 회사Digital Company가 되겠다고 하거나 아니면 대형 은행이 은행업 허가를 가진 기술회사라고 정의하는 배경에는 새로운 경쟁자의 등장이 있다고 볼 수 있다. 디지털 디스럽터Digital Disruptor라는 경쟁자들이 한계비용 제로에 가까운 사업 모델을 가지고 각 산업에 등장함에 따라, 이런 회사들에 대한 대응을 하지 못한 상태에서는 더 이상 자사의 생존을 담보하기 어렵다는 자각이 생긴 것이다. 앞서 월마트가 다양한 디지털 기술들을 활용하게 된 배경 역시 아마존이라는 굉장히 강력한 경쟁자가 등장하면서 더 이상 예전의 방식대로는 10년 후의 생존을 보장받을 수 없다는 절실한 인식이 생겨났기 때문에 이 디지털 트랜스포메이션에 대한 생각을 시작한 것이라고 볼 수 있다.

밀레니얼 세대와 디지털 트랜스포메이션 시대가 동시에 왔다. 이는 굉장히 중요한 이슈다. 이전에 세대를 구분할 때 X세대나 Y세대도 있었지만, 이 밀레니얼 시대가 이전 세대와 다른 점은 밀레니얼 세대는 디지털 트랜스포메이션과 함께 글로벌Global로 시작했으며 앞으로 더욱 더 글로벌화가 진행될 것이라는 점이다. 이전의 X세대와 Y세대는 우리나라에만 있는 게 아니라 다른 나라에도 다 있었다. 다만 당시에는 디지털 트랜스포메이션이 없었기 때문에 그 나라에서만 X세대고 Y세대였을 뿐이었다. 한마디로 우리나라의 X세대와 미국의 X세대는 별로 공유할 게 없는, 단지 말만 같은 X세대일 뿐이다. 그런데 지금의 디지털 트랜스포메이션 시대의 밀레니얼 세대는 우리나라에서 밀레니얼 세대가 갖고 있는 가치관을 지금 이 순간에 미국이나 베트남에 있는 밀레니얼 세대들과 함께 공유할 수 있으며, 실제로 공유되고 있다.

밀레니얼 세대에 대한 이해가 없으면 시장을 공략하기가 매우 어려울 것이다. 그래서 전 세계 시장을 나가려면 밀레니얼 세대에 대한 이해를 더 많이 해야 하고, 전 세계의 밀레니얼 세대를 이해해야 하는 것이다.

어떻게 디지털 트랜스포메이션할 것인가?

기존 산업사회에서는 1위 기업이라고 해도 시장을 급속하게 무한대로 확대하는 것이 불가능했다. 시장을 확대하려면, 즉 시장점유율을 늘리려면 생산량을 늘리고 유통망에 대해 투자해야 되는데, 이런 것들은 많은 시간과 돈을 필요로 하는 일이었다.

그런데 디지털 시대가 도래하면서 천만 명을 대상으로 사업을 하는 모델이나 1억 명 또는 5억 명을 대상으로 사업을 하는 모델이 그 비용 면에서 크게 차이 나지 않게 되었다. 이런 것들이 디지털 쏠림 현상을 가능하게 만드는 요인이다. 기존 전통 강자들, 즉 각 산업에서 뚜렷한 강점과 경험, 자산을 가지고 사업을 하던 모델들은 이런 새로운 환경에서 그 강점들을 잃어버리거나 오히려 그 강점이 발목을 잡기도 하였다.

아마존처럼 새롭게 등장하는 디지털 기술로 무장한 기업이나 아니면 어제까지 존재도 모르다가 새로이 등장하는 중국 기업조차도 전 세계를 대상으로 순식간에 1억 명, 10억 명을 대상으로 사업을 전개할 수 있는 환경이 만들어지고 있다는 상황이 디지털 트랜스포메이션이 시급하다는 이유이다. 구글이나 우버Uber 그리고 페이스북 등 세계적인 디지털 트랜스포메이션을 아주 잘하고 있는 기업들이 실리콘 밸리에 많다.

그런데 그 기업들을 보고 있으면 어떤 기업이 네트워크 효과Network Effect 덕분에 현재 1등을 하고 있다면, 2등 및 3등, 나머지 패스트 팔로워Fast Follower가 아무리 쫓아가려고 해도 확연하게 격차가 벌어져있는 상황이다. 이 네트워크 효과를 가지고 있는 기업체가 고객을 추가적으로 확보하기 위한 한계비용도 거의 제로에 가깝다보니, 고객을 많이 확보할수록 수익성이 엄청나게 좋아지면서 각 산업에서 강한 면모를 보이고 있다. 그러나 이것은 비단 남의 일이 아니다. 이들이 사업을 확대하면서 우리 기업이 자리 잡은 사업 분야에 언제 들어올지 모르기 때문에 우리 자신도 더욱 더 경각심을 가지고 빨리 호모데이탄이 되어야 한다.

디지털 기술을 도입하여 경쟁에서 앞서가는 기업들은 크게 2가지 영역에 집중하여 성과를 만들어가고 있다.

첫 번째는 고객 가치의 재구성이다. 즉 고객에게 새로운 경험을 제공하는 데 있어 디지털 기술을 활용하는 것이다. 고객 가치의 재구성은 3단계로 나눌 수 있는데, 우선 디지털 기술을 활용하여 기존 상품이나 서비스를 보강하는 것에서 출발한다. 예를 들어 레고는 블록 모형과 디지털 게임을 결합한 신개념 레고를 개발하였고, LG전자는 냉장고나 에어컨 등의 가전제품을 스마트폰과 연결해 편리한 고객경험을 제공하는 ThinQ를 출시하여 고객의 다양한 데이터를 축적하고 있다.

다음 단계는 디지털을 통해 새로운 수익원을 만드는 것이다. 축적된 고객 데이터 기반 부가서비스를 제공하는 아마존 프라임은 연회비가 119달러에 이르지만 전 세계에서 1억 명이 가입했으며, 아마존은 이 서비스를 통해 약 14조 원의 매출을 기록하고 있다.

마지막 단계는 디지털 혁명의 가능성을 극대로 실현하기 위해 고객 가치 제안을 완전히 새롭게 재정의하는 단계이다. 금융이나 유통기업들처럼 가치 사슬의 해체가 빠르게 진행되는 산업에서는 기존 강자들이 차별화와 생존을 위해 고객가치를 새롭게 정의하면서 본래의 강점을 모두 버리고 완전히 탈바꿈한 모습으로 변모하는 모습이 생기고 있다.

가장 대표적인 사례가 바로 싱가포르의 DBS은행이다. 디지털 트랜스포메이션에 대한 니즈Needs는 첫째로 디지털 상품에 대한 니즈, 나아가 인도와 인도네시아와 같이 성장하는 시장에서 비롯되었다. 둘째, 영업점을 두지 않는 알리바바, 위챗WeChat과 같은 핀테크 강자 그리고 다른 은행들보다 앞서고 점유율을 뺏기지 않기 위해 디지털 트랜스포메이션을 이행했다. 바로 고객들을 위해 Everyday Banking Service를 제공한 것인데, 모바일 앱으로 제공하여 결제, 대출, 물품 구매 등의 일상의 은행 업무를 단일의 은행 앱으로 가능하게 하였다. 이것이 DBS의 디지털 사업의 주요 핵심이다. 은행 업무와 관련해서 다른 앱을 이용하지 않고 이 앱 하나로만 은행 업무의 니즈가 해결되며, 카드 발급 및 분실, 현금 대출신청 등도 처리된다. 바로 이 점이 DBS가 창출한 고객 가치였다. DBS만의 차별점은 기술을 수용하여 고객에게 가장 큰 효과를 발휘하도록 했다는 점이다. 즉, 최고의 기술로 최고의 고객 경험을 선사하며 두 마리 토끼를 다 잡은 것이 차별 전략인 것이다.

대한민국 경제와 함께 성장해왔다고 볼 수 있는 포스코는 끊임없이 변화하고 혁신하여 사회 공동체 발전에 기여한다는 기업 이념을 가지고 있다. 이미 2015년부터 포스코는 스마트팩토리, 즉 지능형 생산체계 구축을 시작하였고, 이에 따른 IT인프라 투자를 지속하였다. 철강업의 당면한 여러 문제를 극복하기 위한 돌파구를 찾은 것이다. 포스코는 2017년부터 빅데이터 경진대회 및 인공지능전문가 양성을 시작하였고, 2019년에는 성과 중심의 과제를 수행하는 데 주력하여 직접적인 공정 개선 과제를 추진하고 있다. 축적된 도메인 지식과 ICT 기술의 융합으로 새로운 가치를 창출하고 있고, 그 중심에 인공지능으로 모든 공정을 최적화하고 자동 제어하는 기술이 활용된다. 스마트 팩토리 추진요소

중 성공요인으로는 포스코 스스로 공개하고 있는 기반 기술은 50년 동안 축적된 철강 기술, 경험, 노하우와 제어기술을 통한 설비 자동화 및 데이터 수집, 분석 시스템 그리고 마지막으로 6시그마와 데이터마이닝 등의 통계분석과 수식제어모델이다. 인공지능 전문가를 육성하고 이를 통하여 인공지능 등의 신기술을 공정에 접목하여 인프라를 구축하여 고도화된 지능형 제철소를 추구하고 있다.

포스코는 2019년에 인공지능전문가 교육을 실시하여 총 568명을 교육하였고, 이 중 전문가로 31명이 양성되었다. 체계적으로 기초, 중급, 전문가 과정을 운영하는데, 전문가 과정은 4~5개월의 집체교육으로 이루어지며, 우수 엔지니어에게는 선발 후에 고성과 과제를 우선 추진하게 한다. 포스코는 인공지능 기술을 통해 지속적인 혁신과 도약으로 철강 종합경쟁력 1위를 유지하겠다는 초격차 경영을 하고 있다.

디지털 트랜스포메이션은 모든 산업계에 큰 변화와 함께 파급력을 전하고 있다. '고객이 필요한 것은 은행 서비스이지, 은행이 아니다'라는 위기의식에서 시작된 DBS은행의 전사적인 디지털화는 몇 개의 상품이나 서비스를 디지털화하는 데 그친 타 은행과는 다르게 디지털 뱅킹을 완전히 전환하고 시행했다. 그 결과 빠르게 디지털화되어가는 고객의 사용환경에 적합한 디지털 뱅킹을 제공한 성과로 인해 2016년 월드베스트뱅크로 선정되었다.

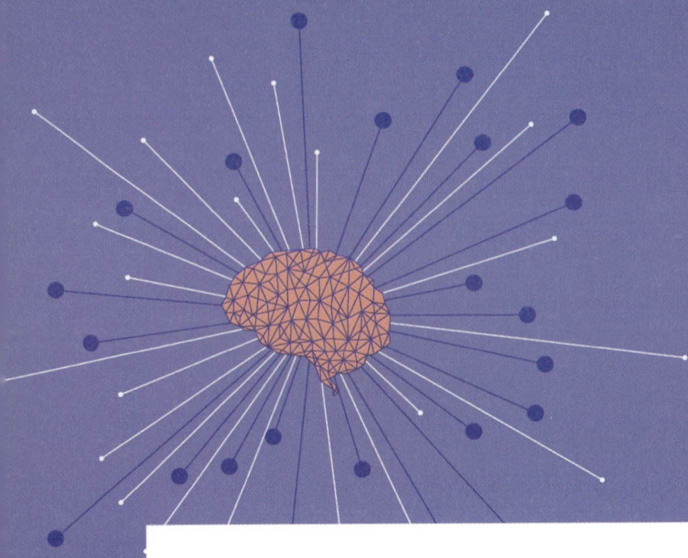

8장

디지털 트랜스포메이션을 방해하는 9가지 요소

이 장에서는 디지털 트랜스포메이션을 방해하는 9가지에 대해 소개하고자 한다. 호모데이탄이 경계해야 할 사항들이기도 한데, 대부분은 마인드에 관한 것이다. 우선 이 9가지는 이렇다.

① 현상의 반대를 결론으로 삼는다.
② 일반론에 만족한다.
③ 프레임워크에 의존한다.
④ 카테고리에 빠진다.
⑤ 키워드에서 생각을 멈춘다.
⑥ 초기 가설을 고집한다.
⑦ 생각하는 목적을 잃어버린다.
⑧ 프로세스만 돌린다.
⑨ 주체성을 잃어버린다.

그러면 지금부터 하나씩 간단하게 살펴보자.

① 현상의 반대를 결론으로 삼는다

피곤하다. (그러니) 휴가를 내자.
제품이 잘 안 팔린다. (그러니) 어떻게든 팔아야 한다.

위의 문장에서 제시된 해결책들은 일시적인 해결책이다. 문제의 원인이 다양함에도, 단순히 지금 현상의 반대로만 대답하는 것은 현상 뒤에 숨어있는 본질을 보지 않고 뚜껑을 덮어버리는 일이다.

* 나의 생각 써보기 *

② 일반론에 만족한다

<u>살이 쪘다. (그러면) 식사량을 줄이자, 운동을 하자.</u>

다이어트를 하지 않는 현상 뒤에 뚱뚱하다는 현실에 눈을 감아버리는 본인이 있다. 무작정 식사량을 줄이거나 운동하기보다는 현관 앞에 체중계를 두고 매일 체중을 재는 개별적이고 구체적인 행동이 실효적이다. 기업도 일반론에 만족하고 생각을 멈추면 앞으로 나아가지 못한다. 기획서나 사업계획서에서 문장의 주어를 다른 사람이나 다른 회사로 바꾸었을 때 무난히 잘 읽히면 일반론일 가능성이 높다.

* 나의 생각 써보기 *

③ 프레임워크에 의존한다

기업경영과 전략에 도움이 되는 각종 분석도구들이 있다. 대표적인 프레임워크가 SWOT이다. 그런데 이는 'What'을 찾아내는 효율적인 도구일 뿐인데 만능 툴로 사용되고 있다. 정보를 정리한 것만으로 깊이 생각했다는 착각을 일으킨다. 통찰력 사고에 도움이 되어야 할 프레임워크가 오히려 생각에 방해가 될 수 있다는 것을 잊지 말자.

* 나의 생각 써보기 *

④ 카테고리에 빠진다

그 사람은 논리적이야 → 당연하지, 이공계 출신이니까
그 사람은 참 세련됐어 → 맞아, A대학을 나왔거든
요즘 A사의 실적이 안 좋대 → 제조업이니까 어쩔 수 없지
B사는 좋은 인재를 채용하지 못해 → 중소기업이라서 그래

카테고리로 분류했다고 해서 논리적으로 설명되는 것은 아니다. 마케팅 믹스 4P, 마케팅 믹스 3P, 4C 마케팅 믹스, 3C분석, STP 전략, PEST분석, 5F 산업분석, Value Chain 분석, BCG 제품분석 Matrix. 'What'만 분류하는 프레임보다는 낫지만 여전히 '왜 그런가?'에 대한 직접적인 대답은 전혀 나오지 않는다.

* 나의 생각 써보기 *

⑤ 키워드에서 생각을 멈춘다

'차별화'
'경쟁 우위'
'고객 만족도', '고객 가치'
'BPR이 CRM보다 중요하다'
'블루오션을 찾아라'

키워드는 조직 전체가 하나의 목표에 초점을 맞출 수 있게 하는 힘이 있다. 그러나 대부분 고객을 위한 새로운 가치를 발견해야한다는 논의에 그치거나 키워드 자체에 매달리는 것이 문제가 된다. 적절한 키워드를 발견한 것만으로 이해했다거나 문제가 해결되었다는 착각에 빠지고, 사고가 정지되어 더 이상 진척되지 못한다.

* 나의 생각 써보기 *

⑥ 초기 가설을 고집한다

가설사고를 할 수 있을 정도면 비교적 수준 높은 생각을 하고 있다는 뜻이며, 또 좋은 습관을 가지고 있는 것이다. 전문가나 숙련된 컨설턴트들의 가설도 인간의 창조물이다. 새로운 정보나 발견에 의해 모든 것은 발전하고 변하는 것이 당연한데, 초기 가설만 고집하면 발전이 없다. 본질의 일부를 볼 수 있는 생각이 시작 단계에서 머무르는 상황이 계속된다.

* 나의 생각 써보기 *

⑦ 생각하는 목적을 잃어버린다

"그러나……", "하지만…….", "다만……."

'높은 양품률Yield Ratio이 회사의 비용 경쟁력을 강화하고 그 결과 이익률도 높아지고 있다.'라는 훌륭한 가설이 있다. 그런데 누군가가 "외국의 A사는 양품률이 낮음에도 비용 경쟁력이 강하고 이익률도 높다."라는 반론을 제기하였다고 해보자.

"외국은 인건비도 싸고, 규모도 작고, ⋯."
"그렇다면 양품률이 비용에 큰 영향을 주지 않는가?"
"양품률에 대한 정의가 두 회사에 같은가?"

생각에 대한 지나친 몰두는 생각을 위한, 생각에 의한 현상이 나온다는 부작용을 낳는다. 수집을 위한 수집이 되어 자신의 생각은 어디론가 날아가버리고, 현상의 표층에 머무르게 된다. 목적을 잊어버린 채 머리가 아닌 손과 입으로 일하는 사람들을 경계하자.

* 나의 생각 써보기 *

⑧ 프로세스만 돌린다

Q) 고객이 정말로 원하는 것은 무엇이라고 생각하나?
A) 앙케이트 조사를 실시하면 고객이 정말로 원하는 것을 알 수 있습니다.

Q) 신규시장 개척은 어떻게 되고 있나?
A) 다음 주에 다시 방문해서 기획서 내용을 더 자세하게 보강하려고 합니다.

이는 질문에 대한 진정한 답이 아니라 작업 프로세스 보고일 뿐이다. 생각하는 것이 아니라 프로세스만 돌리는 것이고, 프로세스만 돌리면 자동으로 답이 나온다고 착각하는 것이다. 그렇지 않다. 아래와 같이 답을 해야 한다.

Q) 고객이 정말로 원하는 것은 무엇이라고 생각하나?
A)고객이 정말로 원하는 것은 대응의 내용이 아니라 속도입니다.
고객 앙케이트를 통해 명확하게 밝혀질 것입니다.

* 나의 생각 써보기 *

⑨ 주체성을 잃어버린다

본인이 생각하지 않고, (자기도 모르는 사이에) 다른 사람의 생각에 의지하는 습관이 들 수 있다.

"그건 곧 이런 것입니다", "그래서 이렇게 되지요", "그게 말입니다"

자신의 생각이 충분하지 않기 때문에 자기주장에 자신감이 없고, 다른 사람, 특히 상사의 결론에 위의 말버릇을 덧붙이게 된다.

나 : A제품이 잘 팔리지 않는 이유는
고객이 이미 질렸기 때문이라고 생각합니다.
상사 : 내 생각은 그렇지 않아.
경쟁상대인 B제품은 시장 점유율을 크게 확대하고 있지 않나?
나 : 그렇다면 타사의 C제품도 고전을 면치 못하고 있겠군요.

상사 : 일하는 방법을 크게 바꿔야 할지도 모르겠군.
나 : 맞습니다. 지금 방법은 효율적이지 않습니다.
상사 : 하지만 큰 문제는 역시 경영진이야. 경영진의 방침에 문제가 있어.
나 : 그렇습니다. 역시 문제는 경영진이죠.

위의 대화처럼 자신의 주체성을 잃어버리면 위험하다.

* 나의 생각 써보기 *

위의 9가지 방해요소를 잘 숙지하고 경계할 수 있다면 디지털 트랜스포메이션을 추진하는 조직에서 역할을 맡는 데 적합하다. '나는 어땠는가?'하고 자가진단을 해보는 것도 좋다.

9장

디지털 트랜스포메이션 성공전략

기업 내에서 디지털 트랜스포메이션을 바라보는 관점은 어떨까? 여전히 디지털 트랜스포메이션 전문가라고 할 만한 사람도 없고, 성공사례도 없다. 어떤 회사는 우리는 데이터도 많지 않고 예산도 없다면서 오히려 디지털 트랜스포메이션이 뭐냐고 묻는다. 또 우리 회사의 어떤 분야에 적용해야 할지 모른다며, 디지털 트랜스포메이션은 버튼처럼 뭔가를 누르기만 하면 나오는 거 아니냐고 되물을 수 있고, 아랫사람을 시키거나 아니면 아랫사람에게 CIOChief Innovation Officer가 TFTask Force를 맡으라고 시킬 수도 있다. 어떤 IT담당자는 자신이 TF팀은 맡았는데 정작 어떻게 해야 할지 몰라 공급업체Vendor를 불러서 이야기를 듣거나 공급업체에게 시키고, 또 새로운 정보에 대해서는 배워야 하는 건 아닌지 고민하기 시작한다. 어떤 현업담당자는 디지털 트랜스포메이션이 무엇이기에 이렇게 떠드느냐고 하며, '내 일은 아니니까 IT부서가 알아서 하겠지'라고 하거나 조금 나은 경우에는 '분석 같은 것은 아웃소싱하면 되지'하고 생각한다.

관점의 차이는 커다란 문제를 가져온다. 일단 검토와 공부는 하지만, 부서 간에 대화가 안 된다. 따라서 디지털 트랜스포메이션 사업에 대한 진행도 어렵다. 서로 모르는 상황이 벌어지면 목소리 큰 사람이 이긴다. 한번 도입하면 끝나는 One time 프로젝트라고 생각한다. TF팀을 맡은 IT 부서는 머리를 싸매고 고민만 한다. 경영진은 도입 지시만 하면 일이 끝나는 줄 안다. 어렵게 프로젝트에 들어가도 부서 간 협조가 안 된다. 사실 어떻게 해야 할지 서로 모른다. 특히 현업 부서는 남의 일이라고 생각한다. 중간보고 할 때쯤 되면, 실망하기 시작하고 마지막에는 '이건 아니다'라고 생각한다. 결국 디지털 트랜스포메이션 도입은 완료했으나 쓰는 부서가 없고, 디지털 트랜스포메이션에 대한 회의론이 일어나기 시작한다. 이렇게 되면 디지털 트랜스포메이션 프로젝트 실패 가능성은 90%가 넘어간다.

디지털 트랜스포메이션을 너무 쉽게 생각하는 것도 문제다. 그래서 디지털 트랜스포메이션에 대한 공부를 하지 않는다. 의사결정은 자신의 감에 의해서 한다. 중요한 것은 실적이고 숫자라고 얘기할 수 있다. 그렇게 되니 실무자들의 관심사는 오직 실적이 되고, 어떤 문제가 발생하면 왜 그런지 분석하라는 요구도 없다. 경영진 중에서 디지털 트랜스포메이션을 제일 많이 아는 것 같은 임원은 CIO라고 생각하게 되고, 따라서 디지털 트랜스포메이션 TF팀장은 당연히 CIO가 되지만, 이때 듣는 부탁 한 마디. "돈 많이 안 드는 방향으로 하세요." 이렇게 되면 과연 잘 추진될까? 안 된다면 무엇이 문제일까?

디지털 트랜스포메이션을 도입하려고 하는 기업은 최소한 데이터에 근거한 의사결정을 하는 것이 정착되어야 한다. 실적이 나오지 않는 근본적인 이유를 데이터에서 찾아야 한다.

지난 2014년 경기도에서는 위험하다는 이유로 서울을 오가는 광역버스 내에서 입석을 금지한 적이 있었다. 기본적인 분석도 없이 그대로 정책을 시행하는 바람에 사람들에게 대혼란을 야기하고 말았다. 2014년 8월 보도에 따르면 '이날 오전 6~9시 서울 방향 광역버스를 분석한 결과, 오는 9월부터 584회가 운행(404대 증차 기준)돼야 출근 대란을 피하고 좌석제가 원활히 추진될 것이라고 예측됐다'고 하였다. 이에 따른 소요 예산은 6개월 간 216억 원(대당 3900만 원)이 필요한 것으로 내다봤다. 이번 예측은 경기도가 버스운송관리시스템BMS이 교통카드를 분석하고 9월 승객 증가량을 적용해 산출한 것이었다.

끊임없이 원인 분석을 지시해야 한다. 근본 원인을 분석하고, 미래에 대한 예측을 해야 하고, 예측치에 대한 대책도 강구해야 한다. 또 효과를 직접 체험하고, 나아가 좀 더 정교한 근본적인 원인 분석과 예측 모델을 업그레이드한다. 이것이 데이터, 즉 사실 중심의 경영의 선순환 구조이다. 이러한 상황이라면 디지털 트랜스포메이션 프로젝트 성공가능성은 90%를 넘는다.

경영진의 마인드가 디지털 트랜스포메이션 성공의 결정적 영향을 미친다.

데이터 기반의 경영이 정착되기 전에는 디지털 트랜스포메이션은 성공할 수 없다. 디지털 트랜스포메이션 프로젝트를 시작하기 전에 데이터 기반의 의사결정 분위기를 조성하는 것이 먼저다. 통계, 원인 분석, 대처 방안이 없는 보고서는 내던져야 한다. 직원들에게 통계와 원인 분석, 예측 방법을 교육시켜야 한다. 경영진도 스스로도 기본 통계와 원인 분석, 예측 방법을 배워야 한다. 사람은 오고 갈 수 있으나, 결국 '원인분석-예측모델'이 기업의 최고의 자산으로 남는다. 여기까지 오는 데는 비용이 전혀 들지 않는다.

디지털 트랜스포메이션을 도입하는 데 처음부터 빅머니가 필요하지는 않다. 경영자의 고민은 '디지털 트랜스포메이션 = 빅머니'라는 생각에서 나온다. 하지만 실제로 초기에는 직원 및 임원 교육비만 필요하다. 데이터를 분석하는 인프라는 기존 것을 활용할 수도 있으며, 통계분석, 예측을 위한 소프트웨어 역시 있다. 빅머니보다는 직원의 분석 능력을 신속하게 증진시키는 방법을 찾아 실행하는 것이 중요하다.

디지털 트랜스포메이션은 내 일이 아니라고 생각하는 현업 담당자들의 생각들을 들여다보자. 일단 담당자들은 데이터 분석은 자기 업무가 아니라고 생각한다. 일단 궁금하긴 하지만, 알아보려고 하지 않는다. 만약 정 필요하다고 하면 아웃소싱하면 된다고 생각한다. 자신의 업무는 숫자나 성과를 챙기는 것이지, 데이터를 분석하는 일은 아니라고 믿는다. 그리고 디지털 트랜스포메이션도 얼마 간 떠들다가 시간이 지나면 사라질 거라는 생각도 할 것이다. 그렇지 않다. 오히려 그렇게 생각하는 사람이 많은 회사가 사라질 것이다.

이런 생각을 하고 있는 현업 담당자들의 생각을 바꾸는 것이 중요한 데, 유일한 방법은 경영자들이 '통계분석, 원인분석, 대책'이 담겨있는 보고서를 요구하면 된다. 점점 강도가 세지면 현업담당자들은 할 수 없이 통계나 데이터마이닝을 배울 수밖에 없다. 데이터 분석능력은 기업의 자산Core Competency이다. 업무를 모르면 데이터 분석을 할 수 없다. 그런데 업무도 끊임없이 변하며, 분석 방향도 수시로 변할 수 있다. 데이터 분석은 외부의 노움은 받을 수 있으나 반드시 내부 자산화해야 한다.

대부분의 기업 및 기관의 IT부서가 디지털 트랜스포메이션을 제일 많이 안다고 생각한다. 실제로는 디지털 트랜스포메이션에 대해서 아는 것이 없으며, 하둡도 잘 모르고 배우기도 꺼려한다. 아마 IT벤더를 불러서 디지털 트랜스포메이션에 대한 설명과 사례를 들으려 할 것이다. 이해는 가더라도 실제 현업 담당자들에게 타당성을 설득할 정도로 이해는 할 수 없다. 그래서 프로젝트가 성사될 수도 없다. 심지어 벤더들에게 POCProven of Concept를 해달라고 한다. 그런데 실제 데이터는 데이터 보안 때문에 공유하기도 어렵다. 그러면 데이터를 가공할까? 그렇게 되면 결과는 어떻게 될까?

디지털 트랜스포메이션은 과제 선정, 분석능력 강화, 활용 방안 등이 중요한 분야인데, IT담당자들은 잘 모른다. 이것이 디지털 트랜스포메이션 성공의 중요한 요소인데, POC나 벤더 선정을 위한 BMTBench Mark Test 등으로 시간이나 노력을 소비만 한다. 현업부서는 이 부분에 대한 명확한 리더십을 원하지만, 답변이 시원하지 않다. 일은 하고 있는 것 같은데, 총체적인 난국이다.

디지털 트랜스포메이션은 IT프로젝트가 아니다. 기업의 경영층, 현업부서, IT부서 등 전체 부서가 연관된 프로젝트이다. IT부서가 이를 조정할 수는 없고, 기획본부 또는 사장 직속으로 팀을 만들어야 한다. 디지털 트랜스포메이션 TF팀은 데이터 기반 경영 방안을 마련하고,

디지털 트랜스포메이션 과제를 선정, 기업 내 분석능력 강화, 디지털 트랜스포메이션 활용 방안 및 변화관리 등을 주도해야 한다. 현업분석능력 강화를 위한 워크숍도 주도해야 한다. 이를 위해서 마스터플랜을 마련해야 한다. IT팀은 데이터 거버넌스, 표준화, 디지털 트랜스포메이션 인프라 설계 및 튜닝, 확장 방안을 수립하고, 디지털 트랜스포메이션 기술 획득 및 데이터 처리, 요약, 통합 방안을 수립해야 한다. 또한 디지털 트랜스포메이션 IT기술을 익히는 데 주력해야 하고, 하둡 및 연관기술을 습득하고 데이터 통합[Data Integration]방법을 배워야 한다.

디지털 트랜스포메이션은 일회성 프로젝트가 아니다. 디지털 트랜스포메이션은 예산을 세우고 구축하고, 그 다음 해부터는 유지보수하는 프로젝트여야 하며, 지속해야 하는 프로젝트이다. 기업의 데이터는 계속 생기고, 적재되고, 가공되어야 한다. 디지털 트랜스포메이션의 새로운 과제를 개발하고, 계속 분석하고 예측해야 한다. 새로운 데이터가 계속 쌓이고 인프라도 서서히 늘려가야 한다. 분석결과를 활용하고, 그 활용 현장에서 습득한 노하우가 분석에 다시 적용되어야 한다. 디지털 트랜스포메이션은 이것의 반복이다. 따라서 디지털 트랜스포메이션은 변화관리의 생명이다. 이 일의 주도는 신규TF가 해야 한다.

신규TF는 사내 디지털 트랜스포메이션 전문가를 양성해야 한다. 디지털 트랜스포메이션 전문가는 한 명이 아니다. 디지털 트랜스포메이션 IT전문가, 디지털 트랜스포메이션 분석전문가, 디지털 트랜스포메이션 전략전문가, 시각화 전문가 등이 있다. 내부 디지털 트랜스포메이션 전문가를 선정하여 양성을 위한 내/외부 교육을 해야 한다.

데이터 분석 기법에 따른 비즈니스 가치와 필요 전문가를 나타낸 그래프이다. 기초통계를 분석하여 보여주거나 근본 원인을 분석하는 단계의 통계 분석에서 데이터 분석의 성숙도가 커지는 영역에서는 통계 전문가가 필요하다. 하지만 궁극에는 통계전문성을 갖춘 비즈니스 전문가가 필요하다. 디지털 트랜스포메이션의 성공을 위해서는 데이터에 기반을 둔 의사결정 체계를 갖추는 것과 추진팀을 기획본부나 본부장 직속으로 설치하는 것이 필요하다. 보고서를 통계, 원인 분석, 예측 총 3단계로 구성하게 하고, 현업부서의 통계 분석 능력을 강화하는 워크숍을 실시하며, 전문가의 중요성을 이해하고, 내부 인재 양성 교육 프로그램을 갖추어야 한다. 그리고 지속적인 활용을 위한 변화관리에 주력해야 한다.

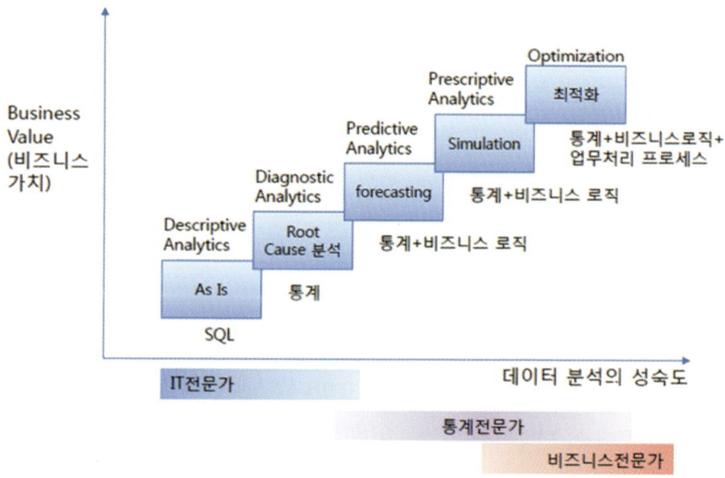

디지털 트랜스포메이션을 잘 활용하기 위해 '디지털 트랜스포메이션의 활용이 디지털 트랜스포메이션의 핵심이다'라고 많이들 얘기한다. 그러나 그 이면에는 '디지털 트랜스포메이션이 잘 활용되지 않고 있다'는 의미가 내포되어 있다. 대부분의 회사가 IT부서에서 디지털 트랜스포메이션의 TF팀을 리드하기 때문에 현업의 참여가 저조하고, 디지털 트랜스포메이션 시스템을 만들어도 당연히 현업이 활용을 잘 하지 못한다. 그런데 디지털 트랜스포메이션에서 현업의 역할이 중요하다고 아무리 이야기해도 그 현업이 디지털 트랜스포메이션 프로젝트에서 언제 어느 기간 동안 어떤 역할을 담당하고 어떻게 활용을 해야 하는지 전체적인 그림이 없으면 참여하기가 어렵다. 따라서 디지털 트랜스포메이션 구축 프로젝트의 전체적인 그림이 바로 디지털 트랜스포메이션 구축 방법론이다. 이 방법론은 현업뿐 아니라 각 팀에서 프로젝트에 어떻게 참여하고 어떤 역할을 해야 하는지 설명할 수 있다.

자신의 역할을 잘 이해하고 다른 팀과 커뮤니케이션을 잘하기 위해서도 디지털 트랜스포메이션 구축 방법론은 중요하다. 디지털 트랜스포메이션 이슈에 대해서 디지털 트랜스포메이션을 바라보는 시각이 모두 다른데, 이것을 어떻게 극복할 것인가? 그 방법 중 하나가 디지털 트랜스포메이션을 구축하고 활용하는 모든 과정에 대한 구체적인 그림을 공유하는 것이다. 이 그림이 '디지털 트랜스포메이션 구축 방법론'이다. 디지털 트랜스포메이션 프로젝트는 많은 팀이 같이 일을 하기 때문에 서로 커뮤니케이션이 매우 중요하다. 특히 서로 성격이 다른 팀이 한 프로젝트에서 일을 해야 하므로 서로 이야기하는 용어나 스타일도 다르다. 그럼에도 명확한 커뮤니케이션을 위해서는 누가 어떤 일을 해야 하고 나는 그 팀에서 무엇을 주고받아야 하는지를 이해해야 한다.

디지털 트랜스포메이션은 한 번에 끝나는 프로젝트가 아니고, 매번 업그레이드와 새로운 과제로 단계적인 업그레이드를 해야 한다. 따라서 단계적인 수행절차가 방법론에 녹아있어야 한다. 지속적으로 프로젝트를 해야 하는 부분이 옳다고 하더라도, 이것이 방법론에 녹아 있지 않으면 실제로 계속할 수가 없다. 지금까지의 디지털 트랜스포메이션 프로젝트는 일회성 프로젝트였으며, 기업 내 모든 관련자들은 디지털 트랜스포메이션을 예외 없이 그렇게 이해하고 있다. 따라서 디지털 트랜스포메이션 프로젝트 팀을 리드하는 사람들은 적극적으로 다른 팀과 소통해야 한다.

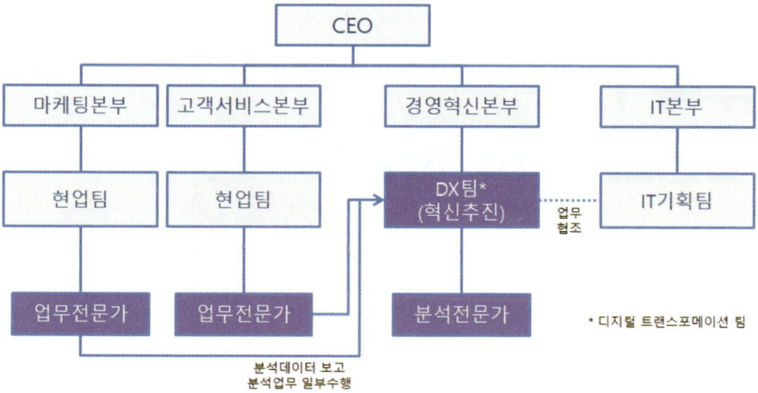

디지털 트랜스포메이션팀의 분석전문가 집단이 각 현업부서의 업무전문가와 함께 과제를 진행하고 디지털 트랜스포메이션 시스템 구축을 위해 IT와 협업하는 구조가 바로 디지털 트랜스포메이션 시스템을 구축하기 위한 가장 바람직한 구조이다.

부록 I
판다스 기초 문법

판다스[Pandas]는 파이썬에서 데이터 분석을 위해 사용하는 패키지(Package) 중 하나이다. 간단히 요약하면 '파이썬으로 엑셀과 같은 파일을 다루기에 최적화된 도구'라고 생각하면 편하다.

판다스는 엑셀과 비슷하지만 다음과 같은 장점을 갖고 있다.

우선 대용량 데이터를 효율적으로 다룰 수 있다. 엑셀은 데이터의 용량이 100MB만 넘어가도 정상적으로 작동하지 않는데, 판다스는 최소 1GB, 많으면 100GB가 넘는 데이터도 빠른 속도로 처리할 수 있다. 복잡한 기능을 구현할 때는 엑셀보다 더 쉽다. 엑셀은 복잡한 기능을 엑셀 전용 함수를 사용하는데, 함수의 문법도 직관적이지 않고 동작도 제대로 안 되는 경우가 많다. 반면 판다스는 파이썬을 기반으로 동작하기 때문에 엑셀보다 더 쉬우며, 다른 시스템과 연동하기도 쉽다. 또 엑셀은 분석 결과를 데이터베이스에 집어넣거나 웹 페이지에 띄우는 일을 하기 어렵지만, 판다스는 플라스크(Flask, 웹 프레임워크)나 SQL 알케미(SQL Alchemy, 데이터베이스)를 통해 다른 시스템과 연동하기 매우 편하다.

판다스는 파이썬과 달리 일반인의 직관, 상식과 다소 동떨어진 방식으로 동작한다. 하지만 판다스의 기본적인 룰 몇 가지만 숙지하면 적은 문법만으로도 굉장히 다양하고 창의적인 방식으로 엑셀(또는 CSV) 파일을 다룰 수 있다.

점프 투 파이썬이라는 내용의 사이트(https://wikidocs.net/book/1)을 읽어보면 파이썬에 대해 특징과 할 수 있는 것들 그리고 설치 방법을 자세히 안내하고 있다. 파이썬의 기초를 쌓고 알아가는 데에 매우 유용하다. 딥러닝을 배우기 전에 파이썬의 기초 사칙연산과 변수 if문과 for문 등을 알고 있으면 좋다. 수학은 기본적으로 몰라도 되며, 중학교 수준의 수학적 지식이 있다면 괜찮다. 미분과 선형대수에 대한 기본적인 개념이 있다면 좋다.

디지털 트랜스포메이션을 하기 위한 데이터 분석 도구인 파이썬의 기초 문법인 판다스에 대해 사용법을 간단히 기록하였다. 쥬피터 노트북 기반으로 작성하였으며, 예제로 사용한 엑셀 파일은 아래의 간단한 표와 같다.

No	이름	측정일	몸무게	단위	담당	지점
1	김강희	2020-01-01	74.4	kg	김지수	강남
2	김강희	2020-01-02	74.3	kg	김지수	강남
3	김강희	2020-01-03	74.9	kg	김지수	강남
4	김강희	2020-01-04	NaN	kg	신혜선	구로
5	김강희	2020-01-05	74.2	kg	김지수	강남구
6	김강희	2020-01-06	73.7	kg	신혜선	구로
7	김강희	2020-01-07	NaN	kg	신혜선	구로
8	김강희	2020-01-08	NaN	kg	심은경	구로

다음의 튜토리얼에 익숙해진 뒤, 10 Minutes to pandas라는 판다스의 공식 튜토리얼을 읽어보는 것을 추천한다.

패키지 읽어오기

파이썬은 범용적인 목적으로 만들어진 프로그래밍 언어이다. 하지만 범용적인 프로그래밍 언어라 하더라도, 세상의 모든 기능을 전부 구현하는 것은 이론적으로 불가능하다.

그래서 파이썬은 패키지(package)라는 시스템을 만들었다. 이제 개발자는 파이썬에 존재하지 않는 기능이 있다면 이를 스스로 구현한 뒤 세상에 공개할 수 있고, 파이썬은 패키지라는 시스템을 통해 이 기능을 파이썬에서 쉽게 사용할 수 있도록 구현해 놓았다.

```
In [72]: # pandas 라는 패키지를 파이썬으로 읽어(import)온다. 그리고 pd라는 축약어로 사용한다.
import pandas as pd

# 컴퓨터 환경에 따라 아래의 경로는 각자 설정해 주면 된다.
import os

#get current path
currentPath = os.getcwd()

#change path
#os.chdir('D:\ds/bk')
os.chdir('E:\#.Secure Work Folder\ds')

import numpy as np
import matplotlib.pyplot as plt
```

파일 읽어오기

판다스에서는 read_csv라는 기능으로 CSV(Comma-Separated Values) 파일을 읽어올 수 있다. 경로를 읽어올 때는 컴퓨터에 있는 파일을 절대경로와 상대경로로 읽어올 수도 있고, 주소(URL)에서 바로 데이터를 읽어올 수도 있다.

```
In [73]: # 판다스 실습을 위한 데이터가 저장된 원격 경로를 지정한다.
         # file_url = "파일 경로"

         # 위에서 지정한 경로를, 판다스의 read_csv 함수를 활용해 데이터를 읽어온다.
         # 읽어올 때 '회차' 컬럼을 판다스의 인덱스(Index)로 지정한다.
         # 그리고 이 결과를 data라는 이름의 변수에 할당한다.
         data = pd.read_excel("mbb.xlsx", index_col = "회차")
         data

         #data = pd.read_csv("wei.csv", index_col = "회차")

         # data 컬럼을 출력해서 확인한다.
         #data
```

Out[73]:

	이름	측정일	몸무게	단위	담당	지점
회차						
1	김강희	2020-01-01	74.4	kg	김지수	강남
2	김강희	2020-01-02	74.3	kg	김지수	강남
3	김강희	2020-01-03	74.9	kg	김지수	강남
4	김강희	2020-01-04	NaN	kg	신혜선	구로
5	김강희	2020-01-05	74.2	kg	김지수	강남구
6	김강희	2020-01-06	73.7	kg	신혜선	구로
7	김강희	2020-01-07	NaN	kg	신혜선	구로
8	김강희	2020-01-08	NaN	kg	심은경	구로

여기서 가져온 결과를 판다스의 전문 용어로 데이터프레임(DataFrame)이라고 한다. 데이터프레임을 읽어왔으면 여기서 인덱스(index)와 컬럼(columns)을 가져올 수 있다.

```
In [74]: # 인덱스(index)를 가져온다. 여기서 index는 '회차'와 동일하다.
         data.index

Out[74]: Int64Index([1, 2, 3, 4, 5, 6, 7, 8], dtype='int64', name='회차')

In [75]: # 컬럼들(columns)을 가져온다.
         data.columns

Out[75]: Index(['이름', '측정일', '몸무게', '단위', '담당', '지점'], dtype='objec
         t')
```

기본 기능

처음에 배울 기능은 판다스에 기본으로 내장되어있는 기능이다. 판다스에서는 간단한 수학/통계 연산(예 : 평균, 합 등)을 포함한 몇몇 기능이 기본으로 탑재되어 있는데, 이 기능을 미리 숙지하고 있으면 차후에 큰 도움이 된다. 또는 .describe()를 통해 전체 숫자 컬럼(정수형, 소수점)의 통계치를 한눈에 볼 수 있다. 만일 특정 컬럼의 값을 수정하고 싶다면 replace를 사용하면 된다.

```
In [80]: # .mean() 은 평균을 계산하는 기능이다.
         # 아래 코드는 몸무게의 평균(약 74.3 kg)을 계산 후 출력한다.
         data["몸무게"].mean()

Out[80]: 74.3

In [81]: # .min() 는 최소치를 계산하는 기능이다.
         # 아래 코드는 몸무게가 가장 적었을 때의 몸무게(73.7 kg)를 계산 후 출력한다.
         data["몸무게"].min()

Out[81]: 73.7

In [82]: # .min() 는 최대치를 계산하는 기능이다.
         # 아래 코드는 몸무게가 가장 많았을 때의 몸무게(74.9 kg)를 계산 후 출력한다.
         data["몸무게"].max()

Out[82]: 74.9
```

행렬

판다스 데이터프레임의 기본은 행렬 접근하기이다(참고로 행은 row,

열은 column이라고 한다). 행렬 접근을 시도해보면 판다스의 특징을 바로 깨달을 수 있는데, 일단 1) 굉장히 간단한 문법으로 행렬을 접근할 수 있고, 2) 이 문법을 조금만 응용하면 다양한 방식으로 행렬을 가져올 수 있다.

먼저 열(column)을 가져오는 방법부터 해보자. 일단 대괄호([])를 열고, 이 대괄호에 문자열을 집어넣으면 문자열에 해당하는 열(column)을 가져온다. 컬럼을 가져올 때 주의해야 할 것이 있다. '회차'는 이제 컬럼이 아닌 인덱스이기 때문에, 컬럼 검색으로는 가져올 수 없다.

```
In [92]: # '몸무게'라는 이름의 컬럼을 가져온다.
         data["몸무게"]

Out[92]: 회차
         1    74.4
         2    74.3
         3    74.9
         4     NaN
         5    74.2
         6    73.7
         7     NaN
         8     NaN
         Name: 몸무게, dtype: float64
```

행(row) 가져오기는 열 가져오기와 비슷하나, 이번에는 .loc(locate의 약자)라는 표현을 사용한다. 파이썬의 슬라이싱과 비슷한 기능도 있다.

```
In [96]: # loc(locate)를 사용하면 이번에는 열(column)이 아니라 행(row)을 가져온다.
         # 다음의 코드는 '회차'가 1회차인 승객 정보를 반환한다.
         data.loc[1]

Out[96]: 이름                                김강희
         측정일                 2020-01-01 00:00:00
         몸무게                               74.4
         단위                                  kg
         담당                                김지수
         지점                                 강남
         몸무게(fill)                          74.4
         몸무게(fill)(prev)                     NaN
         몸무게(fill)(next)                    74.3
         Name: 1, dtype: object
```

행렬 동시에 가져오기

위의 방법을 응용하면 행(row)과 열(column)을 동시에 접근할 수 있다. 행렬 가져오기는 판다스의 가장 중요한 기능 중 하나이며, 이 기능을 창의적으로 응용하면 많은 일을 한두 줄의 코드로 쉽게 해결할 수 있기 때문에 반드시 숙지할 것을 권장한다.

```
In [100]: # 행렬 가져오기의 기본. .loc 후 콤마(,)를 기준으로
          # 좌측에는 행(row)을 가져오는 조건, 우측에는 열(column)을 가져오는 조건을 넣는다.
          # 아래 코드는 '회차'가 1회차인 기록의 이름을 가져온다.
          data.loc[1, "이름"]

Out[100]: '김강희'

In [101]: # 여러 열을 가져오기. '회차'가 1회차인 기록의 '이름', '측정일', '몸무게'를 가져온다.
          data.loc[1, ["이름", "측정일", "몸무게"]]

Out[101]: 이름                       김강희
          측정일    2020-01-01 00:00:00
          몸무게                    74.4
          Name: 1, dtype: object
```

색인

다음으로 배울 기능은 판다스의 색인(Indexing)이다. 색인은 판다스의 꽃이라고 불릴 수 있는 강력한 기능인데, 위의 컬럼 접근하는 기능을 약간만 응용하면 매우 쉬운 방식으로 데이터를 색인할 수 있다. 판다스 색인을 할 때는 데이터의 타입을 명확하게 지정해줘야 한다. 앞서 파이썬에서 1(정수형 1)과 '1'(문자열 1)이 다르듯이, 판다스 색인에서도 정수형과 문자열을 명확히 구분해서 사용해줘야 한다. 또 판다스 색인의 경우 소괄호(())와 대괄호([])의 조합이 복잡하기 때문에 개발자가 실수할 여지가 많다. 그러므로 색인 코드를 작성할 때는 아래처럼 다소 코드가 길더라도 한 줄에 하나의 기능만 실행하는 것을 권장한다. 이렇게 하면 코드가 더 직관적이고 명확하기 때문에, 개발자가 실수를 일으킬 여지가 줄어든다.

```
In [105]: # 담당 선생님이 김지수인 데이터를 가져온다.
          # data["담당"] == "김지수"은 담당 선생님이 김지수이면 True, 아니면 False로 이루어
          진 리스트 값이다.
          # 이 리스트를 data[] 의 괄호 안에 넣어주면 값이 True인 데이터만 가져오고 False인 데
          이터는 버리는데
          # 이게 판다스 색인의 원리다.
          data[data["담당"] == "신혜선"]
```

Out[105]:

회차	이름	측정일	몸무게	단위	담당	지점	몸무게(fill)	몸무게(fill)(prev)	몸무게(fill)(next)
4	김강희	2020-01-04	NaN	kg	신혜선	구로	74.3	74.9	74.2
6	김강희	2020-01-06	73.7	kg	신혜선	구로	73.7	74.2	74.3
7	김강희	2020-01-07	NaN	kg	신혜선	구로	74.3	73.7	74.3

pivot_table

이번에 다룰 통계분석 기능은 pivot_table이다. pivot_table은 우리가 엑셀에서 자주 다루던 그 pivot_table과 거의 동일한 기능이다.

```
In [122]: # pivot_table을 실행합니다. index에는 담당 컬럼을, values에는 몸무게 컬럼을 집어넣
          는다.
          # 이렇게 하면 각 담당자마다의 평균 몸무게가 나온다.
          pd.pivot_table(data, index="담당", values="몸무게")
```

Out[122]:

담당	몸무게
김지수	74.45
신혜선	73.70

pivot_table에서는 index, values 모두 여러 개의 컬럼을 추가할 수 있으며, 이 경우에는 리스트([])를 사용한다.

```
In [123]: # pivot_table을 실행합니다. 이번에는 index에 지점과 담당 컬럼을 동시에 집어넣는다.
          # 이렇게 하면 각 지점과 담당자마다의 평균 몸무게가 나온다.
          pd.pivot_table(data, index=["지점", "담당"], values="몸무게")
```

Out[123]:

지점	담당	몸무게
강남	김지수	74.45
구로	신혜선	73.70

컬럼 추가 & 수정

판다스에서 컬럼을 추가하는 기능과 수정하는 기능은 간단하다. 재미있는 건 1) 컬럼을 추가하거나 수정하는 데 배워야 하는 기능은 거의 없으며, 2) 컬럼을 추가하는 코드와 수정하는 코드는 사실상 동일하다.

아래의 코드에서는 컬럼을 추가하는 기능만 다루겠다(하지만 동일한 코드를 컬럼을 수정할 때 사용할 수 있다).

```
In [125]: # 컬럼 안에 들어가는 값이 모두 동일하다면, 파이썬에서 변수에 값을 할당하는 것과 동일한 문법으로 컬럼을 추가할
          수 있다.
          # 아래 코드는 '지역'이라는 이름의 새로운 컬럼을 추가하고, 해당 컬럼에 "서울"이라는 값을 대입한다.
          data["지역"] = "서울"

          # 데이터의 지역 컬럼만 출력한다.
          # 컬럼 안에 있는 모든 값에 '서울' 이라고 들어가 있는 것을 확인할 수 있다.
          data[["지역"]]
```

Out[125]:

회차	지역
1	서울
2	서울
3	서울
4	서울
5	서울
6	서울
7	서울
8	서울

파일 저장하기

마지막으로 배울 것은 파일 저장하기다. 파일을 저장할 때는 to_csv 라는 함수를 활용해 저장할 수 있다.

```
In [139]: # data 변수에 있는 데이터프레임을 data.csv라는 이름으로 저장한다.
          data.to_csv("data.csv")
```

이후 **data.csv**를 보면 수정한 데이터가 성공적으로 저장되어 있는 것을 확인할 수 있다.

```
In [140]: data
Out[140]:
```

회차	이름	측정일	몸무게	단위	담당	지점	지역	아이디	목표
1	김강희	2020-01-01	74.4	kg	김지수	강남	서울	1	초과달성
2	김강희	2020-01-02	74.3	kg	김지수	강남	서울	2	초과달성
3	김강희	2020-01-03	74.9	kg	김지수	강남	서울	3	초과달성
4	김강희	2020-01-04	NaN	kg	신혜선	구로	서울	4	NaN
5	김강희	2020-01-05	74.2	kg	김지수	강남	서울	5	초과달성
6	김강희	2020-01-06	73.7	kg	신혜선	구로	서울	6	초과달성
7	김강희	2020-01-07	NaN	kg	신혜선	구로	서울	7	NaN
8	김강희	2020-01-08	NaN	kg	심은경	구로	서울	8	NaN

4부

호모데이탄

무엇이든지 네 손으로 할 만한 일을 찾으면
온 힘을 다해 하여라.
네가 가게 될 무덤 속에는
일도, 계획도, 지식도, 지혜도 없기 때문이다.
(전9:10)

10장 호모사피엔스

11장 블록체인

12장 호모데이탄

13장 인간 수준의 지능

부록 : 포스트 코로나,
호모데이탄 시대를 앞당길 것이다

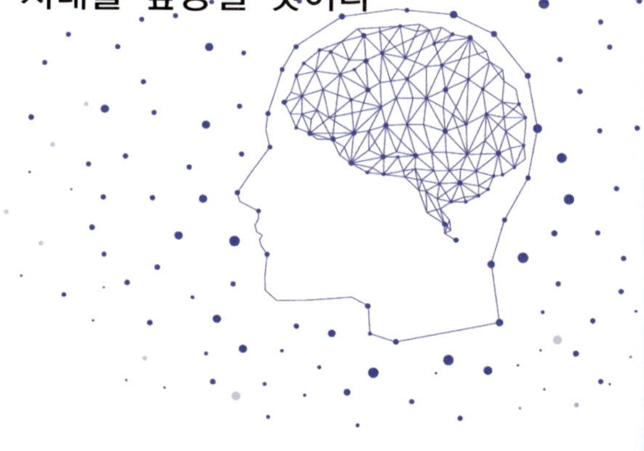

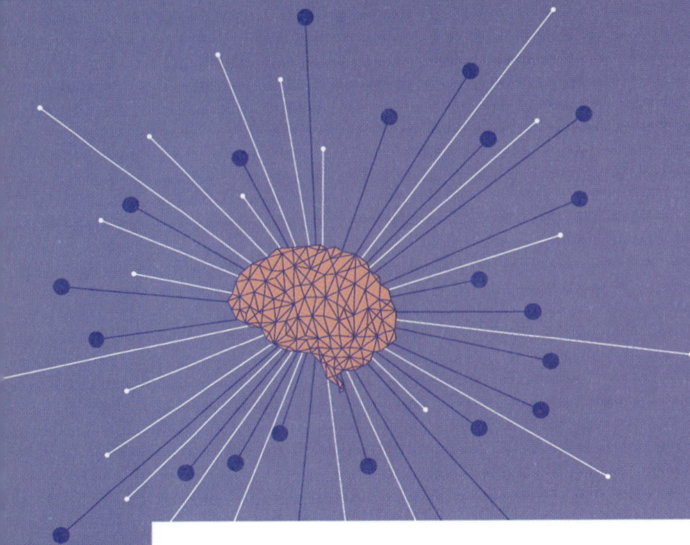

10장

호모사피엔스

인간의 뇌

인공지능을 이야기하면서 사람의 뇌와 비슷한 인공신경망 역시 많이 언급했는데, 사람의 뇌와 인공지능이 어디까지 발전할 수 있을까? 사람이 가진 정서지능에까지 접근할 수 있을까? 이번 장에서는 감성 지능Emotional Intelligence과 인간의 뇌Brain 자체에 대해 좀 더 알아보자.

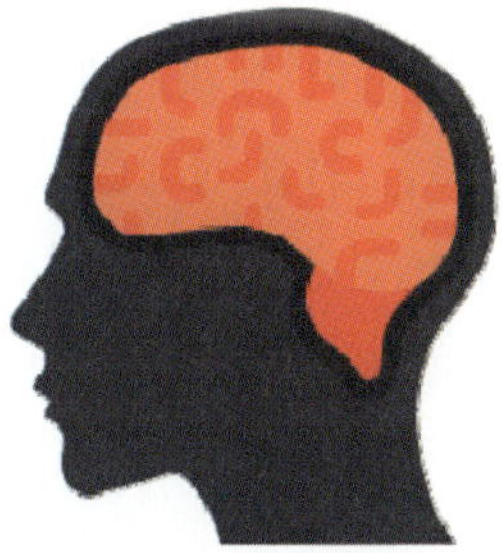

인간의 뇌를 해부해보면 아무 것도 없다. 뇌는 1.5kg 정도의 무게에 물 18%, 지방 10%, 단백질 8%, 탄수화물 1%, 무기염류 1%, 기타구성물질 2%로 이루어져있다. 뇌를 아무리 해부해도 그 속에는 영상도, 소리도, 자아도, 기억력도 없다. 그런데 인류는 이 고깃덩어리로 우주를 이해하고 몇 천 년 동안 철학적 질문을 던지고 해답을 구하고 있다.

뇌를 구성하고 있는 뉴런(뇌신경세포)의 수는 대뇌 피질에만 약 100억 개 정도가 있다.

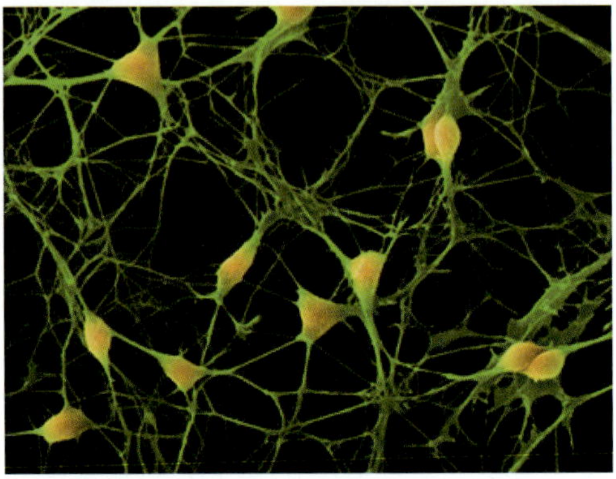

(출처 : https://www.sciencephoto.com)

중요한 것은 뉴런과 뉴런의 연결망의 범위와 연결되는 속도인데, 미국의 생물학자이자 노벨생리학·의학상 수상자인 제럴드 에델만Gerald M. Edelman의 《신경과학과 마음의 세계》에 따르면, 대뇌 피질 전체에 걸친 각각의 시냅스의 다양한 연결 상태를 고려하면 그 연결점의 수는 101,000,000개이다. 특이한 점은 각각의 신경세포들이 수천 개, 수만 개의 다른 신경세포와 연결되어있다는 것이다. 즉 신경세포들이 어마어마한 양의 소통을 하고 있다는 사실이다. 뇌는 스스로를 어둠 속에 가둔 후 오감을 통해 전달되는 신호만 해석한다. 해석에서 편견을 개입시키지 않으려고 스스로의 존재를 인식하지 않는 것이다. 감각기관의 정보는 시각이 87%, 청각 7%, 후각 3.5%, 촉각 1.5%, 미각 1% 정도로 수집한다. 본다는 것은 실제로 시신경에 입력되는 영상을 그대로 보여주는 것이 아니고 해석하는 것이다. 만약 영상을 그대로 보여준다면, 눈의 시신경과 망막의 그림자도 나타나야 하는데 그렇지 않기 때문이다. 따라서 뇌는 영상의 차이로 본다. 눈을 통해 받아들이는 정보 중에 반복되는 정보, 즉 시신경과 망막의 그림자는 제거하고 이전 정보와 지금 정보와의 차이를 계산하여 해석하는 것이다.

따라서 뇌는 이전의 정보와 지금의 정보가 차이가 없는, 가만히 있는 물체의 경우 눈을 조금 움직여 정보의 차이를 확인한 후 해석한다. 눈 안의 그림자는 눈을 움직여도 동일하므로 제거된다.

앞서 말했듯이 우리가 '본다'는 것은 해석한다는 것이다. 해석이 잘못된 경우를 착시라고 한다. 위의 A와 B를 자세히 바라보기 바란다. 어떤가? A와 B의 색이 달라보이는가?

이번에는 A와 B의 네모칸을 제외하고 모두 지워보겠다.

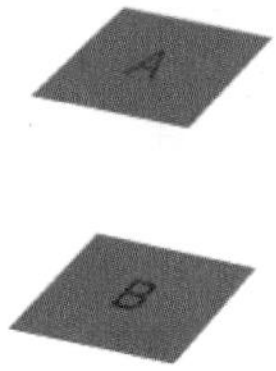

A와 B는 같은 색이다. 그렇게 보이는가?

당연한 이야기지만, 필자는 이 책의 지면에 움직이는 그림을 그릴 수가 없다. 그렇다면 아래 그림이 어떤가? 움직이는가?

(출처 : www.google.com)

우리 눈에 보이는 세상은 뇌가 계산해낸 결과물이다. 고양이는 색깔을 구분하지 못해서 세상을 흑백으로 보고, 박쥐는 세상을 초음파로 본다. 따라서 초음파로 보는 세상을 인간은 상상할 수도 없다. 세상은 지금 우리 눈에 보이는 대로 있는 게 아니고 뇌가 만들어낸 것이다. 그렇다면 인간 각자의 뇌도 다르고, 유전자도 다르고, 경험도 다른데 인간들 간의 소통은 어떻게 가능한 것일까?

언어의 해상도

사과를 '빨갛다'고 하지만, 이 빨간색에도 복잡한 패턴과 색깔이 있다. 문제는 언어의 해상도가 생각의 해상도보다 낮다는 것이다. 결국 '빨간 사과'라는 말로 표현하고 서로 이해했다고 착각하게 되는 것이다. 색에 대한 언어적 표현과 수용체계가 불분명한 색깔이 있는 경우에는 논쟁이 발생한다. 같은 사람들끼리 정보를 받아들이고 해석하는 데 차이가 있다는 것을 인정해야 한다. 이것은 착시와는 또 다른 현상이며, 색깔과 경험학습에 따른 차이다.

우리가 받아들이는 정보에 비해 이를 표현하는 언어는 제한적이다. 정보를 같이 공유하고 있는 우리에게도 빨간색으로 표현되는 정도의 차이는 미미하기 때문에 수긍할 뿐이다. 문제는 언어적 표현과 수용체계가 불분명한 색깔이 있는 경우에는 색깔 논쟁이 생긴다는 점이다. 이것은 정보를 받아들이고 착각해서 해석하기보다는 언어를 통해 표현되는 경험과 학습의 차이에 따라 달라진다.

인공지능은 강아지와 고양이를 구분하지 못한다. 3살짜리 아이도 쉽게 구분하는 여러 모습의 강아지를 아무리 뛰어난 컴퓨터라고 해도 구분하지 못한다. 그 이유는 강아지의 형상을 인식하는 언어 표현이 가진 한계 때문이다. 여러 종도 아니고 똑같은 한 마리의 강아지라

하더라도 웅크린 모습, 뛰는 모습, 혀를 내민 모습 등 그 모습들이 다 다르기 때문에 무한대나 다름없는 이런 정보를 각각 인지하도록 표현하고 입력하는 것은 일반 컴퓨터로서는 불가능하다. 매우 뛰어난 처리능력을 가진 슈퍼컴퓨터를 가지고 분석해야 인공지능은 강아지와 고양이를 구분할 수 있다. 이처럼 빅데이터는 컴퓨팅 능력이다. 우리가 본다는 것, 즉 해석할 수 있는 능력은 수많은 시간에 걸쳐 비정형 데이터를 학습하는 과정을 통해 키워진 능력이다.

인공지능 컴퓨터 왓슨[21)]은 2011년 2월 〈제퍼디![22)]〉 라는 미국의 TV 퀴즈프로그램에 출연했다. 왓슨은 두 번에 걸친 퀴즈쇼에서 최고 상금 우승자인 브래드 루터Brad Rutter, 74번 연속 우승이라는 대기록 보유자인 켄 제닝스Ken Jennings III와 대결하여 우승했다. 켄 제닝스와 브래드 루터는 각각 30만 달러와 20만 달러의 상금을 받았지만, 왓슨은 100만 달러의 상금을 받으면서 수많은 사람이 지켜보는 가운데 퀴즈쇼에서 기계가 사람을 이기는 모습을 선보였다.

한편으로는 인공지능 연구에 일대 전환점이 된 사건이 일어났다. 2012년 6월 앤드류 응 스탠퍼드대 교수는 심화학습Deep Learning 알고리즘을 이용해 임의의 수백만 개의 유튜브 동영상에서 특정 이미지(고양이)를 높은 정확도로 식별해내는 **구글 브레인 프로젝트**를 성공적으로 수행하였다. 심화학습은 신경 네트워크Neural Networks 개념을 이용해 컴퓨터로 하여금 인간의 도움 없이도 스스로 특정 이미지와 언어 등을 인식하게 하는 기법이다. 신경 네트워크는 뉴런 수십억 개가 상호 연결된 복수의

---

21) IBM창업자인 토마스 왓슨의 이름을 따서 이름 붙여졌다. 왓슨은 현재 IBM의 요크타운 왓슨 연구소 1층에 있다. 왓슨은 슈퍼컴퓨터를 뜻하지만, 복제 가능한 인공지능 소프트웨어이다. 왓슨은 IBM이 설립된 이래 수십 년 동안 인공지능 분야를 연구해온 결실 중 하나이다.

22) 미국에서 가장 유명한 TV퀴즈쇼로, 참가자들이 역사, 문학, 미술, 스포츠 등의 질문에 답하며 상금을 타는 프로그램이다. 문제도 단순 암기식으로 맞출 수 없고, 여러 번 생각하여 유추해야 하는 것으로 어려운 문제가 대부분이다.

레이어로 구성된다.

첫 번째 레이어가 어떤 이미지(예컨대 고양이 사진)의 전체적 밝기, 전채 같은 대략적 분포를 학습하면, 두 번째 레이어는 모서리나 그림자 같은 좀 더 복잡한 특성을 식별하고, 세 번째 레이어는 눈, 귀, 코 등의 구체적 형상을 훈련한다. 그리고 마지막 레이어를 거치면서 이 모두를 결합한 학습 결과를 출력한다. 컴퓨터는 출력된 학습 정보를 입력된 초기 값과 연결시키는 통계적 규칙(상관관계)을 찾으면서 결과 값이 신뢰할 만한 수준에 도달할 때까지 이러한 과정을 반복하고, 하나의 단일한 레이어가 아닌 복수의 레이어를 거치면서 심도 있는 학습활동이 이뤄진다는 의미에서 심화Deep라고 부른다.

구글은 2014년 초 심화학습에 특화된 딥마인드DeepMind라는 스타트업 회사를 6억 달러(한화 약 7113억 6000만 원)에 인수하였다. 많은 스타트업이 심화학습과 관련된 세부 기술항목을 발전시키는 작업에 매달리고 있다. 인공지능의 응용 분야는 IT 분야를 벗어나 암 진단과 유전자 분석 같은 의료 분야, 신약 개발, 주식 거래, 경기 예측, 보안 등으로 빠르게 확대되고 있는 실정이다. 인공지능 분야가 이뤄내고 있는 엄청난 속도의 기술 발전 급물살이 장차 어디까지 갈지 상상하기 쉽지 않을 정도인데, 바야흐로 똑똑한 기계들의 시대와, 사람이 기계와 함께 고된 레이스를 펼쳐야 할 날도 그리 멀지 않은 듯 보인다.

감성지능

국어사전에서 '감성'의 정의를 살펴보면, '사람의 마음에 일어나는 여러 가지 감정 또는 감정을 불러일으키는 기분이나 분위기, 희로애락과 같이 일시적으로 급격히 일어나는 감정'이라고 되어 있다. 교육심리학 용어사전에서는 '유기체가 내외의 자극에 직면하여 인지적, 생리적, 행동적으로 반응하는 발생적 또는 획득된 동기성향을 말한다. 슬픔, 기쁨, 공포, 혐오 등이 그 예이다'라고 되어 있다. 감성을 경험하게 되면 호르몬 분비로 인하여 대개 호흡, 심장박동, 혈압 등이 상승한다. 감성은 특정한 형태의 행동동기를 부여해 준다. 예를 들면 '화'는 공격행동 동기를, '공포'는 회피행동 동기를 부여해준다. 감성의 이러한 기능은 유기체가 환경에 잘 적응하기 위한 결과이다.

감성과 기분을 혼동하는 경우가 있는데, 이 둘은 개념상 다소 차이가 있다. 감성은 특정한 대상이나 사건으로 인하여 유발되는 것이다. 룸메이트가 방을 치우지 않고 나가서 화가 나거나, 시험기간이 다가와서 불안해지거나, 기대하지 않았던 인센티브를 받아서 행복해지는 것 등이 해당된다. 반면 기분은 특정 대상에 대한 지향적인 성격이 아니다. 대상이 없거나 있더라도 전반적인 일상생활의 상황이나 포괄적인 대상에 대한 것이다. 지속성 측면에서도 기분은 오래 지속되는 속성을 지니는

데 반해, 감성은 비교적 쉽게 변하는 속성이 있다.

감성에는 감성적 행동과 감성적 표현의 기능이 있다. 위기에 대처하고 생존하기 위해 자율신경 반응을 이끌어낸다. 목표를 이루기 위해 행동하도록 동기화하고, 동기유발의 기능이 있다. 타인에게 자신의 의도를 전달하는 의사소통을 하고, 사회적 유대를 증가시키고, 사고방식과 학습능력에도 영향을 미친다.

인공지능이 사람을 이기고, 사람이 따라갈 수 없는 학습능력을 가지게 되는 것이 위대한 것이 아니라, 그것을 만든 사람이 위대한 것이다. 이렇게 단순하게 정의될 수 없는 인간의 이성과 감성을 아우르는 인공지능을 사람이 만들 수 있을까? 오히려 단순히 비교했을 때 불완전한 인간이 자칫 위험한 인공지능을 만들어 세상을 위태롭게 할 수도 있다는 상상이 더 가능성 있어 보인다. 혹은 다분히 의도를 가지고 왜곡된 방향으로 인공지능이 개발되고 발전되어간다면, 어떻게 될 것인가? 핵이나 신종 코로나 바이러스보다 인류에게 지속적이고 더 큰 해악을 끼칠 수 있는 기술이 개발될 수도 있다.

인공지능의 발전이 인류 공통의 이익으로 인류를 더 살기 편하고 더 나아지게 하는 기술이 되었으면 한다. 그러므로 특정 국가나 기업이 독점적으로 기술을 개발해나가면서 표준화라는 이름 아래 기술을 편향된 방향으로 발전시켜 나가는 것을 방지해야 한다. 과연 인공지능은 사람 수준의 지능을 가질 수 있을까? 사람의 감성지능을 얘기하면서 그 가능성에 대해 생각해보자.

감성Emotion은 e+motere의 합성어로서, 접두사 e는 '떠나다'를 의미하고, 동사 motere는 '움직이다'를 의미하는 라틴어에서 나온 말이다. 즉 행동하려는 충동에서 나온 말이다. 캐나다의 신경학자 도널드 칸Donald Calne은 "이성은 결론을 낳지만, 감정은 행동을 낳는다"고 하였다.

전통적으로 이성과 감성을 바라보는 시각은 크게 달랐다. 감성은 원시적이고, 덜 지적이며, 통제하기도 어렵고, 위험하다고까지 생각하여 이성의 통제를 받아야 한다고 뭇 사람들은 주장하기도 했다. 고대 철학자 플라톤Plato은 "감정을 이성의 지배 아래 두어라"고 하였다. 특히 그는 감정을 두 마리 말이 끄는 마차에 비유하면서 말의 고삐를 틀어쥐고 목적지를 향해 가도록 이끄는 마부를 이성으로, 날뛰는 말을 감정으로 비유하였다. 플라톤은 두 마리 말 중 한 마리는 혈통도 좋고 올바르지만, 다른 한 마리는 거칠어 통제하기 어렵다고 하였는데, 이는 각각 질투나 분노 등 나쁜 감정과, 연민이나 용기 같은 좋은 감정으로 구분한 것이다. 또 플라톤은 인간의 내면을 이성과 감성으로 나누면서, 마부와 말들이 서로 다른 것을 원할 때는 마부의 생각, 즉 이성에 귀를 기울여야 마땅하다고 보았다. 고대의 다른 사상가들 역시 플라톤과 마찬가지로 이성이야말로 절제와 균형을 이루는 미덕이요, 감정은 혼란과 광기로 이끄는 부덕(不德)이라고 보았다.

기원전 3세기 제논에서 시작되어 기원후 2세기까지 이어진 그리스 로마 철학의 한 학파인 스토아학파Stoicism는 아리스토텔레스 이후 그리스 로마 철학을 대표하는 주요 학파였다. 이성을 중시하는 스토아학파는 인간의 감성은 주관적이며, 자기중심적이고 가변적이어서 인간의 성장에 긍정적인 영향을 미칠 수 없다고 보았다. 심지어 감성이 지나친 사람은 정신병자로 간주하여, 현자(賢者)는 감정이 없는 사람이라고까지 하였다. 스토아학파의 이런 사상은 유대교과 기독교 사상에 영향을 미쳤고, 그 결과 서양에서 강한 반정서적 분위기가 형성되는 밑바탕을 형성하였다. 이후 서양의 근대화 과정에서도 감정은 어둡고 설명되지 않는 부분이라 배제되어야 하는 것으로 취급받았다.

"나는 생각한다, 고로 존재한다"라는 말로도 유명하며 근대 철학을 열었다고 평가되는 데카르트René Descartes 역시 이성과 감정에 관해서는 고대의 사상가들과 비슷하였다. 그는 인간이라는 존재를 서로 다른 두

가지 실재로 구분하였다. 하나는 합리성을 추구하는 존재가 가진 이성이고, 다른 하나는 감성이다. 인간의 인식이 명석한 판단에 도달할 수 있는 방법을 찾는 데 평생을 바친 그의 눈에는 감정이나 욕망은 현명한 판단을 방해하는 요소로 인식된 것이다.

반면 데이비드 흄David Hume은 감정적 충동이 모든 행동을 동기화한다고 주장하면서, 인간은 동정이나 사랑, 공포, 증오 등에 더 큰 영향을 받는다고 말했다. 저서를 통해 흄은 '이성이란 감성에 의해 설정된 목표를 성취하기 위한 수단에 불과하다'고 주장하였는데, 흄의 책은 당시에는 불온서적으로 간주되었다. 대표적인 진화론자인 찰스 다윈Charles Darwin 역시 '진화는 해부학적 관점에만 적용되는 것이 아니라 마음과 행동에도 적용된다'고 하였다. 다윈은 '동물의 감성적 표현은 삶에 도움을 주는 기능을 제공하며, 감성 표현은 무슨 일이 일어날 것인지에 대한 정보를 다른 동물에게 전달함으로써 생존확률에 영향을 미쳤다'고 주장하였다.

Fig. 15. Cat terrified at a dog. From life, by Mr. Wood.

출처. The Expression of the Emotions in Man and Animals(Darwin, 1872/1965, p. 125)

위의 그림처럼 두려움과 화가 섞인 고양이의 감성 표현은 자기를 공격하려는 다른 동물들에게 응수하여 자신도 공격하겠다는 명백한 신호이다. 이런 반응은 고양이를 더 크게, 더 사납게 보이도록 하기 때문에 고양이를 상대하는 동물들도 섣부르게 공격하지 않게 된다. 이러한 표현으로 인해 고양이의 생존가능성과 번식가능성이 증가하였고, 이런 행동은 진화과정에서 유지되었다는 견해이다.

감성에 대한 새로운 관점은 프로이트Sigmund Freud에 의해 대두되었다. 그는 '인간의 모든 행동에는 반드시 원인이 있다'고 하였고, '인간의 행동은 자신이 의식하지 못하는 본능적 충동에 의해 지배받는다'고 하였다. '인간은 이성에 의해 지배받는다', '인간은 이성적인 존재이다'라는 기존의 인간에 대한 관념에 도전한 것이다. 더불어 프로이트는 인간은 이성적 존재가 아닌 무의식에 휘둘리는 비합리적인 존재라고 주장하기도 하였다.

필자가 심리학이나 철학을 더 깊이 공부했다면 이를 더 잘 설명할 수 있었겠지만, 아쉽지만 더 심도 있는 이야기는 하지 않겠다. 여기에서 이 책을 읽는 독자들에게 던지고 싶고, 묻고 싶은 질문은 이것이다.

"이성과 감성을 인공지능에게 학습시킬 수 있는가? 그리고 과연 그것은 가능한가?"

인간은 합리적인가

사회 심리학에서 수행되는 다수의 연구를 통해 개인의 의식적인 선택과 무관한 외부적인 단서나 자극이 개인의 행동 변화를 유도한다는 연구 결과들이 나왔었다. 예를 들어 어느 연구에서는 노인과 관련된 단어를 통해 노인에 대한 무의식적인 활성화가 사람의 걸음걸이의 속도를 느리게 하는 데 영향을 미칠 수 있다는 결과가 보고되었다. 또 와인 매장에 울려 퍼지는 배경 음악이 소비자의 와인 선택에 미치는 영향에 대한 연구도 있었다. 이 연구 결과에 따르면 놀랍게도 프랑스 음악을 틀면 프랑스 와인을, 독일 음악을 틀면 독일 와인을 구매하는 행동이 증가하는 것으로 나타났다. 그런데 더 놀라운 건 구매자들에게 실험 목적을 설명하고 배경음악이 와인 선택에 영향을 미쳤는지 물었을 때, 구매자들이 자신은 오로지 의식적이고 합리적인 결정으로 와인을 구매했다고 대답했다는 점이다. 우리의 마음은 내가 스스로 결정하는 것일까? 아니면 주변 환경에 의해 결정되는 것일까?

우리나라의 어떤 심리학자가 몇 년 전 흥미로운 실험을 하였다. 간단한 온도 조작을 통해 우리의 판단과 선택을 바꾸는 실험이었다.

실험에서 실험참가자들의 역할은 한 명의 입사지원자를 평가하는 것이다. 실험에 앞서 심리학자는 5명의 실험참가자들에게 차가운 콜라

잔을 잠시 들게 하였다. 그리고 입사지원자를 대상으로 면접을 진행하였고, 면접이 끝난 뒤 참가자들에게 채용 여부를 물었다. 그러자 참가자들 모두 입사지원자를 채용하지 않겠다고 답했다.

이번에는 다른 실험참가자들 5명에게 따뜻한 커피 잔을 잠시 들게 하였다. 그리고 동일한 입사지원자를 대상으로 면접을 진행하였다. 이때 면접 질문도 첫 번째 실험 때와 동일하였고, 입사지원자 역시 동일하게 대답하였다. 면접이 끝난 뒤 참가자들에게 채용 여부를 묻자, 첫 번째 실험과는 달리 참가자들 모두 입사지원자를 채용하겠다고 답했다.

이 실험이 착각일 수도 있지만, 서로 다른 온도의 잔을 들었던 두 그룹이 정반대의 결과를 보인 것이 우연이라고 할 수 있을까? 그리고 '인간이 합리적인가? 자유의지를 가지고 모든 일을 선택하고 있다고 자신 있게 말할 수 있는 것인가?'라는 질문도 던져본다. 이토록 비합리적이고 감성적인 인간이 완벽한 인공지능을 만들 수 있을까?

1843년에 지름이 무려 10cm가 넘는 쇠파이프가 뇌를 관통하는 사고를 당한 피니어스 게이지라는 사람이 있었다. 전두엽에 손상을 입은 그는 이 사고를 당한 이후 완전히 다른 사람이 되었다고 한다. 나는 나의 주인일까? 아니면 뇌세포가 지배하는 걸까?

미국 애리조나주의 한 인디언 보석 가게에서 터키옥을 판매하고 있었다. 가게에서는 품질에 비해 터키옥의 가격을 상당히 낮게 책정했지만, 그럼에도 터키옥은 잘 팔리지 않았다. 가게 사장은 손님을 끌어보기 위해 직원에게 손해를 보더라도 재고품을 모두 반값에 처분하라는 메모를 남겨두고 출장을 떠났다. 며칠 후 사장이 출장에서 돌아오자, 재고가 모두 소진되어 있었다. 그런데 알고 보니 직원이 글을 잘못 읽어서 터키옥을 반값이 아니라 2배로 판매했는데 놀랍게도 3일 만에 모두 팔린 것이었다. 이 예화는 로버트 치알디니Robert Cialdini의 《설득의 심리학》에 나오는 이야기이다. 사람들은 매일 평균적으로 150개의 선택을 하는데, 그 중에서 30개 정도의 선택에만 신중을 기한다는 연구 결과도 있었다. 과연 인간의 선택과 의사결정은 합리적이며, 믿을 만한 것인가? 신경생물학자 로저 스페리Roger Sperry 역시 "뇌는 현실을 있는 그대로 알아보는 기계가 아니고, 나의 선택을 정당화하는 기계다"라고 하였다.

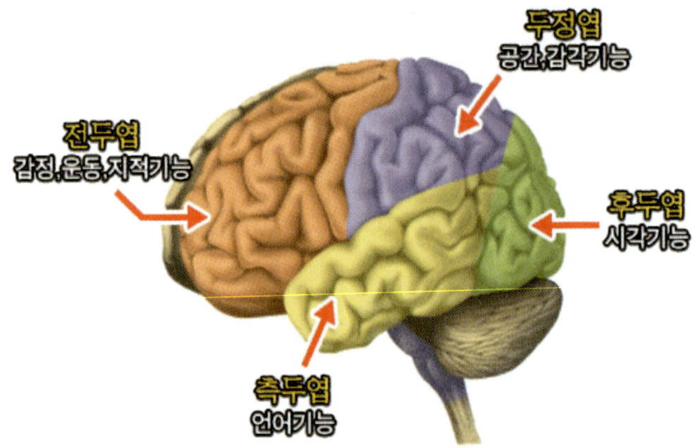

(출처 : http://www.aistudy.co.kr)

사고(思考)의 근원인 뇌의 구조와 기능에 대해 알아보자. 전두엽은 인성과 성격, 언어, 논리, 기억 등 사고 기능을 담당하는 기관이다. 측두엽은 후각, 미각, 청각 기능을 담당하며, 언어와 기억, 감정 조절과도 관련이 있는 기관이다. 후두엽은 눈을 통해 전달되는 시각 정보를 처리하는 기관이다. 두정엽은 공간, 감각 기능을 담당하는 기관으로, 신체 각 부의의 체감각 정보를 받아들인다. 그리고 대뇌는 수학과 물리학적인 사고 기능을 담당하며, 온도 변화, 통증 등 피부를 통해 전달되는 감각을 느낀다.

감성의 근원으로 알려진 변연계Limbic System는 단기기억과 감성조절 행동반응을 담당하는 기관이다. 시상하부는 식사와 같은 생명유지 기능을 통제하며, 내분비체계를 통제하는 데 도움이 되고 감성과 관련이 있는 기관이다. 편도는 감성과 관련된 변연계 내의 뉴런 센터이다. 해마는 기억과 관련된 변연계 내의 한 구조이다.

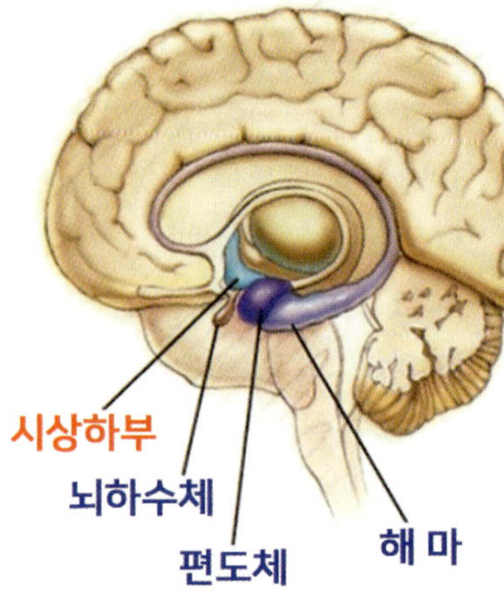

(출처 : www.google.com)

연구 결과 감성과 이성의 인지와의 관계는 서로 분리되어 있지 않다는 결론에 도달하였는데, 이는 간단한 실험으로 증명할 수 있다. 어느 초등학교에서 한 반을 수학 평균 점수가 비슷하도록 두 그룹으로 나누었다. 그리고 A그룹에게는 슬프거나 기분이 나빴던 기억을, B그룹에게는 즐겁고 행복한 기분을 떠올려보라고 한 후에 똑같은 시험을 풀게 하였다. 그 결과 두 그룹의 평균 점수 차이가 5점이나 나타났다. 이 실험에서처럼 하버드대 교육학과 커트 피셔 교수는 '기분이 약간만 바뀌어도 문제 해결의 유연성에 영향을 주는 것을 볼 때 감성과 이성과의 관계는 서로 분리되어 있지 않다'고 보았다. 감성지능은 감성과 이성의 상호작용의 결과이다. 감성지능은 감성을 담당하는 뇌와 이성을 담당하는 뇌 사이의 커뮤니케이션이 얼마나 활발한가, 연결 회로가 얼마나 잘 발달되어 있느냐에 의해 결정된다.

공동의 번영

호모데이탄들이 인공지능 표준화 기구를 만들어 인류 공동의 번영을 위한 인공지능 개발이 이루어지도록 하여야 한다. 각 나라에서 1명의 인공지능 전문가가 대표성을 갖도록 하고, 나머지 1명은 누구도 알 수 없는 익명성을 보장한 상태로 선정되어 전 인류가 다 잘 살 수 있는 방향으로 인공지능이 개발될 수 있도록 대변되어야 한다. 그리고 이 과정에서 익명성을 보장받은 위원들은 절대 나설 수 없고, 로비가 불가능한 존재이어야 한다. 그리고 이 사항을 위반하거나 위반이 가능하다고 판단된 경우는 교체가 가능하다. 결정된 방향성을 조작할 수 없고, 모두의 합의에 의해 방향이 결정될 수 있는 방식의 범지구 인공지능 협의체는 블록체인 기술을 기반으로 하여 중앙에서 통제되지 않고, 철저히 암호화되어 대승적 합의를 도출하여 방향을 정하고 나아가야 한다.

기술을 선도한 기업이나 국가의 이익을 제한하는 것이 아니라, 인공지능의 발전에 대한 이익 분배를 골고루 하는 방향으로 전 인류가 더 나아지는 방향으로 모두가 함께 진지하게 고민하자는 것이다. 이제 호모데이탄의 시대이다.

11장

블록체인

합의는 형식 논리로 따지자면 만장일치가 아니다. 합의란 심도 깊은 논의를 거친 뒤에 다다른 폭넓은 동의를 의미하기 때문이다. 필자는 인공지능으로 인한 4차 산업혁명 시대 그리고 5차 산업혁명 시대에서는 합의를 통해 인류가 공동 번영했으면 한다. 또한 유럽인이나 아시아인, 아프리카인 모두 잘 살 수 있다고 믿는다. 땅 속에 수조(兆) 달러를 묻어놓고 사는 게 무엇이 좋은가?

앞서 필자가 호모데이탄들의 범지구 인공지능 협의체를 운영하는 기반에 대해 블록체인 기술을 언급하였다. 이제부터 그 블록체인 기술이 무엇이고, 왜 그런 제안을 하게 되었는지 블록체인 기술 자체에 대해 간단히 살펴보겠다.

우리가 비트코인을 하건 하지 않건, 누구라도 앞으로 블록체인은 알아야 한다는 말에 동의할 것이다. 이 블록체인과 관련된 단어들 중에 암호화폐, 가상화폐, 비트코인이 있다. 이 단어들을 들어는 봤지만 뭔지 잘 모르겠다는 독자들도 있을 것이다. 채굴은 뭘까? 광부가 떠오른다. 이런 건 어디에서 구하는 걸까? 용어도 생소하다.

주식 투자를 할 때 자신이 투자하려는 기업에 대해 공부하듯이 암호화폐도 마찬가지로 공부해야 한다. 낯선 세계에 조금 익숙해지기 시작하면 또 다른 세계가 펼쳐진다. 블록체인과 암호화폐는 기술적인 지식이 없으면 이해하기 어렵다. 그래서 쉽게 설명해보겠다. 블록체인과 암호화폐는 무엇일까? 우선 블록체인부터 이해해보자.

거래내역이 한 줄 한 줄 적혀있는 거래장부가 있다고 하자. 그리고 거래장부의 한 장을 모두 채운다. 거래한 두 사람이 그 채워진 장을 복사해 나누어 갖는다. 그런데 장부를 가진 사람이 두 사람뿐일 때는 한 사람이 거래내역을 조작하면 누구의 장부가 맞는지 확인하기 어렵다. 그러나 세 사람이 같은 장부를 가지고 있으면 한 사람이 조작하더라도 나머지 사람이 비교해줄 수 있다. 이런 식으로 만약 100명이 같은 장부를 가지고 있다면? 1000명이 같은 장부를 가지고 있다면? 장부를 가진 사람이 많을수록 장부도 조작하기 어려워진다. 거래장부에 새롭게 추가되는 페이지는 이전 페이지와 암호로 연결되어 아무나 추가할 수 없게 한다면 어떨까? 오직 이전 페이지와 연결되는 암호를 발견한 사람만 추가할 수 있게 된다. 그리고 이 암호를 발견한 사람에게 보상이 주어진다. 암호를 발견한 사람에게는 12.5개의 비트코인이 주어졌는데, 한때는 그 가치가 1억 원 상당이 된 적도 있다.

이때 이 거래장부 한 장을 **블록**이라고 부르고, 이 블록들이 체인처럼 계속 연결되어있는 모양이라고 해서 **블록체인**이라고 부른다. 그리고 블록체인 기술이 처음으로 도입된 것이 바로 **비트코인**이다. 이 비트코인은 블록체인 기술을 바탕으로 몇 가지 간단한 규칙을 적용해 만들어진 최초의 암호화폐이다.

비트코인은 누가 만들어서 배포하는 게 아니라, 오직 암호를 찾은 보상으로만 생겨난다. 이렇게 생겨난 비트코인은 종이나 동전으로 된 실물 없이, 태생부터 디지털이라는 점에서 **가상화폐**Virtual Currency라고 부르기도 하는데, 가상화폐에는 온라인 게임 등에서 사용되는 캐쉬나 보석, 도토리 등도 포함된다. 설계 자체가 암호화 기술을 응용했다는 점에서 비트코인과 같은 다양한 코인들을 **암호화폐**Cryptocurrency라고 부른다. 블록체인을 설명하기에 적합한 용어는 가상화폐보다는 암호화폐이다.

1991년 스튜어트 하버Stuart Haber와 스콧 스토르네타Scott Stornetta는 시간 순서에 따라 타임스탬프를 연결해 위조를 방지하는 개념을 제시했는데, 이는 나중에 블록체인 기술에 영향을 미쳤다. 블록체인의 핵심요소는 분산화된 구조, 장부의 다자(多者) 간 공유 그리고 암호화된 연결이라고 볼 수 있다. 블록체인은 분산화된 구조를 가지고 있어 단일 실패점Point of Failure은 존재하지 않는다. 소수의 인물이나 세력에 의해 조작될 수 없으며, 전 페이지, 즉 블록은 암호로 연결되어 있다.

사토시 나카모토Satoshi Nakamoto를 비트코인의 창시자라고 하지만, 실제로 이 사람이 누구인지는 아직까지도 확인되지 않았다. 한 명의 사람인지, 여러 명이 속한 집단이 사용한 이름인지도 모른다. 반대로 사토시 나카모토라고 의혹이 제기된 사람들은 여럿 있었지만, 아직 확실한 것은 없다. 사토시 나카모토는 하버와 스토르네타의 연구와, 과거에 시도된 다양한 전자 화폐의 사례를 연구하여 블록체인 개념을 디지털 화폐에 적용하는 데 성공하였다. 분산화된 네트워크를 통해 이중 지불 문제를 해결했다는 점에서 IT와 금융 역사에 큰 획을 그었다고 본다. 그가 만든 비트코인은 IT분야를 넘어 세계적인 정치·경제적 현상이 된 것은 명백한 현실이다.

전자화폐의 문제점은 이중 지불Double-spending이었다. 이중 지불은 돈을 지불하고도 원본이 남아있어 같은 가상화폐를 여러 군데에 사용하는 행위이다. 현실에서 물건을 사고 현금으로 지불할 경우 직접 실물의 지폐나 동전을 판매자에게 넘겨주므로 지불한 사람에게는 물리적으로 그 돈이 남아있지 않게 된다. 신용카드를 사용하거나 온라인 거래를 할 때도 제3자가 해당 거래가 유효한지 검증하기에 문제가 없다. 그러나 암호화폐는 디지털 코드이기에 컴퓨터 파일을 복사하듯이 현금보다 상대적으로 쉽게 조작하거나 복사할 수 있다. 비유하자면 친구에게 이메일로 사진을 보내도 해당 사진은 자신의 컴퓨터에 여전히 남아있듯이, 원본은 사라지지 않는 것이다. 이 문제점을 해결하기 위해 비트코인은 시간 순서대로 모든 거래기록이 적혀있는 장부를 네트워크상에 있는 모든 노드(유저)가 공유하는 블록체인 개념을 통해 조작이나 위조 및 변조의 가능성을 차단했다. 이렇게 이중 지불 문제를 해결함으로써 비트코인은 그 전에 존재했던 다른 분산화된 전자화폐들의 한계를 넘어섰다고 볼 수 있다.

정리하자면 가상화폐는 가상 세계에서 활용되는 모든 거래수단에 해당될 수 있다. 암호화폐는 암호화Encryption 기술을 활용해 설계된 거래 수단들을 지칭하며, 비트코인 등이 이에 속한다.

전자자산Digital Asset은 다양하게 생성되고 있는 블록체인 기반 프로젝트들의 성격을 설명하기에 **화폐**라는 개념이 불충분한 부분이 있다고 여겨져 새롭게 사용되고 있는 용어 중 하나이다. 이 외에도 암호자산Crypto-asset 등의 표현도 쓰이고 있다. 우리나라 정부에서는 **가상통화**라는 표현을 사용한 바가 있다.

비트코인은 전에 없던 장부 관리법으로 혁신을 일으켰다. 비트코인 장부에서는 딱 한 가지만 할 수 있는데, 바로 돈을 주고받는 일이다. 비트코인의 성공을 보고 따라나온 수많은 후발주자들은 그보다 많은 것을 더 잘 하려고 했다. 하지만 기능 하나하나마다 서로 다른 코인을 쓰는 것은 너무 불편하였고, 10가지 기능을 넣었는데 11가지 기능이 있는 코인이 새로나오면 기능에서 밀리게 되었다.

이때 스마트폰 하나에 다양한 앱을 설치하여 쓰는 것처럼 코인을 만들면 어떨까하는 생각을 한 청년이 있었다. 그의 이름은 비탈릭 부테린Vitalik Buterin으로, 이더리움Ethereum이라는 새로운 블록체인 기반 플랫폼을 만들었다. 비트코인 네트워크에서 참여자들이 단순히 입출금만 장부에 기록했다면, 이더리움 네트워크에서는 참여자들이 특정한 조건에 따라 명령어들을 실행할 수 있다. 비트코인 주소는 **지갑** 한 종류만 있지만, 이더리움 주소는 지갑과 조건과 명령어들을 저장하는 **계약서**가 있다. 완전히 디지털화, 자동화된 이 계약서를 **스마트 컨트랙트**Smart Contract라고 부른다.

이더리움의 스마트 컨트랙트는 프로그래밍 언어 중에서도 제약이 없는 **튜링완전언어**를 지원하고 있다. 쉽게 말해 컴퓨터로 할 수 있는 모든 것을 할 수 있다는 의미다. 그렇게 프로그래밍한 앱을 이더리움 위에서 구동하게 되는데 기존의 앱과 이름을 구분하고, **분산화**라는 특성을 살려 댑dApp, decentralized app이라고 부른다. 비트코인의 비전이 기존 금융권을 혁신하는 금융 시스템이라면, 이더리움의 비전은 기존의 인터넷을 대체하는 새로운 컴퓨터 네트워크이다. 비탈릭 부테린의 대담한 상상력이 세상을 얼마나 바꾸게 될지 기대된다.

스마트 컨트랙트의 개념은 닉 자보Nick Szabo가 1994년에 처음 제시했다. 암호학자이자 법학자였던 자보는 상업에서 사용되는 계약의 법칙을 전자 플랫폼으로 옮겨오면서 법이 아니라 프로그램을 통해 계약이 이행되고, 이에 따라 보안을 갖추는 동시에 계약의 이행에서 제3자에 대한 의존도를 줄이는 것을 목표로 했다. 자보는 이 개념을 처음 제시하면서 현실에 적용되는 예시를 들었는데, 바로 자판기다. 자판기는 특정 조건(특정 물품에 대한 금액 지불)이 성립되지 않으면 물건을 주지 않지만, 반대로 그 조건이 성립되면 제3자의 개입 없이 해당 물건을 바로 제공한다. 이를 아날로그 스마트 컨트랙트라고 생각할 수 있다. 스마트 컨트랙트를 활용하면 계약을 집행하기 위해 추가 자원이나 인력을 사용할 필요가 없어져 중간비용을 절감할 수 있다는 이점이 있다. 비탈릭 부테린은 바로 이 스마트 컨트랙트의 개념을 블록체인 기술과 결합한 이더리움을 개발하여 암호화폐 분야에서 사토시 나카모토에 버금가는 영향력과 상징성을 지니게 되었다.

블록체인과 암호화폐를 다시 이해해보자. 꽃이 피면 꽃은 번식을 통해 유전자를 남기기 위해 꽃가루를 만든다. 꽃가루를 옮겨 수정을 돕는 건 나비와 벌 같은 곤충이다. 나비와 벌은 꽃의 번식을 돕지만 꽃을 위해서 돕는 것이 아니다. 곤충들은 꽃의 번식에는 눈곱만큼도 관심이 없으며, 다만 꿀이라는 달콤한 보상에 따라 움직일 뿐이다. 블록체인과 암호화폐의 관계도 꽃과 벌의 관계와 같다.

블록체인 역시 스스로의 생존과 확장을 위해 참여자에게 보상을 지급하도록 설계되어 있기 때문이다. 즉, 블록체인과 암호화폐는 동의어

처럼 사용되곤 하지만, 실제로는 다르다. 블록체인은 결국 사용자들끼리 합의를 통해 데이터를 관리하는 새로운 방식을 가리키는 것이다. 어떤 데이터가 참인지 합의하고, 그 데이터를 기록한다. 이때 데이터를 필요로 하는 사용자들만 있고, 데이터를 확인하고 기록해줄 참여자가 없으면 블록체인 네트워크는 유지될 수 없다. 블록체인 합의에 참여하는 사람들이 있어야 블록체인 네트워크가 유지된다. 이들의 참여를 유도하기 위해 동기를 부여하는 방법이 바로 암호화폐를 통한 보상이다. 참여자들이 성실하게 참여할수록 블록체인 네트워크가 건강하게 성장하고, 블록체인 네트워크가 건강하게 성장할수록 암호화폐도 높은 가치가 부여된다. 또 이렇게 보상이 커질수록 합의에 참여하려는 사람들이 늘어난다. 이러한 보상구조를 통해 블록체인 네트워크는 자발적으로 유지되는 생태계가 될 수 있다. 블록체인과 암호화폐가 분리될 수 없는 이유이다.

그러니까 결론적으로 '블록체인은 좋지만, 암호화폐는 나쁘다'는 말은 있을 수 없다.

블록체인은 어떻게 시작되었을까

2018년 4월, 서울워커힐호텔에서 열린 제1회 분산경제포럼Deconomy[23], Distribution Economy을 찾은 한 중년의 남자가 있었다. 그는 바로 암호학의 아버지라 불리는 데이비드 차움David Chaum이었다. 데이비드 차움은 뉴욕대와 UC 산타바바라대 교수로, 1982년 국제암호학회IACR, International Association for Cryptologic Research를 창설했고, 1980년대 이미 암호학을 화폐와 투표 등 다양한 영역에서 활용하는 방안을 연구하여 논문과 특허를 낸 사람이다. 〈추적 불가 전자 메일, 주소 그리고 디지털 익명성(1981)〉, 〈추적이 불가능한 결제를 위한 은닉 서명(1983)〉, 〈신분 없는 보안 : 빅브라더를 이기는 방법(1985)〉이 그의 대표 논문이다. 암호 기술을 적용하여 인장, 암호화된 계좌, 은닉 서명, 이중 지불 방지를 위한 시스템 등을 구상한 차움은 1990년 디지털 화폐 회사 디지캐시DigiCash를 설립했고, 이어 디지털 화폐 E캐시[24]E-cash라는 암호화폐를 만

23) 2018년 4월부터 개최된 분산화 경제 관련 포럼 시리즈로, 암호화 기술, 블록체인 기술, 분산화된 네트워크 등의 다양한 주제에 대해 발표와 토론이 진행된다. 2018년 11월에 프랑스에서 제2회, 2019년 4월에 서울에서 제3회가 개최되었다.

24) E-cash를 비롯해 90년대에 다양한 디지털 화폐들은 신용카드와 경쟁하게

들었다. 이는 비트코인의 할아버지 정도 된다.

E캐시는 거래 내역을 다른 사람이 알 수 없도록 익명성을 보장했다. 차움은 E캐시 라이선스를 기관에 판매해 각국 중앙은행과 상업은행, 기업 등이 E캐시를 활용할 것을 기대했으나, 사람들의 관심을 받지 못한 디지캐시는 IPO에 실패하여 급속히 몰락했다. 결국 1998년 디지캐시는 파산하였고, 비록 암호화폐는 실패했으나 시대를 앞서간 그의 사상과 암호학 기술은 블록체인을 통해 이어지고 있다.

1980년대 후반 데이비드 차움에게 영감을 받은 운동가들이 있었으니 바로 사이퍼펑크Cypherpunk[25]다. 사이퍼펑크는 대규모 감시와 검열에 맞서 개인의 자유와 안전을 지키기 위한 방안으로 강력한 암호화 기술을 활용해야 한다고 주장하는 사람들로 구성된 일종의 연합체이다. 전 세계 정부나 기업의 비윤리적 행위와 관련한 비밀문서를 폭로하는 웹사이트인 위키리크스Wikileaks도 이 운동에 뿌리를 두고 있다. 이 위키리크스의 창립자 줄리언 어산지Julian Assange 역시 호주 출신의 해커였으며, 1990년대 사이퍼펑크 중심인물로 활약하기도 했다. 사이퍼펑크에게 익명 디지털 통화 시스템은 익숙한 개념이었다. 그들 가운데 몇 명은 비트코인이 등장하기 전에 비슷한 통화를 구상하고 시도했었다.

비트코인이 등장하기 10년 전인 1998년, 사이퍼펑크 운동가 웨이 다이Wei Dai[26]는 비트코인과 비슷한 시스템을 설계했다. 암호학 전문가

되었다. 차움은 사람들이 각자의 개인정보가 어딘가로 유출된 가능성을 두려워할 것이라고 생각하면서 Ecash를 만들었다

25) 암호화 또는 해독에 사용되는 알고리즘을 의미하는 단어 사이퍼(Cipher, Cypher)와, 문명과 기술의 발달로 인해 발생하는 인류의 괴리감을 표현한 공상과학 장르인 사이버펑크(cyberpunk)를 합쳐져 만들어진 용어이다. 사이퍼펑크는 일사불란한 연합체라기보다는 암호화 기술이 필요하다는 철학을 가진 사람들이 이메일을 주고받으면서 수학, 암호학, 철학 등에 대한 토론과 논쟁을 하는 이메일 리스트다. 1997년에는 2천여 명의 가입자가 있었다.

26) 다이는 B머니의 개발 외에도 Crypto++를 만든 것으로도 유명하다. Crypto++는 프로그래밍 언어 C++을 사용하는 암호화 관련 알고리즘 저장고이며, 무료

이며 수학, 철학에도 관심이 깊었던 그는 P2P 거래와 분산원장 시스템을 접목하여 B머니B-Money라는 전자화폐를 발표했다. 그러나 이는 개념 발표로만 그치고 실제 시스템이 만들어지지는 않았다.

1997년 영국의 암호학자 애덤 백Adam Back[27]은 해시캐시Hashcash라는 시스템에 작업 증명POW 개념을 도입했다. 스팸메일을 막기 위해 메일을 보내는 사람이 시간을 들여서 작업 증명을 해야만 해시캐시 인증을 받도록 한 것이다. 백은 현재 비트코인 기술을 개발하는 기업인 블록스트림Blockstream의 대표를 맡고 있다.

미국의 컴퓨터과학자이자 암호학자인 닉 자보Nick Szabo[28]는 역시 1998년 작업 증명을 기반으로 하는 비트골드Bit Gold를 고안했다. 이는 중앙관리 개체 없이도 황금의 가치를 유지하는 것을 온라인으로 구현하려 시도한 시스템이었다. 위의 3가지 사례는 비트코인에 큰 영향을 준 것으로 보인다.

그러던 2008년 10월 31일 뉴욕 시간으로 오후 2시 10분, 암호학 전문가와 아마추어 수백 명에게 한 통의 이메일이 도착했다. 발신인은 사토

로 제공되는 오픈소스라서 학계와 산업계에서 많이 사용한다. B-Money는 비트코인의 핵심 개념 중 여러 가지를 미리 제시했다는 점에서 의의가 크다. 대표적으로 컴퓨터 연산을 통한 작업 증명, 커뮤니티가 공유하는 장부 확인에 의해 거래를 확인하는 방식 등은 B머니를 발표한 논문에서 제시된 바가 있으며, 비트코인 백서도 B머니를 인용한다.

27) 사토시 나카모토가 비트코인을 개발하면서 처음으로 개별적으로 연락을 취한 사람이 바로 웨이 나이와 애덤 백이다. 백이 개발한 해시캐시는 작업 증명에 있어서 '증명' 부분을 효율적으로 수행할 수 있게 만들었다는 점이 특징이다. 그의 회사 블록스트림은 비트코인의 확장성을 위한 레이어 2솔루션 개발을 하고 있다.

28) 스마트 컨트랙트라는 개념을 처음 제시한 것으로 유명하다. 비트 골드는 컴퓨터 연산력을 사용해 암호화된 퍼즐을 해결하고, 이 퍼즐에 대한 해답이 공동 장부를 통해 증명되면 그것이 다음 퍼즐의 일부분으로 연결되는 비트코인의 구조와 비슷한 구조를 가졌다. 비트코인이 사회적 현상이 되고 사토시 나카모토의 정체를 궁금해하는 사람들이 많아지면서 자보가 사토시 나카모토의 유력한 후보로 떠오르기도 했다.

시 나카모토였다. 메일에는 '저는 신뢰할 만한 제3자 중개인 없이 완전히 당사자끼리 운영되는 새로운 전자 통화 시스템을 연구해오고 있습니다.' 라는 내용과 함께 9페이지짜리 논문을 다운받을 수 있는 링크가 달려 있었다. 논문은 국가도, 은행도 없이 컴퓨터와 인터넷만 있으면 전 세계에서 이용할 수 있는 화폐인 비트코인[Bitcoin]의 개념을 설명하고 있었다. 논문이 발표된 지 2달 후, 2009년 1월 3일 비트코인이 실제로 발행되기 시작했으며, 관리하는 사람 없이 정해진 프로토콜[Protocol][29)]에 따라 2140년까지 2100만 개의 코인이 만들어지게 된다. 이것이 바로 비트코인의 탄생이었다.

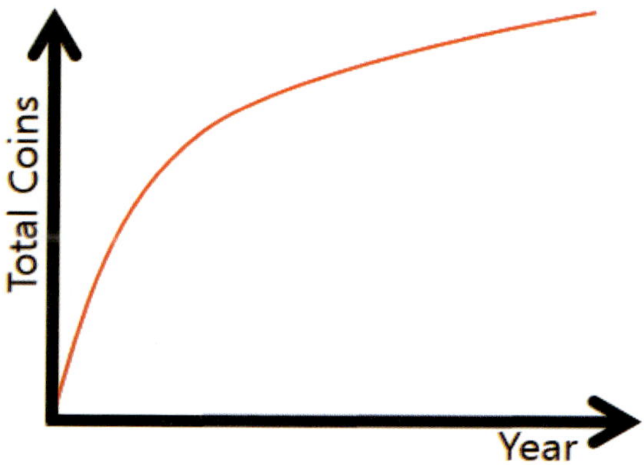

블록체인은 분산화된 데이터베이스 시스템이다. 투명성과 보안을 갖춘 다방면으로 활용이 가능한 기술이다. 누구나 볼 수 있으며, 만일 조작하려면 모두 다 같이 해야 한다. 그러면 이 기술은 지금 어떻게

29) 복수의 컴퓨터 사이 또는 중앙 컴퓨터와 단말기 사이에서 데이터 통신을 원활하게 하기 위해 필요한 통신규약. 비트코인의 프로토콜은 2009년 시작 이후 처음에는 10분마다 50개의 비트코인이 생성되지만, 4년마다 절반으로 줄어들어 2140년에 2,100만개로 생성이 종료된다.

활용될 수 있을까?

블록체인을 활용하여 이를 기반으로 만들어진 화폐를 사용해 사용자에게 외부화됨으로써, 보이지 않는 카드 수수료를 대폭 줄일 수 있다. 또 정보를 투명하게 공개하면서 해킹을 통한 조작을 방지하는 기술을 적용해 투표 시스템을 개량할 수 있고, 음반 시장에서는 대형 스트리밍 업체를 거치지 않고 음원을 직접 청취자에게 연결하여 원저작자에게 돌아가는 저작권료를 높일 수 있다.

의료 분야에서는 의료 데이터를 분산하여 저장해서 해킹 사고를 막고, 개인키를 통해 어느 병원에서든 접속 가능하도록 만들어 효과적으로 정보를 공유할 수 있다. 의료 연구자들은 개방된 데이터 목록에 접근해 희소병을 앓는 환자를 찾을 수 있고, 연구 목적으로 데이터를 구매할 수 있다. 그들이 구매하는 데 지불한 금액은 희소병 환자에게 소중한 치료비가 될 수 있다. 기부금과 원조 자금 역시 블록체인을 활용하여 투명하게 관리함으로써 부패로 인한 자금 손실을 줄일 수 있다. 또 전력 시스템에 블록체인 기술을 활용하면 생산된 전기 가운데 사용하지 않고 남은 전기를 스마트 컨트랙트를 통해 자동으로 구매 및 판매하는 것이 가능하다.

블록체인은 이외에도 더 다양하게 사용될 수 있는 기술이다. 이런 기술들은 평소에 우리 눈에 잘 띄지 않을 수 있지만, 조금씩 세상을 바꾸어나가고 있다. 시간이 지나면 우리는 블록체인이 가진 무한한 가능성을 실감하게 될 것이다.

미래를 예측한다고 했을 때 예측은 무엇을 의미할까? 사실 예측은 불확실성이 있는 계획과 의사결정이라는 의미로 파악된다. 컴퓨터 프로그램(여기서는 인공지능이라고 표현했지만)과 인간 바둑 고수인 이세돌, 이 둘의 게임의 결과를 예측하는 데는 여러 단순화에 의존한다. 이러한 단순화를 모델이라고 생각할 수 있지만, 휴리스틱Heuristic이라는 용어가 컴퓨터 프로그램이나 인간의 의사결정 분야에서 더 자주 사용된다.

휴리스틱은 의사결정을 할 때 비효율적이고 타당하지 않은 것들을 없애나간 뒤, 가장 효율적이고 적절한 해답을 찾아 상식화하여 불필요한 시행착오를 줄여나가는 의사결정 과정의 단순화된 지침이다. 인간과 인공지능이 바둑을 둘 때 각기 다른 휴리스틱을 작용한다. 따라서 둘이 맞붙을 때는 어느 쪽이 상대방의 맹점을 찾아내느냐가 승패를 가를 것이다.

서울 집값에 거품이 왜 생기는가? 그것은 시장이 지속적으로 상승하는 걸 많은 사람이 바라기 때문이다. 전문가들의 예측 자체가 결과를 바꾸기도 하고, 여론의 판세 변화에 대한 것도 비슷하다. 가짜뉴스가 심각한 사회문제가 될 가능성이 농후한 이유다. 불완전한 인간이 완벽한 인공지능을 만들 수 없고, 복잡성과 불확실성이 크기 때문에 미래에 대한 예측도 완벽할 수 없다.

이 책은 인공지능이나 머신러닝 딥러닝을 완벽하게 공부하기 위해 빅데이터와 여러 분석 기법들 그리고 함께 알아야 할 부수적인 지식들을 쌓게 하는 게 목적이 아니다. 앞으로 다가올 미래 시대와 더 나은 미래 세대를 위해 인공지능과 인간을 알자. 우리는 완벽하지 않고, 인공지능 역시 완벽하지 않을 가능성이 크기 때문이다.

필자는 일부 선진국과 초우량기업이 독점하듯 인공지능을 주도하고, 기술을 통해 영위하고, 성과를 차지하는 것에 경각심을 갖기 위한 통찰력을 갖도록 도움을 주고자 하였다. 지금 독자들이 여기까지 읽고 있다는 것은 끝까지 읽을 수도 있다는 생각을 하며, 당신 역시 호모데이탄에 합류할 준비가 되었다고 볼 수 있다.

불행을 최소화하고 공공의 행복을 최대화하기 위한 방법을 과학적으로 연구하고 생각하는 것은 정말로 중요한 일이다. 우리는 그것을 할 수 있고, 이제 해야 한다. 그리고 이 질문에 답하기 위해서는 우리의 오래된 편견이나 종교적이고 정치적인 신념에 의지하기보다는 모두가 뜻을 모아야 한다. 호모데이탄은 이미 디지털 혁신 촉진자이다. 디지털 트랜스포메이션도 호모데이탄들에 의해 시작되고, 완성될 것이다.

인간 존중의 밝은 미래는 세상을 경영하고, 따뜻한 가슴으로 인류에게 도움을 주려는 호모데이탄들이 많은 세상일 것이다.

12장

호모데이탄

200년 전과 지금을 비교해보면, 자동차와 전화 등 기술은 완전히 달라졌으나, 학교에서 국영수를 가르치는 모습은 아직도 비슷하다. 당시 유럽의 농부들은 전부 문맹이었다. 그래서 공장에 데려다 일을 시키기 위해서는 글을 읽고 수를 계산할 줄 알아야 했기에 학교에서 국영수 교육을 시작했다. 그러나 상황이 달라진 지금도 우리는 교육을 여전히 똑같이 하고 있다. 하지만 앞으로는 기계가 인간보다 국영수를 더 잘하게 될 것이 분명하다. 불도저가 나온 이후 사람이 아무리 삽질을 잘해도 기계보다 더 잘할 수는 없듯이, 똑같이 지금 학생들에게 국영수만 가르쳐주기만 한다면 20~30년 후를 생각했을 때 아찔해진다.

그러므로 사람이 기계보다 더 잘할 수 있는 걸 가르쳐주고 그게 무엇인지 찾아야 한다. 대부분의 사람이 일을 안 해도 되는 시대가 찾아왔을 때에 대한 대책이 있어야 한다. 현재 사회보장제도는 대부분 사람이 일을 하고, 실업률은 5~10% 정도일 때를 가정한 것이다. 이는 대부분의 사람이 세금을 내고, 일하는 사람이 은퇴자보다 많다는 것을 전제한 것인데, 인공지능 시대가 오고 호모데이탄이 나타나는 새로운 시대에는 이 기본 전제가 다 깨질 것이다.

데미스 허사비스Demis Hassabis는 구글 딥마인드의 공동 창업자이자 최고경영자이다. 신경과학자이며 알파고 개발자이기도 한 그는 신경과학에 기반을 두고 인공지능을 개발하는 것이 두뇌에 관한 복잡한 문제를 풀 수 있는 최적의 방법이라고 믿는다. 그리고 의료 분야에서의 발전에 많은 기대를 품고 있는 그는 망막을 스캔해서 시력 상실를 진단하는 프로그램을 만들고 있는 무어필즈 영국 안과 병원의 사례를 언급하며, 현재 개발하는 인공지능 시스템이 전례 없는 정확성과 신속성을 보여주고 있고 전문 의사만큼이나 정확하게 50개 이상의 눈 질환을 진단할 수 있다고 했다. 필자의 생각에도 5년 안에 의료산업은 인공지능이 빛을 발하는 주요 산업이 될 것이며, 의학적인 부분에서 인공지능은 잠재력을 꽃피울 것이라고 본다. 특히 역공학逆工學, Reverse Engineering[30] 등의 기술들을 시각화 및 분석하는 툴을 만들어야 할 때이다.

인공지능의 발전으로 인하여 가장 흥미로운 분야가 의료산업 분야이다. 우울증을 앓고 있는지 판단할 수 있는 생체지표가 얼굴과 음성에 있기 때문이다. 이 생체지표로 자살 충동의 징후도 예측할 수 있다. 사람이 휴대전화나 다른 전자장치 앞에서 보내는 시간을 생각해보면 이 생체지표로 객관적인 데이터를 많이 모을 수 있다.

인공지능으로 시뮬레이션을 시도할 수 있는 영역으로 생물학과 의학을 보자면, 몇 년이 아니라 몇 시간 안에 임상 실험을 마칠 수 있으며, 우리만의 데이터를 만들 수 있게 된다. 인간 게놈 프로젝트가 시작한 지 7년 정도 되었을 때 데이터가 1% 수집되었는데, 당시 비평가들은 "7년 동안 1%를 수집했다는 건 100%를 채우는 데 700년이 걸린다는 것과 같으므로 이 프로젝트는 제대로 이루어지지 않을 것이다."고 했다. 하지만 반대로 구글의 엔지니어링 이사였던 레이 커즈와일은 "1%를 끝냈으니, 다 끝낸 것과 마찬가지다."라고 하였고, 실제로 인간 게놈 프로젝트는 7년 후에 완성되었다.

현재 생명공학 분야는 전환점에 와있다. 사람들은 의학 분야가 과거에도 그랬던 것처럼 아무런 계획 없이 무작정 앞으로 나아가고 있다고 생각하며, 맞으면 좋고 아니면 말고 식의 연구를 하고 있다고 생각한다. 하지만 제약회사들은 생명의 소프트웨어를 실제로 이해하고 체계적으로 재프로그래밍하는 것이 아니라, 수천 가지의 화합물 목록을 검토하여 영향력 있는 것을 찾아내고 있다. 생물학에서의 정보화 측면은 모든 부분에서 매년 두 배씩 발전해왔다. 유전자 염기서열 분석이 대표적인 예로, 첫 번째 게놈Genome[31]을 알아내는 데 10억 달러의 비용이 들었다

30) 시스템을 역으로 추적해 분석하는 기법이다. 장치 또는 시스템의 기술적인 원리를 구조분석에서 발견하는 과정이다.

31) 한 생명체 안의 모든 유전자의 집합.

면 지금은 거의 1000불 수준으로 줄어들었다. 또한 생물의 원시적인 객체 코드를 수집하는 것뿐만 아니라 이를 이해하고 모델링하며, 시뮬레이션하고 재프로그래밍하는 능력도 매년 두 배씩 증가하고 있다. 인공지능으로 인하여 의학은 앞으로 10년 크게 달라질 것이다. 호모데이탄들이 준비해야 할 일들이 한두 가지가 아니다.

옥스퍼드대 교수이자 인류미래연구소 이사인 닉 보스트롬Niklas Boström은 인공지능과 머신러닝이 인류에게 미치는 잠재적 영향과 초지능과 관련된 분야의 전문가이다. 200개가 넘는 출판물을 집필한 전문작가이기도 한 그도 "인공지능이 거의 모든 영역에서 다양하게 창의적인 방식으로 기술들을 적용할 수 있을 것이며 그 효과도 대단할 것"이라고 얘기한 바 있다. 인공지능은 기업가, 사업가에게 많은 기회를 잡을 수 있게 해줄 아주 흥미로운 것이다. 그리고 그와 관련된 직업도 많이 생길 것으로 기대된다.

인공지능으로 인해 없어지는 일자리도 있겠지만, 역시 새로운 일자리도 생길 것이다. '새로운 일자리' 측면에서 보자면 경제 성장 자체에서 오는 것과 그로 인해 역동성에서 새로운 일자리가 생길 것으로 기대된다. 간호사의 업무 형태를 바꿀 수 있지만 그렇다고 해서 실제 간호사를 대체할 수 없는 것처럼 말이다.

보험설계 업무의 형태를 인공지능이 바꿀 수는 있지만, CFPCertified Financial Planner[32]나 FSRFinancial Services Representative[33]을 대체할 수 있는 것은 아니다. 회계사와 정원사를 예를 들어보자면 회계사의 일이 정원사의 일보다 어렵지만, 회계사의 일이 정원사의 일보다는 쉽게 자동화할 수 있다. 회계사는 대부분 데이터 분석과 수집과 같은 일을 하기 때문이다. 이것이 물리적인 작업과 인지적인 작업의 차이로, 사람이 어려워하는

---

32) 국제공인재무설계사로, 재무설계분야 전문가를 의미한다.
33) 메트라이프Metlife 등 외국계 보험회사에서 설계사를 지칭한다. 각 회사마다 다른 호칭을 가지고 있다.

일일수록 인공지능이 대체할 가능성은 크다고 보는 게 합리적이다. 왜냐하면 정원사의 일 같은 종류의 업무를 자동화하는 것이 기술적으로 훨씬 어렵기 때문이다. 그리고 무엇보다도, 정원사의 일을 자동화하는 것이 좋겠는가, 회계사의 일을 자동화하는 것이 좋겠는가? 미국에서는 정원사의 시급은 약 8불이지만, 회계사의 시급은 30불이다. 상대적으로 저임금의 직업들은 기술적이나 경제적으로나 인공지능으로 인한 자동화가 될 가능성이 낮다. 비행기 조종사가 비행기를 운전하는 시간은 7% 가량이다. 1%가 더 줄어든다고 해서 이런 사실을 신경 쓸 사람은 없다. 그러나 의학적인 상황을 보면 어떤가? 의사가 아무도 볼 수 없는 방으로 들어가 기계를 사용하고 다시 돌아와 진단을 내린다고 하면 어떤가?

인공지능의 발전과 함께 고민해야 할 것은 사회적 규범이다. 잠재적 규제 사항과 사회적 수용 요인에 대한 광범위한 검토가 필요하다. 정치인들, 특히 국회의원들이 할 일 역시 참 많다는 것을 알 수 있다. 그리고 연구자들과 호모데이탄들은 세상이 더 나은 방향으로 나아가도록 이 사실을 지속적으로 얘기해야 한다. 기술은 직업을 없앨 뿐, 일을 없애지는 않는다. 먼 미래의 얘기일 수 있지만 인공지능으로 인해 생산성이 극대화되었다면, 기본소득에 대한 논의가 완료되어야 한다. 기본소득[34]은 목적과 의미 및 존엄성에 근거하면 좋을 것 같다. 아이를 키우는 모든 가정에 아이 양육에 대한 의미와 존엄성을 부여하여 임금을 지불해야 한다는 제도 같은 것을 의미한다. 아직 존재하지도 않는 기술에 대해 안정장치를 구축하는 것과는 전혀 다른 문제이다.

개인 정보를 존중하면서 데이터에 쉽게 접근할 수 있는 방법에 대한 투자도 필요하다. 대부분 환자들은 그들의 데이터가 새로운 치료 목적

34) 모든 사회 구성원들에게 아무 조건 없이 정기적으로 지급하는 소득.

을 위한 연구에 쓰이는 데 기꺼이 동의한다. 그러므로 인공지능과 관련된 규제가 환자 데이터를 모으고 적절한 치료법을 찾아내는 속도를 늦추고 있다면 시급하게 개선해야 한다. 호모데이탄들은 인공지능 기술이 발전하도록 놔두고 좋은 방향으로 흐를 수 있도록 하는 메커니즘을 생각해야 한다.

페이스북의 부사장이자 수석 인공지능과학자이며 뉴욕대 컴퓨터과학 교수이기도 한 얀 르쿤Yann LeCun은 "딥러닝이 인공지능의 대명사가 되었다"고 했다. 그는 일자리를 잃어버리는 식보다는 일 자체의 변화가 일어날 것이라고 보고 있다. 예를 들어 방사선과 전문의는 하루 8시간 동안 스크린을 바라보는 데 소비하는 것이 아니라 환자에 좀 더 집중하고 환자와 많은 이야기를 할 수 있는 방향으로 바뀔 것이라고 기대한다.

인공지능이 컴퓨터 비전, 음성인식의 혁명뿐 아니라 자연어의 이해, 로보틱스, 의학이미지 분석, 자율주행차를 만들었다. 예를 들어 어펙티바 소프트웨어Affectiva Software를 사용하면 운전자나 탑승자가 졸음운전을 하는지, 주의가 산만하거나 피로를 느끼는지, 심지어 만취 상태인지 등을 검사할 수 있다. 만일 운전자가 술을 마신 경우 운전자에게 경고를 줄 뿐만 아니라 차에 직접적으로 개입한다. 음악을 바꾸는 것에서부터 차 내부를 조금 춥게 만들거나 운전자의 안전벨트를 더 조이거나, 아니면 인공지능이 '내가 몰게'라고 말할 수도 있다. 운전자의 상태와 주의 정도를 파악하면 그에 맞는 다양한 행동 강령들도 있어야 한다. 기계로 할 수 있는 일은 값이 싸게 될 것이다. 인공지능과 같은 기술들로 선진국에만 이익을 가져다주는 것에서 그치지 않고 전 세계에 이익을 공유할수록 있도록 하는 시스템에 대한 연구도 필요하다.

스탠퍼드대 컴퓨터과학 교수이자 구글 클라우드의 수석 과학자인 페이페이 리Fei-Lei Li[35]는 한쪽의 데이터만을 가지고 시작하는 머신러닝

---

35) 컴퓨터에 이미지를 판단할 수 있는 알고리즘을 개발하기보다는 많은 이미지

시스템이 있으면 그 결과는 편향될 것이라는 우려를 표한 적이 있다. 데이터 토처링Data Tourching은 데이터 분석을 원하는 결과를 표현하고 말하고자 하는 노력을 말하는 용어인데, 소위 고문을 가했을 때 피고문자가 원하는 대답을 한다는 의미에서 사용하는 말이다. 있는 그대로의 데이터를 가지고 분석하지 않으면, 문제되고 있는 가짜뉴스Fake News와 같이 사회적 문제를 야기할 수도 있다. 인공지능에 대한 기술 발전에만 관심 갖고 개발할 것만은 아니다. 법적인 제도를 마련하는 분야에도 관심을 가져야 할 때이다. 당연히 사람보다는 컴퓨터가 편향을 줄이는 것이 훨씬 쉽다고 생각한다. 인간은 이미 극복할 수 없을 만큼 편향을 갖고 있다.

앞으로는 기업 간뿐만 아니라 국가 간의 인공지능에 대한 경쟁이 있을 것이다. 이런 경쟁이 건강한 방향으로 흘러가면 좋겠다. 서로를, 시장을, 사용자를 존중하며, 국가 간 법이나 국제법을 존중하는 것이 중요하다. 건강한 마인드가 인공지능이 발전하는 시점에는 그 어느 때보다 더욱 중요할 수 있다. 기업과 각 국가의 지도자들이 윤리적으로 행동하길 기대한다. 구글 브레인의 딥러닝 프로젝트, 온라인 교육기관 코세라Coursera를 공동설립한 앤드류 응은 정직하고 윤리적이며 멋진 사람들이 많을수록 인공지능의 낙관적인 미래를 지향하는 사회로 나아갈 것이라고 했다. 〈Her〉 라는 영화는 인공지능과 사랑에 빠지는 내용이다. 어쩌면 영화에서처럼 인공지능과의 결혼도 걱정해야 하지 않을까? 만일을 대비하여 인공지능 분야에서도 식품의약품안전처나 미국의 FDAFood and Drug Administration의 규제와 같이 인공지능을 위한 가이드라인을

를 보여주는 것이 낫다는 아이디어를 떠올려 이미지넷(ImageNet)을 개발했다. 인터넷과 집단 지성의 힘을 이용하여 이미지넷에서 5만 명의 작업자가 10억 장에 이르는 이미지 데이터를 모으고, 정리, 분류 작업을 했으며, 이렇게 축적된 대량의 분류 이미지는 컴퓨터 비전 분야에 많은 기여를 하였다.

개발하는 것도 필요하다.

2018년에 캐나다 몬트리올학습알고리즘협회의 연구 지도자이자 몬트리올대 컴퓨터 및 응용과학교수인 요슈아 벤지오Yoshua Bengio를 포함한 세계 AI 분야 과학자 57명이 우리나라의 KAIST에 킬러 로봇의 연구 중단을 요구하는 공개서한을 발표한 적이 있었다. KAIST에서 무인 잠수정과 항공기 훈련 시스템 등에 인공지능 기술을 접목한 무기체계 개발 연구를 시작하였는데, 이 소식이 인간의 통제 없이 작동하는 인공지능 로봇 무기를 개발한다고 외신에 오해할 만한 부분이 실린 것이다. 이것이 KAIST와의 연구 협력 보이콧 선언까지 이어졌고, 이에 KAIST 총장이 해명하여 결국 보이콧은 철회되었다. 해프닝으로 끝난 일이었지만, 사람보다 빠르게 총을 쏠 수 있는 경비 로봇이 있다면 어떨까? 올바르게 프로그래밍되어 있다면 사람보다 유용하지 않을까?

군대에서 인공지능을 사용하는 것과 킬러 로봇을 혼동해서는 안 된다. 군대에서 인공지능의 사용을 완전히 막아야 한다고 요슈아 벤지오 교수가 말한 것은 아니다. 오히려 그는 인공지능을 이용하여 방어무기를 만들 수 있다고 했다. 다만 인공지능을 유익하게 사용하도록 이끄는 올바른 사회 메커니즘이 무엇인지 고려해야 한다.

불행을 최소화하고 공공의 행복을 최대화하기 위한 방법을 과학적으로 연구하고 생각하는 것이 정말로 중요하다. 호모데이탄이 현명하게 행동한다면 이익이 더 많을 것이다. 수천 년 동안 우리가 겪었던 갈등과 전쟁들을 살펴보면, 모두 인간이 동의하지 않는 것에서 비롯되었다. 2세기 전 세계에는 오직 하나의 민주주의만 있었고, 1세기 전에는 민주주의 국가가 6개였지만, 현재는 192개 국가 중 123개 국가가 민주주의 국가이며, 이는 전 세계의 64%에 해당된다. 완벽하지는 않지만 민주주의는 오늘날에 있어 표준으로 받아들여지고 있다. 모든 삶의 양상은 좋아지고 있으며 이는 지능화되는 기술의 영향 덕분이다. 인공지능의 발전, 이는 우리와 깊이 통합되어 있다.

협동로봇

우버의 자회사인 GI Geometric Intelligence의 설립자이자 최고 경영자인 뉴욕대 심리학 및 신경과학 교수인 게리 마커스Gary Marcus는 IBM의 왓슨이 퀴즈 쇼인 〈제퍼디!Jeopardy!〉에서 우승하는 것을 보고 인공지능 연구에 흥미를 가지게 되었다. 처음에는 왓슨에 회의적이었던 그는 인공지능은 자연어를 처리하는 능력이 부족하기 때문에 인간을 이길 수 없을 것이라고 생각했다. 하지만 왓슨이 인간을 이겨버리고 퀴즈 쇼에서 우승하자 놀랐다. 왓슨이 인간을 이길 수 있었던 이유는 인공지능에게 주어진 문제가 생각보다 훨씬 한정적이었기 때문이었다. 문제에 항상 대답만 하면 되는 것이었고, 왓슨의 경우 〈제퍼디!〉에서 했던 답변 중 95%가 위키피디아 페이지 제목이라는 것이 밝혀졌다.

국가별 상황은 다르겠지만, 노약자들에게 도움이 되는 방향으로 인공지능을 탑재한 로봇의 수요 역시 생길 것이다. 일본에서는 이미 노인이 침대에서 일어나고, 눕고, 화장실을 다니는 등 간단한 일을 하는데 도움을 주는 로봇 시연이 많이 있다. 일상생활 속에서 사람의 도움이 직접적으로 필요하지만, 그 필요성을 충족시키기 위한 노동력이 부족한 것도 현실이다. 이런 변화들로 인해 노인들을 위한 로봇 공학이 필요해질 것이다. 이렇게 사람을 돕는 로봇을 가리켜 협동로봇이라고 한다.

농업은 특히 로봇 공학과 인공지능의 성장 가능성이 큰 산업이다. 전문가들은 이미 농사에 로봇이나 인공지능을 도입하는 것을 이야기하고 있으며, 농사짓는 공간을 야외에서 공장 안으로 들여오고 있다. 이 농사에 머신러닝이 매우 유용하게 사용될 수 있다. 머신러닝은 종자 주변의 요소들을 제거하고, 실제 날씨에 관계없이 정확한 양분 및 조건을 제공하는 일을 할 수 있을 것이다. 농사를 돕는 협동로봇 역시 단계적으로 나타나게 될 것이다. 그러나 현실적으로 봤을 때 지능형 로봇과 그 기술을 개발하는 것은 아주 많은 시간이 걸리는 일이다. 혹자는 이런 기술들이 빠르게 현실로 다가올 것이라고 말하고 있지만, 냉정하게 말해 과대평가이다.

독자들 중에는 31년 전인 1989년에 방영되었던 애니메이션 〈2020년 우주의 원더키디〉를 기억하는 세대들도 있을 것이다. 이 애니메이션은 2020년의 지구가 배경이다. 우주탐사 중 조난당한 아버지를 찾는다는 암울한 설정이 깔려 있고, 성간여행을 위해 거대 우주선을 타고 광선총을 조작하며 외계인과 사투를 벌이기도 한다. 초등학교 고학년 시절에 이 애니메이션을 접했던 필자는 '2020년 즈음에는 저런 일이 일어날 수도 있겠구나'하고 생각했지만, 2020년 현재 우리는 아직 성간여행 우주탐사를 하지 못하고 있고, 광선총을 쏘는 외계인도 없으며, 애초에 광선총도 상업화되지 않았다.

다시 말하지만, 인공지능 기술이 빠르게 변화하는 것은 맞다. 그러나 이 기술들의 발전으로 빠르게 현실로 다가올 것이라는 견해에 대해서는 과대평가라고 생각한다.

서방국가들은 중국과 같은 나라가 인공지능에서 우위를 두게 되는 것에 걱정하고 있다. 실제로 이미 중국은 얼굴 인식을 사용하고 있다. 중국의 주요 도시의 횡단보도에 안면 인식기가 설치되어 있어 무단횡단을 하는 사람을 포착하여 대형 전광판에 무단 횡단한 사람의 신상 정보를 바로 띄우고, 경고음으로 위법 사실을 알리고 있다. 필자는 공산주의식 체제가 자율주행자동차 시스템 시범 도시 운영을 가속화할 수 있겠다는 생각도 한다. 공산주의가 아닌 그 어떤 나라에서 쉽게 사회적 합의를 도출해 도시 전체의 차량을 자율주행차 시스템을 시험하는 도시로 만들 수 있을까. 법도 고쳐야 하고, 여러 이해관계들의 합의를 도출해야 하는데, 이는 수년 혹은 수십 년이 걸릴 일이다. 그러나 공산국가에서는 1명만 설득하면 되지 않겠는가?

2014년까지만 해도 인공지능을 사용하던 사람들은 대부분 스마트폰을 통해 시리[Siri]나 구글 어시스턴트[Google Assistant]를 사용하던 수준이었다. 신시아 브리질[Cynthia Breazeal]이 가정용 로봇인 지보를 개발한 지 이제 불과 6년이 지났는데, 지금은 2014년과는 근본적으로 다르게 어린 아이부터 98세 노인들까지 인공지능 스피커와 대화를 하고 있다. 인공지능 스피커 같은 시장은 계속 성장할 것이다. 제조업 공장에서 생산을 돕는 협동로봇과 함께 소셜 로봇은 서비스 제공의 개념을 넘어 사용자의 참여를 이끌어 관계를 갖고 성장과 변화를 함께 할 수 있다. 이것이 바로 소셜 로봇이 지향해야 하는 바이다. 로봇이 단순히 물건을 만드는 것이 아니라 사회적, 정서적 지원을 할 수 있는 분야를 찾아봤을 때 사람의 성장과 변화를 도울 수 있다면 인류의 삶은 완전히 변화될 수 있을 것이다. 할 수 없는 일들을 할 수 있게 되며, 기존에 없었던 새로운 기회를 갖게 될 것이다. 사람들이 더 건강하게 지낼 수 있다면 다른 기회들을 잡을 수 있으므로 인류의 삶 역시 변화될 것이다. 소셜 로봇은 제조업과 자율주행차 이상으로 사회적 의의를 지닌 거대한 영역으로 범위가 넓어지고 있다.

오늘날 우리는 다양한 로봇을 설계하고 있다. 여전히 많은 로봇들이 위험한 장소에서 위험한 일을 하지만, 교육이나 자폐증 치료를 위한 로봇도 등장하고 있다. 인류의 협력하는 협동로봇으로서의 소셜로봇의 목표가 인류의 번영이라면, 인공지능이 소수에 국한되지 않고 모든 사람들에게 이익이 되는 미래를 만들 수 있다. 인공지능은 기술 중심의 변화를 가속화할 수 있는 강력한 도구이다.

인공지능의 혜택을 모든 사람이 누릴 수 있는 한 가지 해결책은 교육이다. 향후 20년은 인공지능 기술력이 국가 경쟁력을 좌우할 것이다. 우리나라에서는 가천대가 국내에서 첫 번째로 AI학과를 개설했다. 석사와 박사를 양성하기 위한 인공지능대학원은 2019년 9월에 고려대, 성균관대, KAIST에 들어선 바가 있지만, 학부생 교육을 위한 학과 개설은 처음이다. 가천대 이길여 총장은 국내 여의사 최초 의료법인인 인천 길병원을 설립한 입지전적인 인물로, 2016년에는 길병원에 국내 최초로 인공지능의사 왓슨을 도입하여 그야말로 혁신여성의 아이콘이라고 불린다. 이 총장은 학생들에게 전공을 불문하고 인공지능이 필수 지식이라고 강조하였다. 이밖에도 가천대는 인공지능 강의를 대폭 확충해 전교생의 인공지능 교양과목 이수를 의무화할 방침이라고 한다. 필자는 모든 대학이 가천대와 같이 해야 한다고 본다.

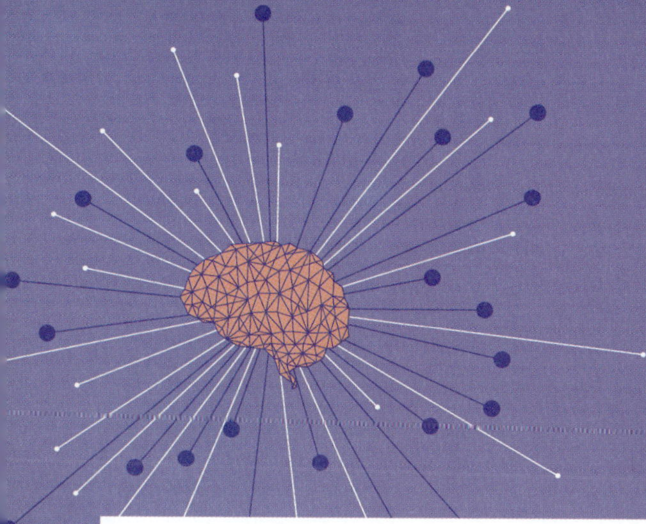

13장

인간 수준의 지능

인간 수준의 지능을 가진 인공 일반 지능이 지구와 우주 시스템을 학습한다면 스스로 그 답을 찾기 위해 효율성을 높이려 애쓰다가 결국 한계에 다다르고, 결국 세상을 인식하는 방법인 철학을 고민하고 종교를 만들 수도 있을 것이다. 우선 인공 일반 지능이 '왜?'라고 질문을 하는가에 대해서 생각을 정리해보면, 인간이 '왜?'라고 의문을 가지고 그것을 해결하는 문명을 발전시킨 것과 유사한 개념으로 접근하기 때문이라고 생각한다.

그런데 왜 인간은 '왜?'라는 질문을 가지는가? 그 이유에는 크게 두 가지가 있다고 생각한다. 첫 번째는 살기 위해서일 것이고, 두 번째는 진실을 알고자 하는 욕구를 해결하기 위해서일 것이다. 인공지능 역시 산다는 것에 대한 고민이 있어야 한다. 추운 겨울과 더운 여름, 부족한 식량과 목마름 등의 기초 생활 대사를 포함해 학교, 친구, 가족 등과의 사회와 인간관계의 갈등이 있어야 한다. 권력에 대한 욕구와 생식에 대한 수없이 많은 욕망들이 발동되어야 한다. 욕망도 학습될 수 있을까? 인공지능은 프로그래머 혹은 그 집단의 경험을 기초로 알고리즘화될 것이다.

인간은 자신을 포함해 타인의 삶에 대한 정의를 내릴 수 있을 것인가? 삶과 생명은 다르다. 삶뿐만 아니라 생명도 정의되지 못하고 있다. DNA의 유무도 생명의 기준이 되지는 않는다. DNA는 정보를 저장하고 전달하는 효율적인 도구일 뿐이지 생명 자체가 아니기 때문이다. 예를 들어 광우병의 원인이 되는 프리온 난백실은 DNA가 없이도 증식된다. 생명이 뭔지 인간은 아직 모르며, 단지 생명의 상태에 대해서만 규정할 뿐이다. 삶에 대해서도 정의할 수 없다. 이런 지경인데 산다는 것에 대한 고민을 할 수 있나? 산다는 것을 학습할 수 있는가? 누가 산다는 것을 학습시킬 것인가? 인공지능이 편집증을 가진 왜곡된 시각을 가지지 않고서야 다양한 삶에 대한 학습을 시작할 것이다. 그것을 해석할 수 있는가? 무엇으로 어떤 (효율성을) 기준으로 판단할 것인가? 그렇다고 그냥 살지 말지를 투표할 것인가?

아니면 삶에 대한 고민 자체를 할 필요가 없을 수도 있다. 인공지능의 삶은 오로지 전기에너지에 관련된 사안이기 때문일 것이다. 일단 삶에 대한 욕구가 입력되지 않은 인공지능은 이 질문에 대한 고민을 하지 않을 것이다. 삶이 빠진 고민을 하지 않는 인공지능은 지성을 갖춘 후 인간을 필요 없는 존재로 생각할 수도 있을 것이다. 하지만 이 질문에 앞서 필요 없다는 판단을 내릴 기준이 무엇인지부터 생각해보아야 한다.

다음으로 진실에 대한 욕구이다. 진실을 알고자 하는 욕구에 대해서는 인정할 수 있다. 그런데 문제는 진실에 대해서 인간이 알아낸 엄청난 실로 엄청난 지식은 우주의 진실에 비하면 얼마나 될까? 진실 자체 또한 관점에 따라 달리 해석된다. 〈동과 서〉 라는 다큐멘터리에서는 세상, 지식, 삶 등등에 대해 어떻게 그런 다른 관점으로 해석이 가능한지 자세히 알려주고 있다. 매일매일 사라져가는 인간의 수많은 지혜들에 대해 학습하기 시작하면 모든 것을 통찰하는 하나의 지식체계를 만들 수 있을까? 설사 만들었다 하더라도 그건 인간의 관점일 뿐이다. 조그만 지구 속에 갇혀있지 말고 더 넓은, 아니 무한대의 우주로 나가보자. 우주의 근원인 에너지에 대한 우리가 얼마나 알고 있는지 아는가. 우리가 생각하는 물질은 겨우 5% 정도이다. 이것의 5배 정도인 23~26%가 암흑물질이고 나머지 70%는 암흑에너지다. 이걸 알아내기 전까지 진실에 대한 욕구는 사라지지 않을 것이다.

어떻게 알아낼 수 있을까? 무엇인가를 안다는 것은 앞서 이야기한 것처럼 일단 봐야 하고(측정), 해석해야 한다. 측정을 하기 위해 측정장비부터 만들어야 한다. 그리고 우주로 날려서 그걸 측정하여야 한다. 이렇게 바쁜 인공지능이 인간에 대해 관심이나 둘까?

《총, 균, 쇠》에 따르면 인간이 거대 동물들을 몰살시켰다고 한다. 온순하지 않아서 사육되지 못하는 생물들을 인간이 무참히 죽이고, 또 환경을 파괴하여 아마존 밀림의 수많은 희귀생물들을 멸종시키고 있다고 필자는 개탄한다. 실제로 인간은 아주 짧은 시간에 많은 종의 동물들을 멸종시켰다.

그런데 인간은 자신들이 80억의 인간으로 뒤덮여있는 지구의 주인이라고 착각한다. 하지만 지구 표면적으로 봤을 때 인류는 우리 몸의 작은 새끼손가락의 손톱에 낀 때 정도에 불과하다. 동물로 따지면 지구는 곤충의 세상이며, 더 작게는 균류의 세상이다. 오히려 동물들이 차지하는 면적이 인간이 살고 개척한 면적보다 훨씬 더 넓다. 지구온난화 문제 역시 마찬가지다. 현재까지 많은 연구를 통해 대체적인 경향은 밝혀졌지만 아직도 지구의 대기성분 조절 메커니즘과 해양 시스템은 명확히 밝혀지지 않았다. 지구온난화 과정에 대한 분석을 위해 어떤 가정을 하였고 어떤 대단한 시뮬레이션을 했는지 모르겠으나 최근 들어 그 동안의 주장들이 사실과 다른 면이 많다는 것이 중론으로 대두되고 있다. 일례로 인류가 쓰는 석유, 석탄 화석에너지를 엄청난 에너지 낭비라고 하지만, 80억 인류가 쓰는 에너지의 양은 태양에서 지구를 하루 비추는 에너지 정도에 불과하다.

이렇듯 강한 인공지능이 스스로 무엇인가에 대한 고민을 시작할 때 어떤 기준으로 할지에 대한 시각을 달리 봐야 한다. 창발[36](創發)은 그것이 긍정적인지 부정적일지 아무도 모르고, 모든 것은 인간의 관점에서만 보는 것이기 때문이다. 컴퓨터가 인공지능을 가지고 있는지 판단하는 기준이 있다. 바로 튜링테스트Turing Test이다. 이 튜링테스트에 관해서는 1부에서 설명한 것을 참고하기 바란다.

튜링이 1936년 런던 수리학회에 제출한 〈On Computable Numbers,

36) 남이 모르거나 하지 않은 것을 처음으로 또는 새롭게 밝혀내거나 이루는 일.

with an Application to the Entscheidungs problem(계산 가능한 수에 대해, 수리명제 자동생성 문제에 응용하면서)〉 논문에는 지금의 스마트혁명을 태동시킨 컴퓨터의 기본 설계도가 담겨있다. 필자도 이해가 부족한 내용이지만 튜링의 논문의 결론은 '모든 참인 명제를 차례로 만들 수 있는 기계는 존재하지 않는다'는 괴델의 정리를 자기 방식대로 증명한 것에 불과하지 않다. 이때 튜링이 증명에 사용하기 위해 고안한 추상적인 기계가 바로 컴퓨터의 기본 모형이었다.

인간이 진화를 하면서 선택한 가장 합리적이고 효율적인 방법은 공생이었다. 간혹 약한 인공지능(아직은 스스로 사고하는 정도는 아니지만 인간의 단순반복 행위와 사고와 학습에 필요한 능력을 가진 인공지능)이 도래할 경우 인간의 교육과 노동이 붕괴할 것이라고 우려한다. 그러나 필자의 생각에는 그런 우려는 하지 않아도 좋을 것 같다. 이를 위해 DBR(동아비즈니스리뷰) 102호에 에릭 브리뇰프슨Erik Brynjolfsson과 앤드류 맥아피Andrew McAfee가 기고한, 〈점점 똑똑해지는 기계, 우리 편으로 만들자〉를 예시로 들어보고자 한다.

그 기고문에는 19세기 말 산업혁명 시절의 '존 헨리 전설'이라는 이야기가 나온다. 업무 능력이 뛰어났던 근육질의 철도노동자 존 헨리John Henry는 철도회사가 증기드릴을 도입하여 수많은 노동자들을 해고하자, 자신이 승리하면 해고를 무효화한다는 조건을 걸고 증기드릴과 산을 먼저 뚫는 시합을 벌였다. 이 시합에서 헨리는 승리했지만, 대신 목숨을 잃고 말았다. 이 전설은 기계가 인간의 노동력을 대처하는 데의 불안감을 단적으로 보여주는 이야기이도 하다.

여기서 중요한 점은, 브리뇰프슨과 맥아피는 산업혁명이 진행되는 동안 인간의 노동력이 불필요해지는 일은 결코 벌어지지 않았다고 주장하며, 오히려 산업 전반으로 확산되면서 필요한 근로자의 수가 늘어났다고 하였다. 왜냐하면 전적으로 물리적인 힘을 필요로 하는 경우보다

운동 능력, 손을 쓰는 재주, 신체 동작의 조정, 지각 등의 물리적 기술 및 의사소통, 패턴 매칭, 창의력 등과 같은 인간만이 갖고 있는 정신적 기술을 필요로 하는 경우가 많았기 때문이었다.

물론 물리적 기술 및 의사소통, 패턴 매칭, 창의력마저 대처하는 강한 인공지능이 스스로 창발되면 첨단 IT화에 따라 매출은 늘어나지만 고용은 줄어드는 현재의 상황과 유사하게 급격한 노동시장 감소에 직면할 것이다. 인공지능이 무엇인가를 생각했다면, 그것은 우리가 두려워하는 것이 아니라. 인간과 공존하는 그 무엇일 것이라는 생각을 해본다. 그 중에 가장 어렵고 큰 두려움은 바로 인간성, 즉 도덕성이고, 사랑일 것이다.

구글의 엔지니어링 이사로 재직 중인 레이 커즈와일[Ray Kurzweil]은 인공지능이 2029년까지는 인간 수준의 지능을 달성할 수 있을 것으로 예상하며, 인공지능의 발전을 긍정적으로 보고 있다.

인간이 기술을 향상시키기 위해서 한 일은 교육이었다. 1870년대에는 68,000명의 대학생이 있었지만, 오늘날에는 1500만 명으로 늘어났다. 또 스마트폰 앱 관련 분야는 약 8년 전에는 존재하지 않았지만, 이제는 오늘날 경제의 주요 부분을 이루고 있다. 이처럼 기술을 향상시키면서 우리는 우리 자신을 더욱 똑똑하게 만들 것이다.

호모데이탄은 인재 공급 파이프라인을 통해 인공지능 전문가이자 디지털 트랜스포메이션 시대를 선도할 인재들로서 혁신가 정신이 필요하다. 또한 기업가 정신, 새로운 도전에 대한 찬양, 실패의 경험이라고 불리는 것들을 두려워해서는 안 된다. 호모데이탄은 변화에 긍정이나 부정으로 반응하는 사람이 아니라 변화를 선도하고, 그 변화를 올바른 방향으로 이끄는 사람이다.

호모데이탄은 언제나 지능형 컴퓨터와 상호작용할 수 있는 시대에 성장하며 살기 때문에 그 구조를 명확히 이해해야 한다. 오늘날의 어린

이들이 호모데이탄으로 성장하기 위해서는 이러한 기술에 대해 교육받고, 이러한 기술로 무언가를 창조할 수 있어야 하며, 그렇게 함으로써 이런 기술을 적용하고 그들의 사회에 중요한 문제를 글로벌 규모로 해결할 수 있는 힘을 가질 수 있다는 사고방식을 가지고 성장해야 한다. 점점 더 인공지능으로 발전하는 사회에서 우리는 인공지능을 이해하고 사용할 줄 아는 호모데이탄이 되어야 한다. 기업의 관점에서 볼 때 인공지능에 대한 전문성을 갖춘 인재가 부족하기 때문에 역량을 쌓고 키우는 호모데이탄들이 다가오는 시대에는 매우 중요한 핵심역량을 보유한 인재로 대두될 것이다.

바둑처럼 세계 선수권 대회에 참가하는 사람에게도 어려운 일이 기계에는 아주 쉬운 반면, '코끼리가 냉장고에 들어갈 수 있을까?'라는 질문을 했을 때 대부분의 사람들은 바로 대답할 수 있지만, 기계는 어려워한다. 사람이 하기 쉬운 일이 기계가 하기에는 어렵고, 반대의 경우도 마찬가지이다. 이걸 인공지능 역설이라고 부른다. '햇빛이 잘 들지 않는 방에 식물을 기르고 있는데, 창문 가까이에 두면 자라는 속도가 바뀔까요?'라는 질문을 받았을 때, 사람은 식물은 창문 가까이에 더 많은 빛이 있고, 더 많을수록 빨리 광합성이 일어나기 때문에 잘 자라는 것을 이해할 수 있다. 하지만 인공지능은 이런 부분에 어려움을 겪는다. 인공지능은 '식물을 창문 가까이 옮겨놓으면 어떻게 되는지' 이해하지 못하기 때문이다. 수십만 개의 판례를 단 몇 초 만에 찾아낼 수는 있겠지만, 어린 환우들을 상대로 레크리에이션 강사 역할을 인공지능은 할 수 없다. 인공지능 시대를 두려워하기만 할 필요는 전혀 없다. 우리가 무엇을 할 수 있을지, 보다 적극적으로 찾아 나설 필요가 있다.

인공지능의 발전과 함께 새롭게 대두될 것으로 예상되는 인기 직업들은 다음과 같다.

첫 번째는 **로봇 제작자 및 서비스 매니저**Robot Manufacturer and Service Management이다. 이미 e커머스 시장에서는 40% 이상이 로봇으로 인력을 대체하고 있다. 향후 10년 이내에 로봇의 업무 영역이 3배 이상 증대될 것으로 보인다. 로봇 제작과 관리를 위한 업데이트나 관련 서비스 등의 관리자가 중요해질 것으로 보인다.

두 번째는 **빅데이터 및 인공지능 과학자**Big Data and Artificial Intelligence Scientists이다. 향후 마케터만큼 수요가 증가할 직업으로 전망된다.

세 번째는 **유전자 디자이너**Gene Designer이다. 유전자적인 질병 또는 열성인자 유무를 검사하여 치료하는 직업이다.

네 번째는 **가상현실 디자이너**Virtual World Designer이다. 전 세계 수십억의 인구가 인터넷을 사용하고 있고, 게임에만 가상공간 디자인이 활용되지만, 비즈니스 미팅 및 사업공간에 대한 디자인도 활발히 진행 중이다. 다양한 영역에서 가상공간 디자이너가 필요하게 될 것으로 보인다.

다섯 번째는 **사이버 보안**Cyber Security **전문가**이다. 사이버 안전에 대한 인식과 관련된 직업이 인기 직군이 될 것이다.

여섯 번째는 **생화학 및 기술 엔지니어**Biochemistry&Tech Engineers이다. 인공지능의 발전에 따라 삶의 패턴과 생활 구조는 지속적으로 달라질 것이다. 스마트폰과 같은 전자기기와 화학 물질 등이 생물체의 조직과 생명 과정에 미치는 영향을 연구하고 이를 대체할 수 있는 물질의 연구 및 개발 그리고 기술적인 문제들을 관리할 수 있는 엔지니어의 역할이 중요해질 것이다.

일곱 번째는 **데이터 엔지니어**Data Engineer이다. 데이터 엔지니어는 데이터 과학자와 함께 분석보다는 데이터 수집과 보관, 유지, 관리, 변환 등 데이터 분석을 위한 사이버인프라 구축 등을 담당하는 역할이 중요해질 것이다.

여덟 번째는 **머신러닝 트레이너**Machine Learning Trainer이다. 이는 인공지능을 도와주고 훈련시키는 역할이다.

프랑스에 본사를 두고 있는 다국적 제약회사 사노피Sanofi는 인공지능 로봇으로 제조비용을 절감하는 계획을 세웠고, 로봇, 인공지능, 차세대 스마트 팩토리를 이용하여 제조 생산성 향상을 2022년까지 연간 5억 유로를 절감하겠다는 목표를 발표하였다. 사노피는 공장 프로세스 디지털화(제조 최적화)를 추진하여 공정 디지털화를 통한 제조기간 6개월 단축을 전망하였고, 백신과 생물약에 차세대(2세대) 공정 프로세스 적용 시 사이클 타임의 20% 단축을 예상했다. 또 디지털 프로세스 및 인공지능 예측으로 공급체인 재고수준을 20일 단축하여 계약 공급의 최적화로 비용 20% 절감을 예상했다. 그리고 모든 생물약 공장에 디지털 프로세스를 추진하여, 매사추세츠주 프레이밍햄과 벨기에 헤일Geel 핵심 생물 공장은 최첨단 디지털 공정으로 개조가 결정되었다.

협동로봇Co-Robot은 생산라인 작업 시에 사람 옆에서 작동하는 협업로봇을 의미한다. 현재는 주변 환경을 인식하여 안전하게 직원과 공동작업을 진행하는데, 사노피는 제조시설 일부를 바로 이 협동로봇으로 운영하겠다는 발표를 한 것이다. 기존 공정에 변화를 주지 않고 설치 운영이 가능한 형태로서, 일반적인 자동화로는 구현이 어려운 공정에 적용하여 낮은 노동생산성을 극복하고 이를 통하여 제조 비용을 절감하여 효율성을 증대한다는 내용이다.

하버드대 자연과학과 교수 바바라 그로스Barbara J. Grosz는 1993년 인공지능향상협회Association for the Advancement of Artificial Intelligence의 여성으로서는 처음으로 회장직을 맡았다. 그로스는 "인공지능의 발전 방향이 인공 일반지능 개발이 아니라, 이 능력들의 장단점을 파악하고 사람을 보완할 수 있는 시스템을 개발하는 데 중점을 두어야만 세상에 긍정적인 영향을 줄 수 있는 인공지능 시스템을 만들 수 있다"고 하면서 무제한의 튜링테스트를 주장하고 있다. 사실 사람도 30분만 똑똑한 게 아니므로 정말로 인공지능이 지능적인지 확인하기 위해서는 검증 시간을 무기한으로 봐야한다는 그녀의 주장은 일리가 있다.

또한 이제는 훨씬 더 적은 데이터로 학습할 수 있는 방법이 연구되고 있는데, 대규모 데이터는 말 그대로 엄청나게 많은 데이터가 아니라 데이터의 다양성이 풍부한 데이터를 의미한다. 의료 산업을 생각해 보면, 의학 연구는 오직 남성에게만 행해졌다. 이때 남성은 인간뿐만 아니라 동물도 포함되었다. 생물학적인 실험에서도 암컷들은 호르몬을 가지고 있어서 제외되고 수컷만 실험 대상이 되었다. 그러나 문제는 새로운 약을 개발할 때 일어날 수 있다. 젊은 사람과 나이 든 사람들의 약 복용량은 서로 다른데, 임상 실험 대상이 젊은 사람들만 있었다면 어떻게 될까? 분명히 데이터의 편향 문제가 발생할 것이다. 얼굴을 인식하는 문제와 마찬가지로 모든 부분에서 이런 종류의 문제는 일어날 수 있다. 빅데이터는 단순히 많은 양을 의미하는 것보다는 다양성을 포함해야 함을 잊지 말자.

인공지능은 이미 몇 가지 문제들에 직면하고 있다. 예를 들어 의료산업에서 '인공지능이 그럴 확률이 90%이니 이렇게 해야 할 것을 강력히 권고하는 바입니다'라고 했을 때, 이는 개인적인 환자 특성을 고려해서 내린 결과라기보다는 통계적인 평균 수치를 말해준 것이다. 거기서 만족해야 할까? 환자 특성을 고려하여 내려진 처방인지 확인해야 할까? 확률 문제가 아니라, 개인에 달린 가능성의 문제이다. 이 부분에서 정부가 개입해 기계의 결정 때문에 피해자가 만들어진다면 어떻게 누가 책임을 져야 하는가와 같은 질문을 던져야 한다. 자율주행차의 경우와도 같은 문제이다. 자동 주차 시에 사고로 인해 차량 파손이 발생하면 누구에게 책임을 물을 수 있을까?

인류는 다른 지적 생명체를 찾기 위해 우주를 탐험하고 싶어 한다. 그러나 아이러니한 것은 바로 우리 옆에서 새로운 지능이 만들어지고 있다는 사실이다. 지능의 본질은 무엇일까? 기계는 주어진 과제를 우리보다 잘하는데, 우리의 자아존중감은 어디로 갈지, 우리의 정체성은 어디로 갈지, 공감, 감정, 이해와 같은 정신적인 것들은 어떻게 될지 누가 알 수 있을까?

데이터 과학Data Science이란 데이터로부터 의미 있는 정보를 추출해 내는 학문이나. 통계학이나 데이터마이닝의 개념과 다른데, 통계학이 정형화된 실험데이터를 분석의 대상으로 하는 것에 비해 데이터 과학은 정형화된 데이터만이 아니라 숫자와 문자 영상 정보 등 다양한 유형의 데이터를 대상으로 한다. 또 데이터마이닝은 자료의 분석에 초점을 두고 있는 개념이라면, 데이터 과학은 데이터 공학Data Engineering, 수학, 통계학, 컴퓨터 공학, 시각화Visualization 지식을 종합한 학문으로 정의되기도 한다.

그리고 데이터를 처리하고 분석하는 것뿐만이 아니라 데이터 분석의 시각화된 결과를 통해 이해하기 쉽게 표현하는 것이 강조되고 있다. 빅데이터는 데이터의 특징에서 나온 의미이지만, 데이터 과학은 데이터의 사용에서 그 차이를 설명한다.

데이터 과학은 디지털 데이터에 대한 과학적 관찰, 이론 개발, 시스템적 분석, 가설 실험, 검증을 하는 분야라고 정의하고 있다. 그리고 여기에 인공지능 시대의 시대적 소명으로서의 공의적 사고를 겸비한 사람을 호모데이탄, 그런 일종의 팬덤과 같은 집단을 호모데이탄스라고 이 책에서는 불러왔다.

2012년 이후 데이터 과학과 빅데이터에 대한 관심도는 급격히 증가하고 있다. 호모데이탄은 데이터 과학과 관련된 분야를 전공하고 데이터 분석과 관련한 업무에 종사하는 사람을 포함한다. 호모데이탄은 현장에 존재하는 대량의 데이터를 수집하고, 분석에 적합한 형태로 처리하고, 데이터가 의미하는 바를 분석하고 정리하여 다른 사람에게 효과적으로 전달할 수 있다. 아직 호모데이탄은 세계적으로 드물다. 스스로 인지를 못하기도 하고, 육성하기도 쉽지 않다. 데이터 과학이 컴퓨터 공학과 통계학 등 다양한 관련 학문이 융합되고 복합된 의미로 사용하기 때문에 이 분야에 정통한 전문가는 존재하기 어렵다. 호모데이탄은 태생적으로 최소한 2, 3개의 분야에 정통한 학제적 배경을 가지고 있어야 한다. 따라서 특정 영역의 전문가가 호모데이탄으로 이동할 수 있다. 지식과 스킬 그리고 역량의 문제다. 도덕적 역량과 범지구적인 인류애를 가지고 있는 사람이 이 세상에 밝은 미래를 가져다 줄 수 있지 않을까? 인공지능은 위험한 무기가 될 수도 인류를 윤택하게 하는 또 하나의 기술적 진보가 될 수도 있기 때문이다. 호모데이탄은 기술적 역량과 도덕적 소양을 겸비한 인공지능 시대에 인류를 보편적으로 밝은 미래로 인도할 진정한 리더이고, 범지구적 인류를 사랑하는 팬덤이다. 호모데이탄의 시대가 오고 있다. 세상은 긍정적이고 밝게 발전하고 있다. 공학기술이 그렇게 만들어 갈 것이다. 인공지능은 인류가 더 이상 발견하지 못하고 발명하지 못한 것들을 발견하고 발명하게 될 것이다.

머신러닝이 미래를 이끌어갈 기술이라 생각하는 이들이 많다. 인지과학자인 더글러스 호프스테터Douglas Hofstadter가 오래 전 설명했던 창발성 지능이라는 개념이 있다. 창발성 지능을 주장하는 사람들은 딥러닝을 고용량 통계 모델High-Capacity Statistical Model로 사용하는데, 고용량이라는 것은 단지 모델이 더 많은 데이터를 받을수록 더 좋은 결과를 낸다는 의미이다. 그 기술의 핵심에 있는 통계 모델은 숫자들로 이루어진 행렬을 곱하고, 더하고, 빼는 작업을 기반으로 한다. 인공지능이 상식이 생기거나 의식이 생기는 것과는 많은 차이가 있다.

인공지능이 가져올 가장 큰 장점은 무엇일까? 보통 인공지능을 생명을 구하는 기술로 사용할 수 있게 될 것이라는 기대를 갖는다. 그리고 의학의 발전뿐만 아니라 일반적으로 인류의 번영을 위한 원동력으로서의 과학 자체의 발전이 일어날 것으로 본다. 미국 병원에서는 환자의 사망 원인 중 세 번째로 많은 것이 의사의 실수이다. 인공지능을 사용하면 이 실수 중에서 많은 부분을 예방할 수 있다. 그렇기 때문에 인공지능을 사용하지 않는 것은 어쩌면 사람을 죽이는 것과 같을 수 있다.

그리고 인공지능이 올바른 방향으로 발전하면 인류가 공동번영의 길로 들어서고 나아갈 수 있다는 확신이 들 것이다. 그러나 그렇다고 해서 인공지능이 특정 전문가 집단이나 선진국의 대기업의 전유물이라고 생각해서는 안 된다. 인공지능은 인공지능일 뿐이며 그 인공지능을 만드는 인류가 대단한 것이다. 호모데이탄, 새로운 인류로 나아가야 한다. 그리고 우리 스스로 근본적으로 개선할 필요도 있다. 인공지능이 올바른 방향으로 규제할 수 있는 기관이 국제단체나 정부만이 할 수 있는 것은 아니다. 호모데이탄들의 자발적인 조직 공동체를 만들어서도 방향을 설정하고 가이드를 만들어 규제할 수 있다. 무조건 국제단체나 정부에 의존할 필요는 없다. 새로운 기관들의 창설은 정부가 유일한 관리자가 되는 것을 막을 수 있다.

수많은 기업들은 인공지능을 적용해 과학적 발견을 앞당기고 있다. 질병을 치료하기 위한 신약 개발, 새로운 단백질 발견, 식품, 의약품 등 어떠한 제품을 만들든지 머신러닝을 활용하고 있다. 머신러닝은 우리가 이전에 사용했던 것들보다 더 빠르고 더 나은 발견을 가능하게 해주는 도구이다. 인공지능이 두려움의 대상이라고 노골적으로 말하는 사람들로 인해 인공지능의 발전에 손해를 끼치는 일은 없어야 된다. 인공지능에 대해 자세히 알고, 인공지능의 발전이 인류의 삶을 더 윤택하게 하는 방향으로 이루어지도록 호모데이탄들의 역할이 분명히 필요하다. 4차 산업혁명이라고 부르는 이 시대의 소명이라고 생각하고 동참해야 한다. 또 대기업들은 질병과 장애를 치료하고 지능에 대한 메커니즘을 밝히고 인지능력을 확장하기 위한 인공지능에 대한 투자를 확대해야 한다.

1부에서 언급하였듯이 많은 층으로 쌓은 신경망을 가지고 있는 것이 바로 딥러닝이다. 신경망이 깊다고 하는 데에는 명확한 기준이 있는 것은 아니지만, 대략 4층 이상으로 구성된 신경망을 딥러닝이라고 한다. 어떤 딥러닝 신경망은 천 개 이상의 층으로 구성되어 있다. 각 층의 간단한 변환들의 조합을 통해 층을 많이 쌓으면서 입력과 출력 사이의 복잡한 관계와 변환들을 표현할 수 있다. 딥러닝의 가설은 신경망의 층이 깊을수록 학습 알고리즘이 더 쉽게 예측값을 찾거나 네트워의 연결강조를 조절할 수 있다. 호모데이탄은 딥러닝 가설이 언제 들어맞고, 언제 틀리는지 이론적으로 이해할 수 있어야 한다.

인공지능의 발전으로 기계가 읽을 수 있게 된다면 세상에 나온 모든 책들을 읽을 수 있을 것이고, 사람들은 일부조차 다 읽지 못할 것이다. 인공 일반 지능의 독서 수준이 유치원 수준을 넘게 되면 그 어떤 인간보다도 훨씬 더 방대한 지식을 가지게 되고, 인간이 해왔던 것들을 초월한 업적을 이뤄낼 것이다. 중요한 여러 분야에서 기계가 인간의 능력을 훨씬 능가할 수 있지만, 또 어떤 영역에서는 여전히 사람보다 못할 것이다. 인간처럼 보이지 않을 것이다. 그렇다고 인간과 인공 일반 지능 사이의 비교가 의미가 없다는 것은 아니다. 인공 일반 지능을 현실에서 작동시킬 능력들이 더 중요하게 될 것이다. 인공지능을 작동시킬 능력이 있는 호모데이탄의 준비가 필요하다.

인공 일반 지능이 만들어진다면 인공 일반 지능과 함께 우주물리학이나 국가전략 등에 대한 의견을 나누게 될지도 모른다. 수학적 계산이나 체스, 바둑, 비디오게임 등에서 인간을 이겼던 것처럼 인공지능이 인간의 능력을 능가하는 것을 보게 될 것이다. 초인적인 전략적 추론 도구를 가진 인공 일반 지능 시스템은 군사나 기업 전략에 사용될 것이다. 각국의 정부들은 아마도 로봇 공학자나 데이터 과학자들이 미래의 직업이니 그런 사람들을 양성할 수 있는 프로그램이 필요하다고 생각할 수 있다. 이미 우리나라 초등학교에서도 코딩수업을 하고 있다고 한다. 모든 사람을 교육시키는 것이 인공지능 시대를 대비하는 장기적인 해결책은 아니다. 오히려 인공 일반 지능이 탄생하게 되면 장기적으로 볼 때 인공지능과 경쟁 자체가 되지 않기 때문에 경제적으로 생산성이 있다고 여겨지는 직업도 인간들이 하지 않을 수도 있다. 삶을 더 가치 있게 만들어주는 많은 것이 없이 세상을 살아갈 수도 있다. 무언가를 배우고 어떤 분야에 전문가가 되어야겠다는 교육의 동기 그 자체가 사라질 수도 있다.

호모데이탄들은 그런 미래를 위해서 긍정적인 삶을 살도록 개입해야 한다. 건설적인 과제나 흥미로운 경험을 제시할 수 있는 미래를 향해 나가야 한다. 역경을 극복할 힘과 자신의 삶에 긍정적인 태도를 가질 수 있도록 세상을 만들어야 한다. 또한 호모데이탄들은 인류가 과학이 무엇을 위한 것이고, 무엇을 할 수 있는지에 대한 방향성과 태도를 바꿀 수 있도록 도와야 한다.

인공지능에 대한 올바른 접근 방법은 인류의 목표를 달성하는 데 도움을 주는 방식으로 만들어야 하는 것이다. 우리의 목표를 기계에 바로 입력하는 것은 안 된다. 호모데이탄들의 비전은 '인공지능이 반드시 우리의 목표를 돕기 위해 설계되어야한다'이어야 한다.

베이지안 네트워크의 기본 정의는 확률론을 기반으로 하지만 인과관계를 고려해 고안되었다. 질병을 진단할 때 결과만 내리고 그 사이에 아무런 개입을 안 한다고 해볼 경우 인과관계는 이론적으로는 필요가 없다. 그러면 순수 확률적 관점에서 베이지안 네트워크는 그런 문제들은 모두 해결이 가능하다. 하지만 실제로는 인과관계 네트워크를 구성하면 더 쉽게 그런 과제들을 해결할 수 있다.

모듈성, 재구성 가능성 등이 인과관계에서 오는 것인데 '상관관계는 인과관계를 의미하지는 않는다'는 사실은 생각보다 훨씬 심오하다. 인과적 결론을 얻기 위해서는 데이터에서 알 수 없는 인과관계에 대한 가정이 필요하지만, 인공지능의 문제는 인과적 과정을 표현할 수 없다는 것에서 있다. '한강에 사람들이 많이 찾아오니 비둘기가 많아졌다. 그러니 비둘기는 사람을 좋아한다.' 혹은 '수탉이 우니 해가 뜬다.'와 같은 간단한 문장도 인공지능으로 표현할 방법은 없다. 수학으로도 표현할 수 없고, 어떤 데이터나 문장의 조합으로도 아직은 어렵다.

통계학은 기술통계, 추론통계, 시각화 등 데이터 기반의 언어를 사용한다. 이 데이터 언어와 인과관계 언어를 어떻게 연결시키는지가 문제이다. 어떻게 인과관계의 가정과 데이터들을 잘 종합해서 결론을 내릴 수 있을지 호모데이탄들에게 과제를 감히 드려본다. 인간의 직관을 포착하고 어떤 방식으로든 공식화해 컴퓨터 프로그래밍될 수 있게, 기계에 적용할 수 있게 의미 있고 명확하게 정의하는 것이 필요하다. 데이터가 아무리 많더라도 A가 발생해서 B가 발생했다든지, B가 발생했기 때문에 A가 발생했는지는 알 수 없다. 그러나 시간이 많이 흐르면 인공지능 스스로가 인공지능을 위한 것을 만들 수도 있다는 점은 유의해야 한다. 기계에 감정을 주입하고, 학습하게 하는 것이 생각보다 쉽게 될 수도 있다. 진화의 속도는 우리의 생각보다 굉장히 빠르다.

상관관계가 인과관계를 의미하지 않는다는 사실은 관측 자료에서 인과관계를 추론하는 것이 얼마나 어려운지 말해준다. 하지만 인간은 쉽게 인과관계를 파악할 수 있다. 예를 들어 난생 처음 스마트폰을 사용해보는 어린아이에게 스마트폰을 보여준다. 누군가가 스마트폰의 작은 유리 패널을 가로질러 움직였더니 화면이 켜지거나 이동한다. 전에는 그런 현상을 보지 못했더라도, 한두 번만 보면 새로운 인과관계가 있다는 것을 이해할 수 있다. 어린아이조차도 손가락을 특정 방향으로 움직이는 것과 스크린이 켜지는 것 사이의 새로운 인과관계는 배울 수 있다.

인공지능이 새로운 전기(電氣)라면, 빅데이터는 발전기를 돌아가게 만드는 석유이다. IT강국이었던 우리나라가 인공지능 시대의 최대 산유국이 되려면 무엇을 해야 할까?

인공지능시대의 일곱 거인은 구글, 페이스북, 아마존, 마이크로소프트, 바이두, 알리바바, 텐센트이다. 미국과 중국 기업들은 방대한 데이터를 동원해 유능한 인공지능인재들을 모셔가고 있으며, 특히 중국은 2020년에는 인공지능경제 대국으로, 2030년에는 인공지능 세계 리더로 부상하겠다는 계획을 가지고 있다. 중국의 이런 계획이 생각대로 잘 될지는 상당히 미지수이지만, 최소한 우리나라보다는 가능성이 훨씬 크다고 볼 수 있다. 스마트폰과 같은 혁신적인 제품을 만들었던 우리나라이지만, 현재 2년 정도 인공지능기술이 뒤처져있다고 하며, 그 격차는 기하급수적으로 벌어질 것이다. 우리나라도 범국가적으로, 초기업적으로 인공지능에 대한 국가적 전략을 수립하고, 각 기업의 장점을 살려 서로 협업을 통해 인공지능시대 급변하는 비즈니스 환경 속에서 다시 한 번 저력을 보여줘야 할 때이다.

의사들이 모두 일자리를 잃고 그 자리에 기계가 들어앉아 증상 정보를 입력하면 출력 결과를 뱉어내는 시대가 온다고 상상해봤는가? '환자분은 현재 혈액암 3기이고, 5년 이상 생존할 가능성은 12.5%입니다. 지속적인 치료를 한다면 가능성을 8% 높일 수도 있습니다. 치료를 받으시겠습니까?'라고 냉정하게 선고하는 기계에게 치료받고 싶은 환자가 있겠는가? 더 인간적인 차원에서 접근하거나 정보를 대신 전하는 그런 직업이 새로 생길 것이다. 미국노동통계국 조사에 따르면 미국에서 가장 급성장하는 직업은 가정방문요양사와 개인간병 보조원이라고 하며, 2026년까지 이 두 직업에서만 약 120만 개의 일자리가 만들어질 것이라고 예상한다. 그러나 두 직업은 평균 연 소득이 2만 불을 겨우 넘긴다. 인공지능시대에 기본소득 개념을 진지하게 고민해야 할 이유는 충분하다.

2020년을 살고 있는 필자로서는 격세지감을 느낀다. 10년 전에 일본 회사의 일본인들에게 도쿄의 한 술집에서 몇몇 선배들과 함께 접대를 받던 당시 들었던 생각은 '선배 세대들이 열심히 노력해서 몇몇 분야에서 일본을 뛰어넘었기에 이런 접대도 받는 것 아니겠는가?'였다. 90년대만 해도 세계를 호령했던 SONY나 AIWA는 이제 없으며, 그 자리를 대부분 우리나라 전자회사가 자리 잡고 있다. 2000년대까지만 해도 일본 출장을 가면 코끼리 밥솥[37]을 친척들 것까지 모두 사다주는 게 미덕인 세상이었는데, 요즘 누가 그러는가? 세계적인 스마트폰 회사가 이 작은 나라에 두 곳이나 있다. 우리나라는 저력이 있는 민족이며, 우수한 인재들이 많다. 그런데 이제 중국이 그 자리를 위협하고 있다.

있는 그대로 완벽하게 모방하는 것이 지혜를 터득하는 바른 길이므로 옛 성현의 말과 행동을 그대로 따라야 한다고 고대에서부터 가르친 덕인지, 중국에서는 모방을 기가 막히게 잘하는데다가 모방을 용인하는 문화적 분위기도 있다. 필자 역시 모방이 실수를 줄이는 가장 현명한 방법이라고 생각하지만, 도를 넘는 모방은 원작을 훼손하는 행위나 다름없다. 그러므로 이제는 이런 카피캣들이 쫓아오지 못하고 우러러볼 수밖에 없는 초격차 인공지능을 개발하거나 최소한 그러한 계획이나 전략을 가지고 있어야 한다. 그렇지 않으면 오히려 우리가 중국을 모방해야 하는 상황이 올 수도 있다.

각종 인공지능이나 자율주행차를 테스트하기에는 중국과 같은 공산주의 국가가 유리하다고 생각한다. 최고 지도자나 지도자 그룹의 승인만 있으면 법이든 제도든 한꺼번에 바꿀 수도 있으니까. 그런 의미에서 보면 우스갯소리지만 자유주행차를 테스트하기에 가장 적격인 시범도시를 선정할 수 있는 나라는 북한이라고 본다. 북한이야말로 단 한

37) 일본 조지루시象印マホービン, Zojirushi 사(社)에서 출시한 전기보온밥솥. '조지루시' 를 그대로 번역하면 '코끼리표' 이며, 주부들 사이에서 '코끼리표 밥솥' , '코끼리 밥솥' 으로 인기를 끌어 일본 관광 시 필수 구매품일 정도였다.

명만 설득할 수 있으면 된다.

중국은 인구가 13억 9천만 명인데, 하루 교통사고 사망자 수는 26만 여명에 이른다. 중국은 완벽한 자율주행차보다는 통제된 환경에서의 제한된 자율주행차의 등장을 계획할 가능성이 커 보인다. 중국이 이만큼 급속도로 성장하고 선진국 반열에 빨리 들어올 수 있었던 가장 큰 요인 중 하나는 공산주의라는 체세도 있지만, 그 요인만으로는 세계 최대의 패권국가나 인공지능 선두주자는 될 수 없다고 본다. 인공지능 기술은 강대국들이 독점해서도 안 되고, 그 나라들의 초우량 기업들이 독점해서는 더더욱 안 된다. 기존의 산업화나 IT의 발전을 독점하는 그 이상의 문제점을 야기할 수 있다. 인공지능이 우리의 많은 일자리를 대신할 것이기 때문이다. 인류가 공존하고 함께 번영해야 생존하고 지속할 수 있다.

아직까지 세상은 점점 나아지고 있다. 아무리 양극화가 심해졌다고 해도, 100년 전과 비교해보면 지금은 우리 모두가 더 잘 살고 있다. 그러나 인공지능은 그 격차를 더 벌릴 수 있다. 그리고 일부 강대국의 몇몇 초우량기업이 독점적 지위로 전 인류를 통제할 수도 있다. 이런 세상은 와서는 안 되며, 모두가 불행해진다. 공동 번영으로 나아가기 위해서는 호모데이탄들이 앞장서서 전 인류가 함께 잘살아가는 지구마을을 계획하고 건설할 때이다. 아프리카는 상대적으로 개발이 덜 된 곳이 아니라 무한한 기회의 땅이며, 어쩌면 살기 좋은 땅일 수 있다. 빼앗지 말고 나눠주고 도와주어 함께 잘 사는 인류로 도약을 인공지능 시대의 도래에 진지하게 고민해야 할 때이다.

호모데이탄들이여, 그대들은 이 시대의 혁명가이다. 자신이 일하는 조직이나 이 시대의 기업들만이 필요한 디지털 트랜스포메이션은 아니다. 우리가 살고 있는 이 세상도 디지털 트랜스포메이션이 필요하다. 그렇다면 어떻게 해야 하는가? 우선은 알아야 한다. 인공지능과 빅데이터 블록체인 그리고 그 기술들이 가져올 변화에 대해 알아야 한다.

또한 기술에만 집착해서 달려가는 일부 국가들과 기업들에게 말해야 한다. 인공지능 기술은 이 지구에 사는 모든 인류에게 많은 영향을 끼치게 된다. 우리의 일하는 모습이 바뀌고, 직업도 사라지고 생길 것이며 양극화는 더 심해질 것이다. 그러므로 인류가 다 함께 더불어 잘 살기 위한 디지털 트랜스포메이션 전략과 체계를 확보해야 한다. 가장 민첩하게 운영하는 체계가 필요하다. 다시 말해 올바른 생각을 만들고, 모든 데이터를 저장한 다음 무엇이든 분석을 신속하게 하는 것을 의미한다.

인공지능로봇 전자인간의 법률적 지위보다 중요한 건 기술의 발전이 인간존중과 인류의 밝은 미래에 초점이 맞춰져야 한다는 것이다.

미국의 저명한 심리학자 데이비드 리버만David J. Liberman은 행복을 '의미 있는 목적을 향한 지속적인 전진'이라고 했다. 우리의 인생의 목적을 부를 쌓는 데만 두는 것은 어쩌면 불행하고 방향이 잘못되었다는 생각이 든다. 의미 있는 목적을 두는 것이 중요하다. 이제 모두에게 호모데이탄이 무엇을 해야 할지 각자의 역할을 알게 되었으리라 본다. 이제 멈추지 말고 전진할 때이다.

우리나라의 여러 교수들이 함께 쓴 《축적의 길》에는 '혁신은 조합이고 실행이다'라는 말이 있다. 특히 개념을 설계하고 실행하라는 구절은 인상적이다. 개념 설계 역량은 축적의 시간이 필요하기 때문에 많은 호모데이탄들이 인공지능위원회의 개념 설계를 해서 실행해야 한다. 국제기구나 전문가 집단, 국가와 일부 기업들이 주도하게 해서는 안 된다. 지금보다 더 심한 양극화를 초래할 것이 분명하다. 더 이상 지구 한 편에서는 굶어죽어 가는데, 다른 한 쪽에서는 너무 먹어 죽어가는 일은 없어야 한다.

인공지능 기술의 발전의 목적과 목표는 결국 인간 존중과 밝은 미래여야 할 것이다.

부록 I

포스트 코로나,
호모데이탄 시대를 앞당길 것이다.

2020년은 포스트 코로나의 시작부터 인공지능이 본격적으로 인류의 삶 속으로 파고들기 시작할 시기이다. 코로나19로 인해 인공지능 시대는 더 빨리 전 인류의 삶에 영향을 미치기 시작할 것이다. 병원에 가지 않고도 의사의 진단과 처방을 받을 수 있는 원격의료와 예방과 관리의 중요성이 대두됨에 따라 인공지능이 진단하고 모니터링하는 디지털 전환도 헬스케어 분야에서 가속화될 것으로 예측된다.

지난 4월 전국경제인연합회에서도 증권사 리서치센터장과 벤처캐피탈리스를 대상으로 포스트 코로나 시대 유망산업을 조사하였는데, 그 중 31.9%가 바이오와 헬스케어를 우선으로 꼽았다. 이처럼 인공지능 기반 실시간 질병진단이나 실시간 생체정보의 측정과 분석, 감염경로 예측 조기 경보시스템, RNA 바이러스 대항 백신기술 또한 인공지능을 통해 가속화할 수 있을 것으로 기대된다. 각광받는 바이오 헬스분야뿐만 아니다. 포스트 코로나 이후로 교육, 교통, 물류, 제조, 환경, 문화, 정보보안 등 전 산업과 사회구조에 걸쳐 큰 변화가 일어날 것으로 보이며, 인공지능이 이 변화를 선도할 것은 자명하다.

코로나19는 미래를 준비할 기회가 될 것인가? 세계 경제는 어떻게 변화될 것인가? 코로나19가 몰고 올 경제적 충격은 **블랙 스완**Black Swan 개념으로 설명할 수 있다. 사람들은 평소에 백조는 희다고 생각하고 있었는데, 갑자기 예상치 못하게 검은 백조가 나타난 것이다. 이처럼 도대체 무엇을 모르는지조차 알 수 없고, 예측이 불가능해서 나중에 돌이켜보고 설명할 수밖에 없다. 더구나 위기의 원인이 바이러스이기 때문에 이전의 위기와는 완전히 다르다. 이전과는 다르게 정책당국과 경제학자가 풀 수 없고, 방역 당국과 의학자가 풀어줘야 할 경제위기라고 볼 수 있다. 이미 각국 정부는 위기 대응에 나섰고, 많은 기업들도 대응전략을 모색하고 있다. 전체 경제에 대한 종합적인 관심이 더욱 필요한 때이다. 숲을 보면 어떤 준비를 하면 좋을지 찾아볼 수 있을 것이다.

그렇다면, 이제껏 경제 위기와는 어떻게 다른가? 1998년 외환위기는 한국과 동남아 국가들이 외환관리에 실패했기 때문에 일어났고, 2008년 세계 금융위기는 미국의 금융회사가 금융상품 관리에 실패했기 때문에 일어났다. 그리고 2011년 유럽의 재정위기는 그리스와 이탈리아 등이 국가 부채 관리에 실패했기 때문에 일어났다. 명칭은 달라도 금융시장 충격이 실물경제로 향했던 경로가 비슷했기 때문에 정책당국의 해법 역시 정해져 있고, 다만 어느 정도 수위로 정책을 취할지에 대한 선택의 문제가 있을 뿐이다. 이전의 위기는 통화정책과 재정정책의 조합으로 해결되었다. 정부는 은행의 부실 자산을 매입하고 수요 진작을 위해 돈을 풀었고, 중앙은행은 기준금리를 내리고 양적 완화를 했다. 시간이 필요했을 뿐 해결은 가능하였다. 그런데 이번은 돈이 있어도 쓸 수가 없는 위기이다. 금융기능의 마비 때문에 실물경제 위기가 온 것이 아니다. 소비나 왕래, 외식, 출근, 무역 등 모두가 문을 걸어 잠근 '일상의 마비' 때문에 실물경제의 위기가 왔기 때문이다. 미국 연방준비위원회가 내린 '제로금리+양적 완화'라는 특단의 조치 중에도 공포는 확산되고 있다. 돈이 바이러스를 잡고, 전염병을 멈추게 할 수는 없다.

케네스 로고프Kenneth Rogoff 하버드대 교수는 '세계 경기침체 가능성은 90% 이상이고, 올해 중국 경제는 제로 성장 가능성도 있다.'고 하였다. 또 전 IMF 수석이코노미스트인 올리비에 블랑샤르Olivier Jean Blanchard는 '상반기 세계 경제 성장률이 마이너스가 될 것이라는 점은 여지가 없다. 하반기 성장률은 바이러스 확산이 언제 정점을 찍느냐에 달려있지만 마이너스 성장을 지속할 것이라 본다.'고 하였다. 골드만삭스는 미국의 성장률이 2분기에는 -24%까지 떨어질 것으로 예측하였고, 블룸버그는 세계 경제 피해 규모가 최악의 경우 영국의 1년 GDP인 2조 7000억 달러와 맞먹을 거라고 분석하였다. 이는 영국이 통째로 사라지는 충격과 같다. 트럼프 대통령은 바이러스가 4월에는 사라질 것이라고 했다가 8월까지 이어질 수 있다고 번복한 상황이다.

결국, 얼마나 빠르게 방역을 종결하느냐, 언제 백신과 치료제가 개발되느냐의 문제이다. 코로나19라는 블랙스완이 전 세계 실물경제에 충격을 줄 가장 중요한 2가지를 살펴보자. 바로 수요와 공급망의 동시 붕괴와 유가의 폭락이다.

우선 수요와 공급망의 동시 붕괴를 살펴보자. 우리가 경험한 경제 위기는 금융위기든, 외환위기든 수요 부족을 동반했었다. 그래서 수요 진작을 위한 정책이 작동했다. 그런데 바이러스로 인한 위기는 수요와 공급 모두 쇼크이다. 일자리가 사라지고 소득이 줄어 소비가 감소하는 데다 공장과 회사의 가동이 멈춘다. 이것이 바로 동시 차단이며, 이는 곧 기업이 가동할 수 없어 도산할 수 있다는 뜻이다. 중국 등 '세계의 공장'의 기능이 마비되면서 전 세계 기업의 생산이 차질을 빚고 공급가격이 올라서 인플레이션이 올 수도 있다는 경고도 있다. 폭스바겐 등 유럽의 자동차 4개사는 부품 조달이 어려워 공장 가동을 이미 수 주간 중단했다. 뱅크오브아메리카(BOA)에 따르면 중국에서 아이폰의 90% 이상을 생산하는 애플이 9월로 예정된 신제품 출시시기를 미룰 수 있다는 관측도 있다고 한다. 특히 현재의 중국은 2003년 사스 때의 중국과 다르다. 2003년 당시 세계경제에서 중국 GDP가 차지하는 비중은 4.3%였지만 2019년은 15.8%로, 전 세계 수출의 13%를 차지하고 있다. 그런데 그 중국의 2월 산업생산이 코로나19로 인해 −13.5%를 기록했다. 이 수치는 1976년 이후 처음이다. 소매 판매 증가율 역시 −20.5%이다.

극적인 붕괴(Dramatic collapse)라고 표현해도 될 듯하다. 수십 년 지속된 중국의 성장에 제동이 걸리면서 전 세계로 충격이 미칠 것이다. 그리고 또 하나, 코로나19라는 블랙 스완이 뇌관으로 작용할 지점이 세계 석유 시장이다. 코로나19로 인한 석유 수요 감소에 대응하기 위해 최근 산유국들이 감산 논의에 들어갔지만, 사우디와 러시아가 충돌하면서 치킨게임 양상이 벌어졌다. 러시아가 감산에 합의하지 않자 사우디가 큰 폭의 가격 인하를 단행하였고, 이 때문에 미국 서부텍사스산(WTI) 가격이 −37.63달러까지 대폭락하였다. 석유를 팔고 돈을 받는 게 아니라 오히려 돈을 얹어주어야 하는 상황도 일시적이지만 생겼었다. 여기서 눈여겨봐야 할 대상은 미국이나 러시아가 아닌, 산유국의 왕좌를 탈환하려는 사우디이다.

2018년부터 최대 산유국은 미국이었다. 셰일 암석층에서 원유를 시추하는 셰일 혁명이 일어난 덕이었다. 러시아 역시 이번 기회에 미국 셰일업체들의 숨통을 끊어놓겠다는 생각을 하는 것으로 보인다. 그런데 사우디의 원가는 배럴당 2.8달러, 미국 셰일업체들의 손익분기점은 40달러로, 지금 가격에선 시추할수록 오히려 손해다. 더욱이 미국의 셰일업체들은 이미 상당한 부채를 안고 있기 때문에, 이 상황이 6개월 이상 계속된다면 미국의 셰일업체들은 채무상환이 불가능해지고 이에 따라 은행들이 부담을 모두 떠안게 된다. 원유 사업이 미국 GDP에서 차지하는 비중은 10%에 달한다. 정유사들이 도산하거나 관련 일자리가 사라지면 미국에는 큰 타격이다. 모건스탠리는 지금과 같은 초저유가 상황이 지속되면 코로나19 충격을 제외해도 미국의 성장률은 0.35%p 낮아질 것이라고 경고했다.

정리하면, 전대미문의 바이러스 확산은 세계인들의 일상을 마비시키며 수요와 공급의 복합쇼크를 불러왔다. 또 유가 폭락은 미국, 중동 등 산유국들을 더 큰 늪으로 빠뜨리고 있다. 그렇다면 앞으로 세계 경제는 V자 반등, U자 회복, L자 장기침체 가운데 어떤 궤적을 그리게 될까?

2020년 3월 초까지 나온 맥킨지나 블룸버그, 모건스탠리 등의 분석에 따르면 3가지의 시나리오가 있다. 바로 조기종식, 제한적 경기둔화, 경기침체recession이다. 이 중 이미 조기종식은 물 건너갔다. 조기종식은 3월 말까지 바이러스 확산이 진정되고 2분기부터는 경제활동이 정상화되면서 1분기에 위축된 만큼 더 빠르게 V자 반등할 것이라는 2002년의 사스의 경로였다. 여기서 지난 2020년 3월 중순에 나온 골드만삭스의 주요 내용을 자세히 볼 필요가 있다. 그 내용은 미국인의 50%인 1억 5천만 명 감염, 유럽경제의 동력인 독일에서 인구의 70%인 5800만 명

감염, 중국의 경제 타격으로 인한 원자재 시장과 공급체인 충격과 그 충격을 원상 복구하는 데 6개월 소요, 사우디와 러시아가 미국에 석유 시장 점유율을 뺏기지 않기 위해 지속시키는 유가 전쟁 등등이다. 그렇다면 남은 시나리오는 U자의 제한적 경기둔화 아니면 L자형 경기침체 2가지이다.

U자형 제한적 경기둔화는 골드만삭스가 예측한 시나리오로, 5월 정점을 찍고 감소하는 시나리오이다. 이 책이 발간되어 독자들이 읽을 시점에는 이 시나리오가 틀렸음을 알고 있을지 모르겠다. 모건스탠리는 이 경우 상반기 세계 경제성장률이 2008년 금융위기 이후 최저인 2.4%를 기록할 것으로 전망한다. 하지만 전 세계가 동시에 현금살포 등 유례없는 부양책을 실시하는 만큼 경기가 하반기에는 회복될 것이라는 예측이다. 하지만 감염이 8월 이후가 되어야 사라질 것이라는 트럼프 대통령의 말도 흘려들으면 안 된다. 또한 장하준 영국 케임브리지대 교수는 코로나19로 인한 경제가 온전히 돌아가려면 2년 이상 걸릴 것이라고 전망했다.

현재진행형이긴 하나 현재 전 세계적으로 코로나 확진자는 300만 명이 넘었고, 사망자도 22만 명 선을 넘은 것으로 보인다. 다행히 우리나라는 의료인들의 헌신과 노력 덕분에 확진자도 줄이면서 동시에 세계적으로 대한민국의 위상과 국격을 한 단계 높였다. 코로나19 팬데믹은 세계 경제 산업 분야에 엄청난 충격을 가져오고 있다. IMF는 전 세계 경제성장률을 -3.5%로 예측했고, 우리나라도 외환위기 이후 처음으로 역성장이 예측된다. 다만 이 역시 현재처럼 코로나19가 진행되고, 결국에는 수습될 것이라는 가정 하에 하는 예측이기에, 확산되거나 심해지면 더욱 가속화되고 훨씬 더 어려운 상황에 처해질 수 있다고 보인다.

그런 경우에는 경제 위기는 아직 시작도 안했다고 볼 수 있다. 굉장히 힘든 역경을 겪고 이겨내야 할 것으로 보인다.

코로나19 팬데믹은 모든 분야에서 엄청난 변화를 가져올 것으로 보인다. 코로나19가 진정된 이후에도 뉴노말(New Normal)시대로 갈 것이다. 뉴노말시대는 비대면 기반의 환경, 일하는 방식 및 라이프 스타일 등과 같이 비대면 기반의 특징을 갖는 디지털 변환 디지털트랜스포메이션이 핵심이다. 4차 산업혁명이 이미 디지털 프랜스포메이션을 이루고 있었는데 이를 더 가속화한다고 볼 수 있다.

관성이나 이해상충 때문에 도입하지 못하던 일들을 아이러니하게도 코로나19가 촉진시키고 있다. 국제질서도 재편될 가능성도 크다. 위기일 수 있지만 잘 준비하면 새로운 기회가 될 수 있고, 어떻게 활용하느냐에 따라 글로벌 리더로 도약할 수 있는 기회가 올 것이다. 예를 들어 원격교육은 국내의 문제만은 아니기에 잘 활용한다면 순식간에 전 세계의 각 가정에 들어갈 수 있다. 문제를 인식하는 순간 더 이상 문제가 아니다. 어떤 세상, 어떤 환경이 올 것인지 정확한 진단이 필요하다.

뉴욕타임즈의 칼럼니스트 토머스 프리드먼Thomas L.Friedman은 최근 인상적인 칼럼을 기고하였다. 그 제목은 〈새로운 역사적 경계 B.C와 A.C. : 코로나 이전의 세계와 이후의 세계(Our New Historical Divide B.C. and A.C : the World Before Corona and the World After)〉 로, 이제 세상이 코로나 이전과 이후로 나눠진다는 것이다. 프리드먼은 이 칼럼에서 '코로나 이후 어떤 변화가 닥칠지 완벽하게 예견할 수는 없지만, 세계는 지금까지 우리가 알았던 것과는 무척이나 다른 모습일 것'이라고 말했다.

그렇다면 이제 우리는 무엇을 준비해야 할까? 답은 정해져 있다. 바로 디지털 트랜스포메이션[Digital Transformation; DX]이다. 그리고 이 디지털 트랜스포메이션을 실행할 수 있는 주체가 바로 '호모데이탄'이다. 코로나19는 일상의 모든 접점에서 호모데이탄의 역할이 얼마나 중요한지 일깨워주는 모닝콜과 같다.

세계적인 부자였던 강철왕 앤드류 카네기[Andrew Carnegie](1835-1919)는 말년에 재산의 3분의 2를 기부하며 많은 사람들의 칭송을 받는 존경받는 부자로 알려져 있다. 그의 사무실에는 커다란 그림이 하나 걸려 있었는데, 그가 평생을 걸어두고 보물처럼 아꼈다고 한다. 청년 시절에 세일즈맨이었던 그는 이 집 저 집을 방문하며 물건을 팔다가 어느 노인의 집에서 우연히 평범한 그림을 봤는데, 그 그림 밑에는 이런 글귀가 있었다고 한다.

'반드시 밀물 때가 온다'

이 그림을 보고 큰 감동을 받은 그는 노인께 부탁하여 그림을 얻었다.

썰물 때가 지나면 반드시 밀물 때가 온다는 것은 하나님께서 만드신 지구의 법칙이다. 코로나19로 인해 썰물 때와 같은 어려움이 있지만, 반드시 밀물 때가 올 것이다. 이것을 믿는 사람은 폭풍우를 만나더라도 그저 지나가기만을 기다리지 않고, 빗속에서도 춤을 추는 법을 배운다. 반드시 밀물은 온다. 그물을 정비하고, 배를 수리하며 우리는 모두 기뻐할 수 있다.

호모데이탄이 되자.

"소망의 하나님이 모든 기쁨과 평강을 믿음 안에서
너희에게 충만케 하사 성령의 능력으로 소망이 넘치게 하시기를 원하노라"
(로마서 15:13)

2020년 5월
서울 오류동에서, 저자 김강희 씀

참고문헌

《경쟁으로부터의 탈출》, 에드워드 데밍, 한국표준협회컨설팅, 2004

《EQ 감성지능》, 다니엘 골먼, 웅진지식하우스, 2008

《신호와 소음》, 네이트 실버, 더퀘스트, 2014

《통계적 사고 중심의 경영혁신》, 김강희, 서울경제경영, 2018

《AI 마인드》, 마틴 포드, 터닝포인트, 2019

《팩트풀니스》, 한스 로슬링, 김영사, 2019

《디지털 트랜스포메이션 전략》, 김종식·박민재·양경란, 지식플랫폼, 2019

《우리는 어떻게 미래를 예측할 수 있을까?》, 신호상, 지식플랫폼, 2019

◈

사랑하는 아버지,

오래오래 건강하세요.

◈

나의 아내에게,

아버지께 아들딸보다도 더 애써주어 감사합니다.
아버지께서 정해진 날보다
하루라도 더 사신다면
모두 당신의 헌신과 마음 씀씀이 덕분입니다.

하나님께서 당신의 삶에
복에 복을 더해주시길 기도합니다.
그리고 당신같이 좋은 사람을
아내로 만나게 하신 하나님께 감사드립니다.

당신 덕분에 희망을 잃지 않고
오늘 하루도 더 열심히 살고 있습니다.
최선을 다해 살고 있습니다.
내가 여기까지 온 것도,
또 내가 자랑할 것이 하나라도 있다면
모두 당신의 사랑 덕분입니다.

감사합니다. 그리고 사랑합니다.

오류동 작은 서재에서, 당신의 부족한 남편이...

인공지능시대를 이끄는 자

호모데이탄 (Homo Datans)

2020년 6월 10일 초판 1쇄 발행

저자 김강희
발행인 송광헌
편집 이재욱
표지 문한나

임프린트 복두성
펴낸곳 복두출판사
출판등록 | 1993년 11월 22일 제10-902호
주소 | 서울 영등포구 경인로82길 3-4 807호(문래동 센터플러스)
전화번호 | 02-2164-2580 팩스 | 02-2164-2584
이메일 | info@@bogdoo.co.kr
홈페이지 | www.bogdoo.co.kr

ISBN 979-11-5906-696-2 03000

값 18,000원

복두성은 복두출판사의 임프린트입니다.